高等院校城市规划系列教材

U0647023

Urban Economics

城市经济学

蔚 芳 ◎著

ZHEJIANG UNIVERSITY PRESS
浙江大学出版社
·杭州·

图书在版编目(CIP)数据

城市经济学/蔚芳著. —杭州：浙江大学出版社，
2024.1

ISBN 978-7-308-23821-2

Ⅰ.①城… Ⅱ.①蔚… Ⅲ.①城市经济学—教材
Ⅳ.①F290

中国国家版本馆 CIP 数据核字(2023)第 091100 号

城市经济学

CHENGSHI JINGJIXUE

蔚芳　著

责任编辑	王　波	
责任校对	吴昌雷	
封面设计	春天书装	
出版发行	浙江大学出版社	
	（杭州市天目山路 148 号　邮政编码 310007）	
	（网址：http://www.zjupress.com）	
排　　版	杭州星云光电图文制作有限公司	
印　　刷	广东虎彩云印刷有限公司绍兴分公司	
开　　本	787mm×1092mm　1/16	
印　　张	14	
字　　数	342 千	
版 印 次	2024 年 1 月第 1 版　2024 年 1 月第 1 次印刷	
书　　号	ISBN 978-7-308-23821-2	
定　　价	45.00 元	

前　言

快速城市化导致诸多城市问题,如资源短缺、城市蔓延、交通拥堵、环境恶化等。这意味着越来越需要对塑造城市至关重要的规划和管理来应对不断出现的问题。要优化空间格局、提升存量空间质量和发挥自然资源生态效益,权衡多方主体利益,需要从城市经济学角度出发解决城市生产生活中出现的矛盾和问题。这就需要规划师和决策者了解城市问题背后的基本经济学原理以及解决这些问题的经济学机制。对城市经济理论和方法的把握有助于从经济学的视角理解和解释经济现象与城市问题,有助于更好地制定决策和公共政策,更有效地进行空间资源优化配置。

城市经济学通常涉及三大类问题。第一类侧重于城市的形成和发展。例如,城市为什么存在?家庭和企业为什么会在城市中集聚?为什么会出现城市蔓延?地方政府如何通过经济手段鼓励或控制这种增长?第二类涉及微观区位选择的基本原理。例如,企业和家庭如何决定在特定区域或特定位置选址?土地价格如何在不同的空间变化?为什么城市会呈现出不同的空间结构?第三类涉及具体城市问题。例如,城市土地、城市住宅、城市交通、城市生态环境等方面存在的问题,政府如何制定相应的城市发展政策与策略?等等。

本书将对如下几个方面的内容进行阐述。第1章经济问题的由来与城市经济学:在对稀缺性、效率和选择等简要介绍的基础上,对城市经济学的研究对象和内容等进行概述,以形成对城市经济学的初步认识。第2章集聚经济:从集聚经济的角度阐明城市形成和发展的经济动力,并探讨城市蔓延的影响、机制与增长控制工具等。第3章区位理论:分析企业和居民选址背后的机制及选址行为的物质空间表现。第4至8章对城市经济问题进行分析,一般包括对问题或现象的描述、探讨问题形成的深层次经济原因、提出解决问题的经济学方法或最优解决途径。其中,第4章土地经济:分析土地的供给和需求,在均衡、非均衡和变异条件下住房价格的实现方式,地租和地价的类型和影响因素,土地价格评估方法,土地产权、土地制度、土地资源配置的政府干预和经济学分析等方面的问题。第5章城市住房:应用经济学市场供给与需求的原理说明影响供需的因素以及住房均衡价格的实现方式,探讨城市居民住宅选择的区位均衡、住宅物业和资本市场相互影响的住房传导机制,并将租金控制置于住房负担能力的背景下分析住房的政府干预。第 6 章城市交通：从经济学的角度理解交通的供给和需求，对交通拥堵现象进行经济学解释，并提出解决交通拥堵外部性的方法。第 7 章城市资源与环境：对环境问题形成的外部性理论、资源产权理论、环境管制手段、环境价值评估以及环境经济核算等内容进行阐述。第 8 章城市生态：在探讨生态经济系统、生态系统服务和价值评估等的基础上，从供给需求的角度对生态系统服务进行分析，进而对生态系统服务付费等方面的内容进行较为系统的阐述。第 9 章公共物品与地方财政：在对公共物品及其供给需求分析的基础上，探讨影响市场形成或缺位的因素，并对政府职能、央地政府事权划分以及地方财政三个方面进行阐述。

本书基于作者多年来讲授城市经济学课程的经验，并借鉴了对该主题的相关研究。本着学习和参与的初心，尝试从一个城乡规划师的视角探索城市经济学这个广阔领域的基础理论和方法路径。感谢詹小稳、赵吕望、范予昕、徐雯雯等参与书稿撰写工作，蒋雨薇、阮晨昕等参与图表绘制工作。感谢浙江大学、浙江大学建筑工程学院和浙江大学平衡建筑研究中心对本书出版的大力支持。本书可能存在疏漏和不足之处，敬请国内外专家学者提出宝贵意见和建议。

蔚 芳

2023 年 5 月

于紫金港

目　录

1 经济问题的由来与城市经济学

在资源稀缺的情况下,由于无限需求和稀缺资源的不匹配,从经济角度来看,需求不会完全得到满足,人们必须做出权衡和选择。探讨资源稀缺性与选择的经济学特征,有助于建立城市问题分析的基本经济思维。通常情况下,市场是资源配置的有效手段。但由于外部性、公共物品等诸多原因,市场并不总是有效率的资源配置方式。到目前为止,市场失灵最有效的补救措施就是某些形式的政府干预。经济学构建了理解生产者和消费者经济行为的分析框架;城市经济学围绕经济效率、市场失灵和政府公共政策这一组概念,提供了针对各种城市问题的市场和政府干预的配置方式。本章将对经济问题的由来、经济效率和市场失灵等问题进行分析,并对城市经济学的发展阶段、研究对象和研究内容等进行阐述。

1.1 经济问题的由来

1.1.1 资源与稀缺性

1.1.1.1 资源与生产要素

资源可以是免费获得的,如阳光、空气等,或需要支付代价才可得到的,如一般商品或服务等经济物品。一个社会的资源通常被划分为三种类型:土地、劳动、资本。土地包括各种自然资源;劳动是指人类所拥有的体力和脑力劳动的总和;资本是用于生产其他产品和服务所需的物质资源。

经济学研究的资源是在生产过程中投入的、可用于生产商品和服务的经济资源,其本质是生产要素。商品是有形的,如电脑和衣服;服务是无形的,如理发和教育。生产要素是生产商品或服务的必要条件,是经济学的基本范畴。随着科技的发展,信息、数据、技术等也可作为相对独立的生产要素。另外,作为生产要素的企业家精神与劳动密切相关,因为它需要能够有效管理和结合其他生产要素的特殊人类素质,特别是在承担新产品和新方法的风险方面。生产要素有投入,也会产生回报。作为生产要素的土地投入的回报可以是租金的形式,劳动回报可以是工资的形式,资本投入回报可以是利息的形式,企业家风险投入的回报通常是以利润的形式。

1.1.1.2　稀缺性

经济学中的稀缺是指在获得人们所需要的物品上存在的经济上的限制或资源本身的限制。稀缺规律指相对于无限的人类欲望而言资源和物品的有限性。这种稀缺性既不是指某种自然资源是不可再生的或可以耗尽的,也与这种资源绝对量的大小无关,而是指在某个特定时期内,与需求相比较,这种资源的供给量相对不足。如居民希望住在通勤更佳、环境更优、学区更好、犯罪率更低的社区。然而,由于可满足这些条件的土地资源数量有限,这些需求往往受到限制。只有有限的甚至是独特的土地可以满足居民的需求。

无限需求使人们天生就想要消费更多的商品和服务,以生产要素形式出现的稀缺资源限制了所有这些无限欲望得到完全满足的能力。因此,客观存在的稀缺性造成了城市经济问题的产生。诸多经济学的定义也是围绕稀缺性展开的。如经济学家萨缪尔森(Paul Samuelson,1915—2009)在《经济学》(*Economics*)一书中指出,经济学研究社会如何利用稀缺资源生产有价值的商品并将它们分配给不同的人[1]。也有学者认为经济学是研究人们如何使用稀缺资源以满足无限的人类需要的学问。

1.1.2　选择与机会成本

人的本性是追求个人欲望的满足。欲望是通过物品或效用实现的,一份财富代表一份幸福。经济学家谈论更高的效用,往往被误解为让人更快乐。幸福是一种重要的情感,但它与经济学家对效用的定义并不特别相关。在形式上,更高水平的效用相当于拥有更多选择,而不是微笑[2]。在需求和资源的两端,一方面是无限需求,另一方面是稀缺资源。由于无限需求和稀缺资源的不匹配,从经济角度来看需求不会完全得到满足,人们必须做出妥协和选择。这也是经济学有时被称为"选择的科学"的原因。选择是经济思维的一个重要因素。经济学研究为使稀缺资源获得最大的效益,就如何合理使用资源和物品做出选择。选择可以由家庭、企业或政府等不同利益相关者在不同情况下做出。例如,作为市场干预的主体,在城市财政收入一定的情况下,政府可将有限的资金在教育、医疗、住房和交通设施等方面进行分配。在特定时期,政府可以选择将更多的资金用于交通设施建设。政府可通过投资地铁等以鼓励低收入者乘坐公共交通;也可投资建设高速路以满足较高收入阶层驾驶私家车出行的需求。作为消费者,家庭可以基于一定的预算根据就业、学校、医疗和环境质量等因素选择住房。但很多低收入家庭似乎并没有选择的自由。因此,政府面临谁的需求被满足的公平性问题。在有意愿和可用资源的前提下,政府可以通过公共交通设施或廉租房等的建设,让那些没有选择的人有一个或更多的选择[3]。

由于面临选择与权衡,所以决策者在做选择时就需要比较多种选择方案的成本和收益。从经济角度而言,机会成本是一个可用于说明如何做出经济选择的概念。机会成本被视为放弃替代品的成本,多采用决策过程中被放弃而价值最高的选择来衡量。机会成本的概念强调了稀缺性和选择的问题。例如,为获得一个单位的物品而必须放弃的其他物品,或为利用一定资源从事某种经济活动而放弃另一项经济活动的机会,即所谓鱼与熊掌不可兼得。曼昆(Gregory Mankiw)认为,一种东西的机会成本是为了得到这种东西所必须放弃的东西[4]。如将土地利用作为绿地的下一个最佳选择是将其作为居住用地，那么绿地建设的机会成本是将土地用作居住的最大收益。替代方案可能不止一个，而是可以按最佳偏好排列的一些替代方案。

任何选择的决定都伴随着机会成本的产生。那么选择如何意味着成本呢？如图 1-1 所示。其中横坐标表示奶茶的数量 Q_t，纵坐标表示蛋糕的数量 Q_c。假设小张总共有 80 元，蛋糕 20 元一块，奶茶 10 元一杯。如果小张想购买 3 块蛋糕、4 杯奶茶（图中 M 点），将花费 100 元。这是不现实的，因为她的稀缺资源——预算（I）只有 80 元。有几种蛋糕和奶茶的组合是可行的，如 A、B、D、E、F 点。这些可行的组合都位于预算线上（又称消费可能性曲线），即在给定消费者收入和商品价格的情况下可以购买的商品组合。那么一块蛋糕的成本是多大呢？我们可以说是 20 元。但是换一种思路，假设花费所有的钱购买这两种商品，那么一块蛋糕的成本就是为获得这块蛋糕必须放弃的两杯奶茶。因此，本例中，两杯奶茶就是一块蛋糕的机会成本。

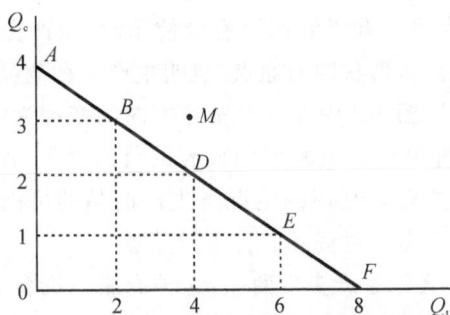

图 1-1　蛋糕与奶茶之间的选择

1.1.3　生产可能性边界

1.1.3.1　PPB

上例中在蛋糕和奶茶之间的选择看起来是微不足道的消费者行为，但无论选择的大小或内容是什么，选择的本质都是一样的。例如，在财政支出一定的情况下，城市政府面临建设廉租房（H）和城市公园（G）的选择。为解释社会生产的基本选择和限制，图 1-2 描述了在资源稀缺的前提下廉租房和城市公园建设的选择关系。其中，横坐标表示公园 G 的数量 Q_g，纵坐标表示廉租房 H 的数量 Q_h。实际建设可以是在 a 点，即具有较高数量的 H 和较低数量 G 的组合。也可以是 b 点，即具有较高数量 P 和较低数量 H 的组合。c 点是可实现的低效组合，其中可建设的 H 和 G 数量都较少，并非所有生产投入要素（这里是财政资金）都以最佳效用为这两个部门生产最大的产出数量。在 d 点，H 和 G 的生产量超出资金预算的可能，是无法实现的，因为任何财政资金的组合都无法生产这些数量，除非投入更多的财政资金。

图中这条弧线被称为生产可能性边界（production possibilities boundary，PPB），也可称为生产可能性曲线或前沿。PPB 是经济社会在既定资源和技术条件下，给定生产要素所能生产的各种商品或服务的最大数量的可能性组合，显示生产的限制以及可能的选择。PPB 并不代表一个经济体中实际生产的产品,而是能够在固定时间点以最有效的过程生产的商品和服务的最大可能数量。

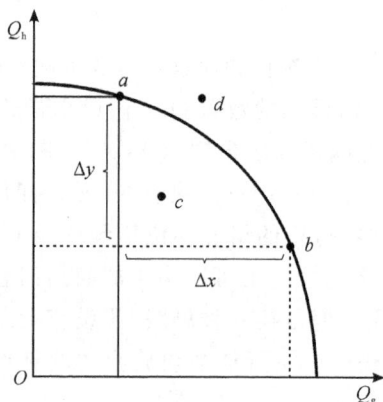

图 1-2 生产可能性边界   图 1-3 PPB 曲线的移动

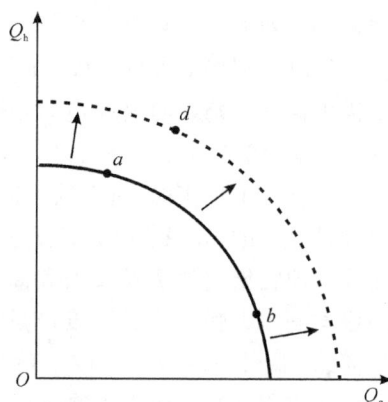

曲线的斜率为负,因为当所有资源都被有效使用时,生产更多的一种商品需要放弃一定数量其他商品的生产。该形状凹向原点,表明生产一种商品的机会成本随着该商品生产数量的增加而增加。以图 1-2 中 b 点向 a 点方向的变动为例,随着生产廉租房数量的增加(Δy),为了生产额外单位的廉租房而放弃的公园数量(Δx)将会增加。生产可能性边界显示了在资源充分并有效利用的情况下生产商品的可能组合。从生产可能性曲线上的一点向另一点的移动需要对资源进行重新配置。

图 1-1 中的直线表明,无论生产多少商品,这种商品的机会成本保持不变。而图 1-2 中的 PPB 为曲线,表明商品的机会成本是变动的。

1.1.3.2　PPB 的移动

随着经济增长的扩展或收缩,生产要素发生相应变化,生产可能性曲线也会随时间收缩或扩展。图 1-3 显示了政府生产 H 和 G 的能力如何随着时间的推移而扩大,从而使所讨论的两组物品有更多的生产可能性。对于 H 或 G 商品,实线弧在第一个时间段(例如第一年)具有生产可能性"a"和"b"。随着经济扩张到第二个时间点(例如第二年——财政资金增加),新的生产可能性边界向外移动,这时 d 点就是可以实现的组合。从本质上讲,由于这种增长,更多的物品可以被生产出来。

1.1.3.3　PPB 与稀缺、选择和机会成本

PPB 很好地反映了前述的稀缺、选择和机会成本等一些基本经济概念。例如稀缺性的核心概念在 PPB 模型中很明显,因为边界弧代表了在特定点的地方可用的稀缺资源。在图 1-3 中,点 d 在第一个时间段(实线弧)是无法达到的,因此,稀缺资源的限制存在于边界处。机会成本也是一种可以应用于 PPB 模型的经济概念——即放弃的下一个最佳替代方案的收益。机会成本的概念可以表示为曲线(或弧)的负斜率。生产一种商品的机会成本就是将要放弃另一种商品的产出。因此,两种商品的组合选择是在边际成本之间的权衡取舍。另一个是选择的经济概念。例如第一个时间点(实线弧)给定一定数量的经济能力,社会可以在 a 点或 b 点的商品组合间进行选择。当然,有时两种商品数量的

组合选择不一定是纯粹的经济选择，可能是通过政治过程来决定的。例如，医疗设施的配置取决于私人市场利益的强度、公众对某些部门的支持以及政府制定的政策等。这些都会对生产过程中使用哪些资源产生影响，并确定这些有限资源的利用程度。公共财产确实更加复杂，因为无论模型包括什么以及它是如何构建的，总会有某种形式的个人和集体愿望无法得到满足，从而需要做出某种形式的选择。

1.2 经济效率、市场失灵与政府干预

由于资源的稀缺性，有效率的市场要求资源被充分利用。但资源的充分利用并不意味着资源利用一定是有效率的。市场有可能会产生配置的无效率，因此需要一定程度的政府干预。

1.2.1 生产效率与配置效率

经济学家区分两种主要的效率：生产效率和配置效率。

1.2.1.1 生产效率

生产效率包括企业的生产效率和产业的生产效率。企业的生产效率要求企业以可能的最低成本生产特定数量的产品。产业的生产效率要求产业以可能的最低生产成本生产特定数量的产品，这就要求产业内所有企业具有相同的边际成本。假设某产业有两个公司 A 和 B，最初两个公司的生产量分别为 Q_A 和 Q_B，相应的边际成本分别为 8 个单位和 4 个单位，如图 1-4 所示。如果 A 企业将产量减少 ΔQ 到 Q'_A 的位置，B 企业将产量提高同样的 ΔQ 到 Q'_B 的位置，则两个企业的总产量将保持不变。A 企业的总成本将降低阴影部分的面积 S_A，B 企业的总成本将提高阴影部分的面积 S_B。如果 S_A 大于 S_B，则通过企业之间产量的重新配置，产业的总成本得以降低。当 A 和 B 企业的边际成本相等时，这里是 6 个单位，则 A 与 B 企业之间生产的重新配置将不会导致产业生产成本的降低，因此生产是有效率的。如果一个产业没有达到最优生产效率，则可通过重新配置产业内各企业的生产而降低该产业生产总成本[5]。

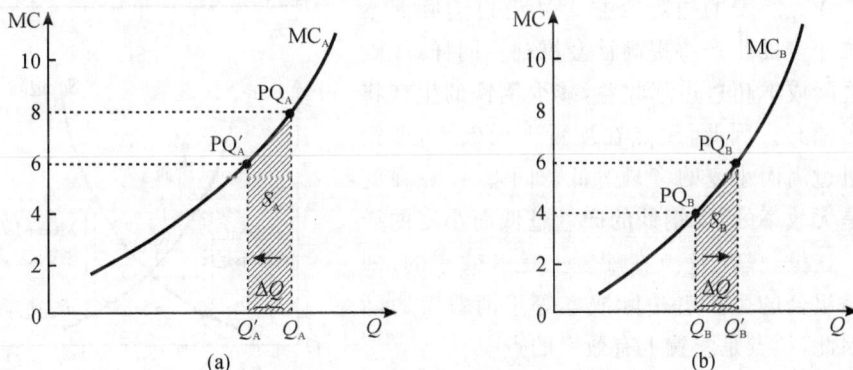

图 1-4 产业生产效率

资料来源：Ragan & Lipsey, 2011

如果企业的生产是有效率的,则企业具有最低的生产成本,因此要想提高产量但不使用更多的资源是不可能的。同理,如果一个产业的生产是有效率的,则产业具有最低的生产成本,因此要想提高产量但不使用更多的资源也是不可能的。生产可能性边界 PPB 显示了当资源有效使用时两种产品可能的生产组合。在 PPB 曲线上的生产组合是有效率的(如 a 点和 b 点),而 PPB 曲线内部的生产组合是无效率的(如 c 点)。因此,生产效率体现在生产可能性边界上就是:如果企业或行业的生产是有效率的,商品的生产组合将位于 PPB 曲线上,而不是在其内部(图 1-5)。

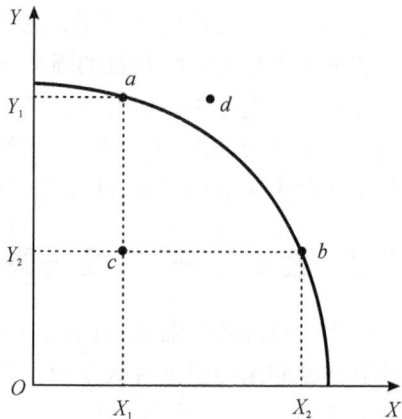

图 1-5　生产效率

1.2.1.2　配置效率

既然 PPB 上的点都是有生产效率的点,那么,是否存在比其他点更优的某一个点呢? 这就是下面我们要讨论的配置效率的问题。我们可以采用帕累托效率和经济剩余两种方式来理解配置效率。

1.2.1.2.1　帕累托效率

当生产商品的组合从配置上来讲是有效率的,那么经济学家将其称为帕累托效率。当每一种产品的边际生产成本等于价格时,在配置上是有效率的。配置效率要求所有产品的生产者边际成本等于消费者边际收益。图 1-6(a)所示的生产可能性边界显示了生产效率下的两种商品小麦 W 和钢铁 S 的组合。图 1-6(b)和(c)显示了其中小麦和钢铁产业的边际成本(供给)曲线 S 和边际收益(需求)曲线 D。A 点小麦的边际收益 MV 超过边际成本 MC,增加小麦的生产将提高社会福利。同样,A 点钢铁的边际成本超过边际收益,减少钢铁的生产将提高社会福利。因此,A 点在配置上无效率,即钢铁的产量过高而小麦的产量过低。同理,C 点在配置上也是无效率的,即钢铁的产量过低而小麦的产量过高。这里,只有 B 点在配置上是有效率的,即生产产品组合的生产者边际成本等于消费者边际收益。因此,B 点是配置上有效率的点[5]。

1.2.1.2.2　生产者和消费者剩余

消费者剩余(consumer surplus)是消费者在购买某种商品时愿意付出的代价超过实际代价之间

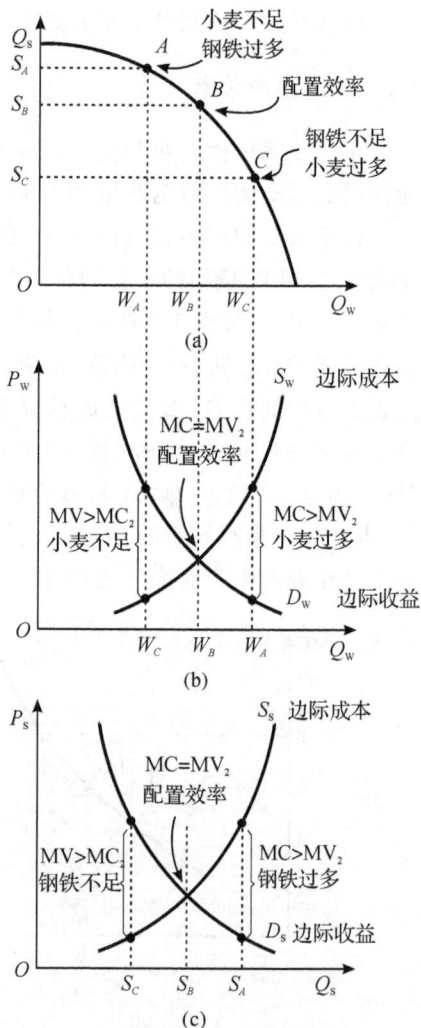

图 1-6　配置效率

资料来源:Ragan & Lipsey,2011

的剩余。整个市场上所有的消费者剩余就是需求曲线与市场价格水平线之间的面积(图1-7(a))。消费者剩余并非实际货币剩余,而是消费者主观心理感受。生产者剩余(producer surplus)是生产者出售某种商品的收益超过生产者愿意接受的出售这种商品的最低价格之间的差值(图1-7(b))。对每一单位出售的商品,生产者剩余是商品的实际价格与边际成本的差。市场价格越高,厂商生产剩余越大。生产者剩余是生产者实实在在的收入。社会生产的总剩余是消费者剩余与生产者剩余的总和。

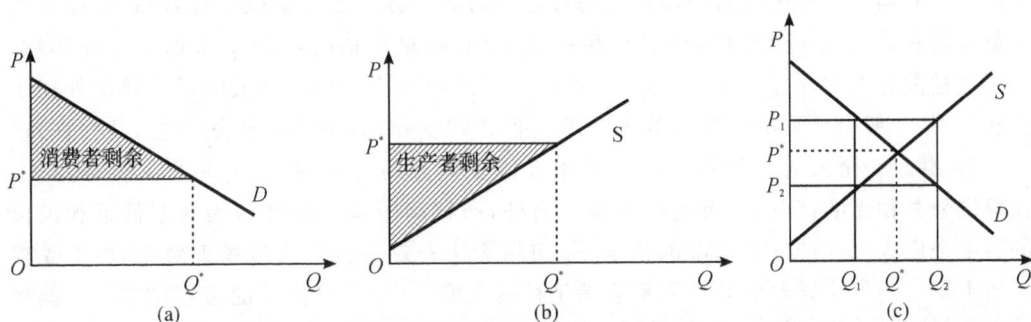

图 1-7　消费者剩余与生产者剩余

　　竞争性市场均衡是有效率的配置,因为它最大化消费者剩余和生产者剩余。竞争性均衡发生在价格和产量为 P^* 和 Q^* 组合的点(图1-7(c))。对于任何大于或小于 Q^* 的产量(Q_2 或 Q_1),消费者剩余和生产者剩余的总和都小于产量为 Q^* 的点。社会总剩余在产量为 Q^* 时得以最大化,即配置效率发生在社会总剩余最大化的产量处。

1.2.2　市场失灵及其原因

　　通常情况下,市场是稀缺物品配置的有力途径,价格是向消费者和生产者传递的商品可得性信号,人们可以据此调整自己的行为。完全市场竞争在理论上是一种理想的方式,在配置上是有效率的。但这并不意味着现实的市场机制在配置上总是有效率的。市场经济可能会导致无效的结果,即出现市场失灵(market failure)。市场失灵描述了在缺乏政府干预的情况下,自由市场无法实现配置效率的情况,没有人的生活因为市场的资源配置而得到改善[6]。政府干预可用来克服市场的无效率。在公共政策领域最重要的一个议题即是否以及在什么情况下,政府行为可以提高市场的配置效率。通过政府干预以克服所有的市场失灵既是不可能的也是没有效率的,但什么也不做同样是没有效率的。经济学需要做的是探讨如何发挥市场和政府干预的作用以达到资源配置效率。当然,市场会失灵,政府也可能失灵。政府失灵源于不能够很好地解读选举偏好、内在官僚惰性、倾向于快速解决问题、分配不公平[7],以及自身知识和管理水平的局限等。

　　那么,什么因素会导致市场失灵?为什么私人不能保证公共物品的充分提供?为什么自由竞争的市场不能保证某些社会目标的实现?在公共部门和私人部门对公共物品的最有效提供问题上,Edwards[7]认为,外部性、不完全竞争、搭便车者的存在、缺乏准确信息、缺少恰当的激励等是市场失灵的主要原因。Ragan 和 Lipsey 认为[5],市场失灵的主要原因是市场力量、外部性、公共物品和信息不对称。Squires[3]总结了市场失灵的五个主要原因(表1-1):垄断、外部性、公共物品、产权不明和信息不对称。Jones[8]将市场失灵的原因归结为外部性、公共物品和不可接受的市场结果等。

首先，垄断是限制市场效率的一种方式。市场上只存在一个供应商，意味着由于缺乏竞争，它将能够以更高的价格定价。缺乏竞争可能是因为进入市场的壁垒，例如电信基础设施经常被某个公司垄断。这种垄断力量和对电信市场的支配意味着价格被人为地抬高，而没有竞争对手进入市场。这促使政府介入并确保公司通过拆分市场份额来维护消费者的利益。其次，除了市场内部成本之外，外部成本的发生是市场低效并因此失灵的一个原因。当市场交易主体在交易过程中对第三方产生成本或收益，但这种成本或收益又没有计入交易过程时，就会产生一系列问题，这种情况经济学家称之为外部性。交易过程没有考虑外部成本或收益，存在第三方溢出效应。其所涉及的经济效果外在于交易过程，一般会导致市场配置的无效率。再者，当一个人不能被排除在公共物品的供应之外，并且一个人对一种物品的消费不会减少他人的可用性时，公共物品就存在了。在提供公共物品的情况下，市场会失灵。另外，产权问题是市场被认为效率低下和失灵的另一个原因。在产权不明确的情况下，市场无法有效运行。当市场无效率时，不受控制的市场行为可能导致市场结果不能满足社会需要，产生不可接受的市场结果[8]。例如过多的居住用地远远超过了特定地区的需求。在这种情况下，市场会产生无效供给，继续开发将导致住房空置等问题。又如过度拥挤的开发将产生安全和公共健康问题。最后，由于生产者和消费者没有获得相同的信息，会产生道德风险和逆向选择问题，导致市场失灵。

表 1-1 市场失灵类型

市场失灵类型	描述
垄断	相对于市场规模而言，生产商很少
外部性	除了内部市场成本外，外部社会和环境成本
公共物品	非排他性和非竞争性，不归任何人所有并由任何人使用
产权不明	机构无法明确产权界定——市场无法完全合理有界运行
信息不对称	生产者与消费者没有相同的信息，产生道德风险和逆向选择

资料来源：Squires，2022

1.2.3 规划干预

政府干预可以修正市场失灵。空间规划是诸多政府干预的手段之一。空间规划是经济、社会、文化和生态政策在地理空间上的表达。空间规划由响应社会需求或特定利益相关者需求的政府部门（或以其名义）进行，协调其他部门政策的空间影响，制定未来活动的目标，通常通过法定空间规划干预物质环境。由于不同国家规划体系具有独特的历史特征，土地利用规划、城市（镇）规划、景观规划、区域（发展）规划、自然保护规划等都属于空间规划的范畴[9]。规划对市场进行塑造、调节和激励，其关键是干预城市土地利用市场。规划调整土地利用市场，确保城市经济有效运行，尤其是可以解决负外部性问题，调整和控制开发规模、密度和质量。同时，规划受到国家和地方政府的价值导向的驱动。空间规划在过去 50 年日趋复杂，重点已从控制土地使用和开发本身，转向寻求影响非物理空间过程，例如决定物质空间和空间产生的经济、社会和政治力量[10]。

国土空间规划使用了英文"territorial"一词,表明国土特征超越了纯粹的空间位置和距离,并隐含地强调了国土是一种可潜在提高生产力的资源。因此,国土的概念不仅应包括自然与建成环境的物质环境系统,还应包含社会文化系统和经济系统(图1-8)。三大子系统的相互作用构成国土空间品质、空间效率和空间认同的综合战略[11]。

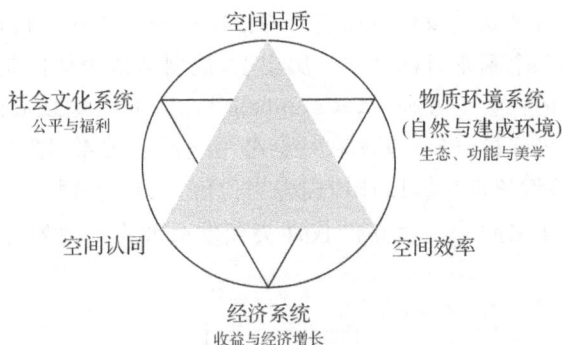

图 1-8 国土综合战略
图片来源:Gamagni,2017

1.2.3.1 规划中的经济学

规划作为场所营造和资源配置与管理的重要手段,一直在考虑经济的重要性问题[12]。霍华德(Howard)的《明日的花园城市》(*Garden Cities of Tomorrow*)为空间稀缺问题和健康环境提供了设计蓝图[13]。盖迪斯(Geddes)的《城市发展》(*City Development*)[14]与《进化中的城市》(*Cities in Evolution*)[15]呼吁城市规划中的公众参与,特别是考虑到新工业时代的经济和环境挑战,分析超越城市界限的聚落模式和区域经济背景,提出区域规划理论。霍尔(Hall)的《明日之城》(*Cities of Tomorrow*)[16]作为1880年以来城市规划和设计的思想史,涵盖了规划学科的广泛历史,以及支撑其理论和实践的一些社会和经济问题。泰勒(Taylor)提供了更广泛的战后城市规划理论历史,将更直接的经济和政治经济学的变化背景化[17]。雅各布斯(Jacobs)分析了美国大城市的生与死,更直接地探讨了城市规划和城市经济的关系[18]。从20世纪70年代开始,霍尔的教科书《城市与区域规划》(*Urban and Regional Planning*)[19](及其后续版本),提出规划需要考虑经济活动的空间尺度和区域的重要性。伊文思(Evans)通过从美学、效率、公平和可持续性方面考察经济限制,对经济和土地利用规划方面进行了探索[20]。

1.2.3.2 城市经济学与空间规划

城市经济学与空间规划的关系极为密切。城市经济学是一门以经济学基本理论为基础的应用科学。空间规划是影响城市空间布局和资源配置的最重要的决策过程,是城市经济学应用的主战场。结合经济分析进行城市规划的编制和管理具有重要的作用。首先,城市规划的编制、实施与管理等受到经济因素的影响。城市经济中不同利益主体之间的经济关系,意味着在规划编制和管理过程中需要对经济因素加以考虑,才能保障规划的公平与效率的实现。其次,空间规划涉及全域全要素,注重对生态、农业和城镇空间的规划和空间用途管控,不仅涉及工程技术问题,更多地受到经济、社会、环境因素的影响。再者,城市人口和土地利用规模增长预测,城市交通拥堵、环境污染、住房问题的分析和解决,规划方案的实施和政策保障等都需要从经济角度出发。另外,空间规划本身就具有相当重要的经济功能,通过引导城市开发和扩张的方向,对家庭和厂商的切身利益以及政府的公共财政等都具有重要影响。

规划可以说是通过规划手段对市场进行调控以达到某些社会目标的政府干预方式。而经济发展是规划的三个基本目标之一。历史上,规划师认为他们是物质或环境规划师以及塑造社区和城市的社会工程师[8]。Campbell[21] 提出可持续发展的"规划三角",强调了规划师需要平衡环境保护、经济发展和社会公平之间的关系(图 1-9)。环境保护可能会牺牲经济增长,经济增长也可能以环境损害为代价,二者存在资源冲突;经济发展和环境保护二者与社会公正之间分别存在产权冲突和发展冲突。规划师需要解决这三个基本目标之间的冲突。

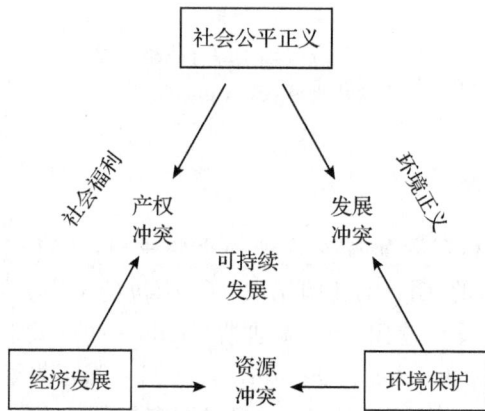

图 1-9　规划三角

图片来源:Campbell,2016

1.3　经济学

1.3.1　经济学定义

人们对社会经济规律的认识日渐深入。现代经济发展出现新的情况和问题,经济学及其定义也不断发生变化。但对经济学的认识需把握两点,即经济学是研究如何有效配置稀缺资源的学问,是关于选择的科学。

由于经历了不同发展阶段,源自不同的领域或理论流派,经济学的定义呈现出差异性。苏格兰哲学家和经济学家亚当·斯密(Adam Smith,1723—1790)认为,政治经济学是研究如何提供人民所需基本物质和追求最大投资利益,同时为地方政府提供充足经费的一门政治家或立法者的学问。法国经济学家萨伊(Jean-Baptiste Say,1767—1832)提出独立于公共政策的经济学定义,即对财富的生产、分配和消费的学问。从社会学角度出发,英国哲学家和政治经济学家穆勒(John Stuart Mill,1806—1873)在其经典教科书

《政治经济学原理》(*Principles of Political Economy*)一书中[22],将政治经济学定义为:从科学角度研究财富的性质及生产与分配的现象和规律。马歇尔(Alfred Marshall, 1842—1924)从社会和个体层次出发,将经济学定义为研究人类日常生活事务的学问,是追求个人最大效用的人的消费选择的综合[23]。英国经济学家罗宾斯(Lionel Robbins, 1898—1984)以边际主义的形式提出至今广为使用的经济学定义,即经济学是一门研究人类在有限资源情况下做出选择的科学[24]。经济学家萨缪尔森在《经济学》一书中提出,经济学研究社会如何利用稀缺资源生产有价值的商品并将它们分配给不同的个人[1]。美国经济学家斯蒂格利茨(Joseph Stiglitz)的经典著作《经济学》(*Economics*)[25]中认为,经济学研究社会中的个人、厂商、政府和其他组织如何进行选择,以及这些选择如何决定社会资源的使用方式。美国经济学家曼昆在《微观经济学原理》(*Principles of Microeconomics*)中指出[26],经济学研究社会如何管理自己的稀缺资源。美国经济学家沙利文(O'Sullivan)在《城市经济学》(*Urban Economics*)中将经济学定义为研究在资源稀缺背景下人们的决策问题[27]:家庭制定效用最大化的决策,厂商制定利润最大化的决策。2002年诺贝尔经济学奖获得者、以色列裔美国经济学家丹尼尔·卡尼曼(Daniel Kahneman)认为,经济学与社会学和心理学都有密切联系,人们的生产和消费等经济活动基于一定的心理动机,并受到行为习惯的影响。《中国大百科全书》指出,经济学是研究人类社会在各个发展阶段上的各种经济活动和各种相应的经济关系及其运行发展规律的学科。

1.3.2 经济学分类

1.3.2.1 微观经济学与宏观经济学

最常见的经济学分类是将经济学分为微观经济学(microeconomics)和宏观经济学(macroeconomics)两大分支。关于生产什么、如何生产以及由谁生产商品和服务的选择问题归结为基本经济问题。这些问题根据经济规模——微观经济规模或宏观经济规模而具有不同的重点。

微观经济学是研究消费者、家庭或个体企业的经济学分支,主要研究家庭和企业如何做出决策,以及它们如何在市场上相互影响[4]。这些经济决策包括:单个家庭如何以有限的收入获得最大的效用和满足;单个厂商如何配置有限资源以获得最大的利润。微观经济学可以提供有关产品生产、分配和效率的具体细节。特定产品的生产量、商品和服务的分配可以在微观经济学下进行分析,尤其是如何将它们按比例分配给不同的社会阶层。关于效率,微观经济分析可以更好地理解生产和决策中生产要素的投入与产出。微观经济学主要研究内容包括均衡价格理论、消费者行为理论、生产者行为理论、收入分配理论、一般均衡理论等。

宏观经济学是关注国民收入、消费和投资等总量的经济学分支。它以国民经济活动作为对象,研究社会各种经济现象和问题,以及各个经济总量之间的相互关系,包括国民收入、通货膨胀、失业和经济增长、财政与货币等[4]。宏观经济难以通过市场调节形成均衡,因此政府干预在宏观经济中扮演着重要的角色,政府经济政策的分析在宏观经济学中也占有重要的位置。

1.3.2.2 规范经济学与实证经济学

经济学还可划分为规范的和实证的两种类型。基于一定价值判断,规范经济学(normative economics)提出经济体系运行的评价标准,以及私人或政府实现特定目标的行动方略和政策。它一般是通过严格的经济学模型推演,以回答应该怎样的问题(what ought to be)。实证经济学(positive economics)一般是基于一定假设,利用现有的资料,研究各种经济变量之间的相互关系及其规律,描述经济活动的状况并解释发生的原因,并对经济行为可能的结果进行预测。它一般是通过实证分析以回答是什么(what actually is)的问题。实证经济学的研究框架包括资料收集、分析数据、建立模型、参数估计与理论假说的检验、利用模型进行预测和政策制定[28]。

1.3.2.3 其他分类

划分子学科也可以作为经济学科的分类法。经济学科有众多关键子学科,如农业经济学、行为经济学、生物经济学、古典经济学、文化经济学、人口经济学、发展经济学、生态经济学、计量经济学、经济地理学、经济社会学、能源经济学、工程经济学、环境经济学、绿色经济学、健康经济学、产业组织信息经济学、国际经济学、制度经济学、劳动经济学、管理经济学、数理经济学、货币经济学、政治经济学、公共经济学、房地产经济学、区域经济学、区域科学资源经济学、农村经济学、社会主义经济学、交通经济学、城市经济学、福利经济学等。在不同国家,这些子学科归属于不同学科门类。例如在美国,经济学专业属社会科学,一般分为宏观经济学、微观经济学、国际经济学、发展经济学、劳动经济学和计量经济学等。我国高等教育学科门类中的经济学包括理论经济学和应用经济学两个一级学科。理论经济学下设政治经济学、经济思想史、经济史、西方经济学、世界经济、人口资源与环境经济等二级学科。应用经济学下设国民经济学、区域经济学、财政学、金融学、产业经济学、国际贸易学、劳动经济学、统计学、数量经济学、国防经济等二级学科。

除了以上分类,经济学还有众多的划分方法。如按照干预程度,经济学可概括为自由主义经济学派和国家干预经济学派。按照研究性质可分为理论经济学与应用经济学等。

1.3.3 经济学流派

东方人多追捧某一主流思想,如孔子和孟子,也经历过短暂的百家争鸣阶段。西方人的一大特点是喜欢标新立异,追求与别人不同的学术想法,这就使得西方学术界呈现学术分离、纷争不断的局面。经济学说涉及人们的物质利益,尤为敏感,因而学术纷争尤为激烈。经济学流派(schools of economics)是由对人类社会基本经济问题或某个时期重要的经济问题具有相对一致立场、观点和政策主张,或对经济学主要理论问题采取相同或相似的研究方法的一些经济学家所形成的松散群体;或是经济学家在某个先驱者或理论领袖的基础上发展出来的某个理论体系。经济学派一般是具有师承关系的具有相同或相似学术主张和政策主张等的一系列经济学说和经济学家。

按照不同的维度,经济学可以划分为众多流派。一些主要的经济思想流派包括经院哲学、重商主义、重农主义、古典政治经济学、新古典经济学、凯恩斯经济学、马克思主义经济学、新马克思主义经济学、芝加哥学派、制度经济学、新制度经济学、美国学派、法国自由学派、历史学派、乌托邦经济学、李嘉图社会主义、国家社会主义、无政府主义经济学、洛桑学派、奥地利学派、斯德哥尔摩学派、卡内基学派、新李嘉图主义等[3]。

流派划分

库恩的范式理论和拉卡托斯的科学研究纲领理论可以作为经济学流派划分的依据。

1. 范式理论

美国科学哲学家托马斯·库恩（Thomas Kuhn）在《科学革命的结构》（*The Structure of Scientific Revolutions*）一书中提出历史主义方法论，系统阐述了科学革命的结构理论，并提出范式（paradigm）这一核心概念[29]。库恩认为范式是区分不同理论学说的基础。库恩将范式定义为"观察世界和实践科学的方法"，是科学家所共同接受的一组假设前提、概念体系（理论）、研究准则和方法。按照科学结构理论，科学发展过程包括常规科学、反常、危机和科学革命等阶段，形成范式确立发展、范式危机、新范式出现的循环往复的科学图景。

虽然库恩的范式理论是针对自然科学而言的，但其对社会学范式或构造范式更具有创见，可以借用其范式理论对经济学流派进行划分。

2. 拉卡托斯的科学研究纲领

英籍匈牙利哲学家伊姆雷·拉卡托斯（Lakatos）在《科学研究纲领方法论》（*The Methodology of Scientific Research Program*）提出了一种折中的科学哲学理论和科学发展模式——科学研究纲领[30]。其由一组有内在逻辑关系并相互联系的若干理论构成。科学研究纲领由理论硬核和保护带组成，采用反面启示法和正面启示法。研究纲领可以看作是包含多个理论分支的一系列相互竞争的理论系列，其共享的核心概念和基本假定是研究纲领的理论硬核，理论分支则构成保护带。理论硬核是不容反驳的稳定的基本理论，保护带由辅助性假设和应用理论构成，可随时调整与改变以应对反常情况。科学的发展是不同研究纲领相互竞争并不断修正完善的过程。作为划分不同理论体系或作为方法论来判断理论进步的标准，科学研究纲领受到自然科学家和社会科学家的青睐，他们主张把科学问题纳入哲学框架进行考量。

许多思想流派在经济学中占有重要地位，如新古典经济学在几十年内一直占据主流。以自由市场为导向的芝加哥学派的作家弗里德曼（Friedman），在《资本主义与自由》（*Capitalism and Freedom*）中提倡有限政府参与的理念，以实现普遍的市场效率，从而实现个人自由意义上的自由主义[31]。以个人主义为导向的奥地利学派的作家哈耶克（Hayek）的《通往奴役之路》（*Road to Serfdom*），提醒二战后过度的中央计划可能会导致失去个人自由[32]。对这些众多的经济学流派这里不一一展开分析。以下着重阐述从古典经济学、新古典经济学到现代经济学的西方主流经济学传承。

1.3.3.1 古典经济学

17 世纪中叶，古典经济学自英国的威廉·配第（William Petty，1623—1687）开始，经亚当·斯密发展为完整的体系，最后由英国的大卫·李嘉图（David Ricardo，1772—1823）推向高峰。配第考察了工资、地租、利息等范畴，提出劳动价值论的基本观点。斯密于 1776 年出版了《国民财富的性质和原理的研究》（*An Inquiry into the Nature and Causes of the Wealth of Nations*）[33]，简称《国富论》（*The Wealth of Nations*），奠定了西方资本主义自由经济的理论基础，被誉为经济学的鼻祖。其首次提出经济会由市场这只"看不见的手"自行调节的理论，指出分工和专业化是经济增长的源泉和途径。斯密主张自由放任，反对国家干预经济。李嘉图在 1817 年发表的《政治经济学及赋税原理》（*On the Principles of Political Economy and Taxation*），建立了以劳动价值论为基础、以分配论为中心的自由竞争理论体系[34]。古典经济学奠定了劳动价值论的基础，成为马克思经济学说的一个重要来源。

在法国，古典经济学主要经历了布阿吉尔贝尔（Sieur de Boisguillebert，1646—1714）、魁奈（François Quesnay，1694—1774）、杜尔阁（Anne Turgot，1727—1781）和西斯蒙第（Jean Sismondi，1773—1842）等经济学家的完善发展。布阿吉尔贝尔指出，农业和畜牧业是财富的源泉，流通过程不创造财富。重农主义学说的代表魁奈和杜尔阁认为，只有农业创造剩余价值，工商业和政府不创造剩余价值。因此，他们主张自上取消政府，自下向地租征税。因此，上下都不讨好，以魁奈为首的革命最终以失败告终。

1.3.3.2 新古典经济学

由于生产的物质相对缺乏，多数古典经济学家认为市场由供给侧决定，商品价格的核心因素是生产者成本。随着 1871 年边际学派的兴起，经济学家意识到消费在市场中的重要作用。他们认为市场是由需求侧决定，产品的效用或消费者偏好决定产品价格。马歇尔提出了供给自行创造需求的萨伊定律和储蓄必然转化为投资的学说。他将生产消费两者结合起来，认为供给和需求共同决定市场价格。构建的新古典价格理论成为主流经济学分析的基础。新古典经济学主张自由竞争，认为政府不必干预经济。其"经济人"或"理性人"假设认为，理性人通过成本-收益以追求某种最大化。但 20 世纪 30 年代发生的世界经济危机使新古典经济学陷入困境。

1.3.3.3 现代西方经济学

经济危机过后，英国经济学家凯恩斯（John Keynes）于 1936 年发表了《就业利息和货币通论》（*the General Theory of Employment，Interest and Money*）[35]，否定了新古典经济学的基本论断。凯恩斯主义认为，为避免经济陷入严重的萧条和通货膨胀，政府应采取积极的货币政策和财政政策。凯恩斯主义的思想在第二次世界大战后的 30 年中占据了统治地位。在凯恩斯经济学的基础上，现代西方经济学得以发展起来。20 世纪 70 年代的经济滞胀危机使凯恩斯主义陷入了困境。凯恩斯主义无法解决危机也没有提出合适的应对方法。80 年代初，主张以减少政府对社会经济干预为政策目标的新自由主义经济政策出现。自由主义流派在英美等国逐步取代凯恩斯主义，成为制定经济政策的理论依据。但 2000 年互联网泡沫的破灭、2001 年的"9·11"恐怖袭击事件以及 2006 年开始的美国次贷危机等事件的发生,使得各国政府对宏观经济政策的态度发生了巨大的转变。多国政府开始采取凯恩斯主义主张的货币政策和财政政策稳定逐步恶化的经济。

1.4 城市经济学

1.4.1 城市经济学发展阶段

城市经济学对空间问题的分析可以追溯到 1755 年爱尔兰银行家坎蒂隆(Richard Cantillon)对城市与周边乡村的关系分析。从空间的角度出发,城市经济学的发展可粗略地划分为早期阶段、发展阶段、诞生阶段、制度化阶段和理论复苏阶段五个阶段。

1.4.1.1 早期阶段

19 世纪城市经济学发展的早期阶段,基于农业区位论和工业区位论的古典区位理论立足于单一家庭和厂商,着眼于成本和运费的区位选择问题。1800—1950 年,德国学者位于空间经济思想的前沿。早期德国的研究在英语国家的经济学家中并不知名,直到 20 世纪中晚期才被翻译成英文[7]。

德国经济学家冯·杜能(Johann Heinrich von Thünen,1783—1850)在《孤立国对于农业及国民经济之关系》(简称《孤立国》)(*The Isolated State*,1826)中提出农业土地利用模型。该模型在马歇尔的《经济学原理》(*Principles of Economics*,1982)中被提及,但杜能的专著《孤立国》直到 1966 年才完全翻译成英文。他的农业土地利用模型成为现在所有城市土地模型的基础。但古典农业区位理论是以城市为中心的,因此分工和专业化的思想被人为地掩盖了[36]。1885 年,数学家威廉·劳特(Carl Wilhelm Friedrich Launhardt)研究了土地利用和土地租金的关系,提出了竞租函数(bid-rent functions),同时提出了市场区位分析的概念和空间需求曲线。他的主要工作《经济学的数学基础》(*Mathematical Underpinnings of Economics*)在 1993 年被翻译成英文[7]。韦伯(Alred Weber,1909)的《工业区位论:区位的纯粹理论》(*Theory of Industrial Location*)基于对鲁尔工业区的研究,试图回答工业的区位选择问题[37]。赫德(Richard Melancthon Hurd,1903)在《城市土地价值原理》(*Principles of City Land Values*)中,将地价作为土地经济学的重要内容,并分析了其影响因素和经济力量,提出内在价值(intrinsic value)和交换价值(exchange value)[38]。

1.4.1.2 发展阶段

20 世纪 20 年代,城市化加速,城市面临的规模扩大、地价上涨、失业、交通拥挤和污染等问题日益严重。城市土地经济和土地区位的研究开始涉及这些城市问题。美国经济学家伯吉斯(Burgess,1925)、黑格尔(Hegel,1926)、霍伊特(Hoyt,1933)等研究了城市内部空间结构,并对城市经济问题进行了探讨。

基于中心地理论和廖什市场区位分析发展而来的近代区位理论,转而以城市为立足点追求市场的扩大。德国城市地理学家克里斯泰勒(Walter Christaller)在其 1933 年的著作《南德中心地》(*Central Places in Southern Germany*)中分析了城市是如何以等级网络相互联系的,提出了中心地理论。该著作 1966 年由贝斯金(Baskin)翻译成英文[39]。1944 年,德国经济学家廖什(August Lösch)的市场区位理论(the economics of location)在 1954 年被翻译成英文。穆斯(Moses,1958)突破了韦伯工业区位论中要素不可替代的限制,研究了要素替代效应对企业区位选址的影响。

20 世纪 20—50 年代为以土地经济和土地区位为重点的城市经济学发展阶段,学者探讨城市内部空间结构和土地市场问题,通过对城市土地经济的研究,试图解释城市土地利用和地理位置的决定因素。

1.4.1.3 诞生阶段

第二次世界大战后,特别是 20 世纪 60 年代以来,以空间经济研究为特征的现代区位理论从单个经济体的区位分析转向区域空间结构、区域经济增长等区域总体的研究,强调政府干预机制。同时,60、70 年代实证主义盛行,计量经济学飞速发展[40]。基于农业区位论、工业区位论和中心地理论等区位分析发展而来的现代区位理论,将新古典经济学和古典区位论相结合,分析家庭和厂商的区位选择问题。在借鉴了前人研究,尤其是贝克曼(Martin Beckmann,1952,1953)、艾萨德(Walter Isard,1956)及温戈(Wingo,1961)等人的开创性工作后,美国经济学家阿朗索(William Alonso)出版了《区位和土地利用》(*Location and Land Use Toward a General Theory of Land Rent*)一书[41]。其将空间关系和距离引入模型,认为竞争性土地使用区位的决定因素是各种活动所能支付的地租,通过竞价确定最佳区位,进一步深化了对城市企业、居民选址和空间结构的研究,提供了企业和居民选址的理论基础。后经 Mills 和 Muth 的进一步发展,Alonso-Mills-Muth(AMM)的竞标租金模型成为现代新古典区位理论的里程碑。

有学者认为阿朗索的竞标租金模型标志着城市经济学的诞生,即其成为一门具备统一理论基础的独立学科。也有学者认为,1965 年美国学者威尔帕·汤普森(Wilbur Thompson)编写的《城市经济学导论》(*A Preface to Urban Economics*)标志着城市经济学问世。总之,在 20 世纪 60 年代,城市经济学从广义的经济学科中分离出来,成为一门独立学科。此后,城市经济学得到了进一步发展。如狄克西(Dixit,1973)对城市的积极和消极规模效应进行了讨论。哈维(Harvey,1973)等对传统理论的土地使用者中性假说提出了质疑。从对未来预期的不确定、其他高回报投资的存在和把土地当作消费品等方面解释了土地没有在最高租金水平实现充分供给的现象。穆斯(Muth,1973)则从房屋和基础设施等的建造年代方面解释城市土地没有在当前最高地租水平上得到使用的原因。亨德森(Henderson,1974)将城市内部结构理论与马歇尔的外部性概念结合,解释了城市经济活动的集中性特征[38]。

1.4.1.4 制度化阶段

20 世纪 60 年代末和 70 年代初可视为城市经济学制度化的开始。美、英、日、苏等国陆续成立城市经济学研究团体,出版学术刊物和专著,在大学开设城市经济学课程。城市经济学迅速发展,也涌现出一批具有较大影响的城市经济学家[42]。以学术刊物出版为例,1964 年《城市研究》(*Urban Studies*)创刊,1971 年的《区域与城市经济学》将刊名改为《区域科学和城市经济学》(*Regional Science and Urban Economics*),1973 年《美国不动产与都市经济学会期刊》创刊,《城市经济学杂志》(*The Journal of Urban Economics*)则于 1974 年开始发行。截至 20 世纪 70 年代中期,多份期刊以不同的方式专注于城市经济学。一个新兴的城市经济学派——新城市经济学(new urban economics)也出现于 20 世纪 60、70 年代,但并没有受到主流经济学的重视[36]。

在 20 世纪 80 年代,城市经济学在西方开始衰落。但也正是在此时,城市经济学被引进中国。1978 年中国开始改革开放,西方城市经济学著作被陆续引进中国,并普遍成为先期开设城市经济学课程院校的主要参考教材。主要译著包括英国巴顿的《城市经济学——理论和政策》(1984)[43],美国赫希的《城市经济学》(1987)[44],日本山田浩之的《城市经济学》(1991)[45],以及英国伊文思的《城市经济学》(1992)[46]。在翻译引进并借鉴西方教材的基础上,中国学者开始编写相关教材或专著,并在 20 世纪 80 年代形成一个出版高潮[47]。

1.4.1.5　理论复苏阶段

经过近 20 年的沉寂,西方的城市经济学在 20 世纪 90 年代迎来了转折点。在"新城市经济学"理论基础上,以藤田昌久(Masahisa Fujita)、克鲁格曼(Paul Krugman)和维纳布尔斯(Venables)等为代表的新经济地理学的兴起使得区域和城市经济学获得了新生。新经济地理学试图重构空间分析框架,采用新的视角来解释区位、集聚经济和城市形成等问题,将规模报酬递增、不完全竞争、分工和专业化纳入城市经济学以解释城市的产生和发展,并将城市空间集聚等纳入一般均衡分析框架[36]。其研究可划分为从微观到宏观的三个层面:产业地方化,城市和城市体系,国际贸易和分工[28]。与此同时,20 世纪六七十年代发展起来并在七八十年代应用于现实的一系列微观经济学分析工具——博弈论、新制度经济学、信息经济学、产业组织理论等,为城市经济学的发展奠定了坚实的基础。

20 世纪 90 年代中后期,中国市场经济高速发展。尤其是 2000 年后,国内学者引进并翻译了诸多相关教材和文献。如美国米尔斯的《区域与城市经济学手册》第 2 卷《城市经济学》,美国沙利文的《城市经济学》,藤田昌久、保罗·克鲁格曼、安东尼·维纳布尔斯的《空间经济学》等。与此同时,国内学者也陆续出版了本土相关专著。如谢文蕙、邓卫,蔡孝箴,饶会林,冯云廷,周伟林、严冀,王雅莉等的《城市经济学》。随着对城市经济学的日渐重视,城乡规划领域陆续出版了一系列相关著作。如赵民、陶小马的《城市发展和城市规划的经济学原理》,甄峰的《城市规划经济学》,张倩的《城市规划视野下的城市经济学》等。经过几十年的发展,中国城市经济学研究在内容上日渐丰富、方法上更加科学,形成了较为完善的城市经济学研究体系和学科框架。

1.4.2　城市经济学研究对象与研究内容

1.4.2.1　研究对象

城市经济学的研究对象可以是城市空间、经济规律、城市现象或问题。城市空间方面的研究多关注城市内部结构,或城市范围内的土地利用模式。城市经济规律方面的研究多关注城市周边区域与城市本身的关系以及经济发展规律。城市现象或问题方面的研究尤其关注土地利用、土地租金、地方政府与地方教育政策、住房、贫穷和犯罪等社会问题。

城市经济学的定义反映了其对不同研究对象的侧重。诸多定义将城市空间要素利用为核心的城市资源配置和城市经济福利最大化作为研究对象[48]。如蔡之兵等认为城市经济学是以城市这一独特的空间组织结构为研究对象的经济学科[36]。沙利文认为城市经济学属于地理学和经济学的交叉学科,研究在资源稀缺背景下人们的决策问题,研究家庭效用最大化和厂商利润最大化下的位置或区位选择[27]。

有的把城市经济运行、经济关系及其规律作为研究对象[49]。如城市经济学是一门以城市系统为对象,研究城市内外部的经济活动,揭示城市形成、发展及城市化过程中的经济规律的应用性学科。城市经济学是研究城市在产生、成长、城乡融合的整个发展过程中的经济关系及其规律的经济学科。

有不少的学者把城市经济现象或城市问题作为研究对象[47]。如周伟林等认为城市经济学是一门研究城市范围内各种经济现象的学科,强调从空间的角度来理解经济现象[28]。蔡之兵等认为城市经济学就是运用经济学原理和经济分析方法,去研究城市问题及城市地区所特有的经济活动[36]。巴顿把任何系统地运用经济学原理去解决城市问题的企图当作城市经济学[50]。山田浩之认为城市经济学就是抱着解决城市问题的愿望,从经济学的角度对城市的空间结构进行分析,探讨理想的公共政策的方法[45]。赫希认为城市经济学是运用经济学原理和分析方法去研究城市问题以及城市地区所特有的经济活动[44]。从广义上讲,城市经济学是对城市地区进行经济研究,包括采用经济分析工具研究如犯罪、教育、公共交通、住房及本地政府财政等多种城市问题的学科[51]。

以上城市经济学定义的多样性说明对其研究对象还持有不同的看法。但总体而言,城市经济学是研究在资源稀缺情况下人们的选择和决策,运用经济学基本理论与方法,对城市经济活动中出现的各种现象、规律和问题进行分析,并制定科学合理的城市政策的一门多学科交叉的应用学科。不同学科和视角可针对不同方面有所侧重。

1.4.2.2 研究内容

以主流经济学为主导的城市经济学研究多沿用新古典经济学理论方法分析城市经济问题,供求均衡理论、区位理论、外部性理论、集聚经济理论等仍是城市经济学的主导理论[47]。这些理论奠定了城市经济学的研究基础。

单个城市内部与城市体系是传统的城市经济学研究的两个主要方面。单个城市内部问题的研究主要从微观经济视角探讨城市家庭与厂商的区位选择、竞租条件下的土地利用均衡、由此形成的土地利用空间结构等,以及从宏观或微观经济视角研究由于集聚的负外部性所产生的各种城市问题,如住宅、交通拥挤、环境污染、犯罪等问题。在市场失灵的情况下,公共物品与地方政府等内容也是城市经济学分析的重要内容。城市体系问题的研究是将城市抽象为一个点,从宏观层面探讨城市规模等级及其影响因素、城市群或城市体系的定位与均衡,以及从集聚经济和规模经济的角度探讨城市的形成和发展等。

最近几十年,城市经济学家对包括规模报酬递增、信息外溢在内的诸多城市空间经济问题的研究迅速兴起。新经济地理学通过空间经济分析理论探讨城市产生发展、城市内部空间布局和城市问题。有学者将目前城市经济学的若干国际前沿问题总结为[52]:城市空间结构多中心理论模型及动态演变,城市集聚经济的微观机制及实证检验,城市蔓延机制及其影响,基于大数据和微观数据的城市内空间结构识别,最优城市规模理论与检验方法,发展中国家城市化进程理论实证和城市公共政策,城市更新理论与政策设计,城市增长及政策设计与评估,城市劳动力和住房市场空间均衡及其政策,城市交通拥堵和环境污染治理的理论、政策设计和评估,城市基础设施和公共服务的供需和融资等。

1.4.2.3 城市经济学与区域经济学

区域和城市经济学是包括区域经济学和城市经济学等多学科交叉的一门学科。区域和城市经济学分析各种经济要素在空间上的配置及复杂空间经济系统的时空演化等。在其学科形成和发展初期,区域经济学和城市经济学相对独立。西方经济学家采用宏观经济学的分析方法对原有古典区位论的研究范围和领域进行了扩展[53]。纵观学术思想历史,区域经济学有描述和分析两种定义的角度和途径。从描述角度讲,区域经济学是关于区域经济的经济学,是对经济活动的空间表现形式、稀缺资源地理分布等进行研究的科学。从分析角度讲,区域经济学研究社会如何管理它的稀缺资源空间配置,如个体(企业、家庭/个人)的区位决策和空间相互作用。城市经济学关注城市周边区域与城市本身的关系,以及城市范围内的土地利用模式,研究就业中心区位与居住或绿色空间的关系,尤其关注土地利用、土地租金、地方政府与地方教育政策和住房以及贫穷和犯罪等社会问题。目前,区域和城市经济学借鉴了诸多其他学科的理念和方法,如地理学、物理学、社会心理学、公共管理、社会学、生态学、历史等。从经济学自身的角度看,区域与城市经济学综合了微观经济学、宏观经济学与国际经济学,分析区位模式与区域增长率的要素。虽然研究仍有不同侧重,但区域经济学和城市经济学研究日渐趋向融合[54]。尽管如此,本书仍将重点放在城市经济学的框架下进行阐述。

2 集聚经济

作为商业和公共管理中心的城市由来已久。由于城市发展反映了数以百万或千万人的生活选择,因此了解城市的形成和发展需要既了解不同城市属性的相对重要性,又要了解城市为何具有这些属性。城市的一个重要特征是大多数经济活动在空间中倾向于聚集在一起。这一现象提出了一系列重要的问题,即:什么是城市?城市为什么存在?为什么城市会位于特定区位?为什么经济活动通常在地理上高度集中?为什么不同的经济活动在不同规模的集群中发生[55]?一个地区是通过提供高工资或廉价住房或好的天气来吸引人们的吗?为什么公司会留在它们必须支付高工资的地方?既然集聚具有优势,为什么会出现城市蔓延的现象?本章将围绕集聚经济的概念探讨城市形成和增长的动力,并对城市蔓延的影响因素、机制和增长控制工具进行分析。

2.1 城市

城市的基本特征是人口和经济活动等要素在地理空间上的高度集中。城市不是众多的人和物在地域空间上的简单叠加,它有着自身的成长机制和运行规律,更有区别于乡村的鲜明特征,即人口的密集、物质和资本的密集以及文化的密集。城市的定义在不同的国家或地区都存在差异。国内外专家、学者从不同的角度对城市进行了定义和分类,但迄今为止还没有定论。社会学家路易斯·沃斯(Louis Wirth)认为,社会学意义上的城市是一个具有较大人口规模、较高人口密度、异质性社会个体等社会学特征的永久居住地。但城市不只是人口的集中,也是工业生产和一系列服务的发生地。1933 年《雅典宪章》(*Charter of Athens*)提出城市的基本功能在于解决居住、工作、游憩和交通等活动的问题。美国地理学家哈里斯(Harris)将美国城市划分为批发、制造、运输、零售、观光和休闲等 8 种类型。英国城市经济学家巴顿(Button)指出城市是坐落在有限空间范围内的各种经济要素——市场、住房、劳动力、土地、运输等相互交织在一起的网状系统。

通常采用人口规模作为测度城市的标准。如我国对于大中小城市的划分标准为:市区常住人口在 50 万以下的为小城市,50 万至 100 万的为中等城市,100 万至 300 万的为大城市,300 万至 1000 万的为特大城市,1000 万以上的为超大城市。美国人口普查局根据地理区域和人口密度将城市分为:(1)大都市统计区(metropolitan statistical area,MSA):核心的统计区(core based statistical area)中与人口至少为 50000 的城市化地区有关;(2)小都市统计区(micropolitan statistical area,μSA):核心的统计区与至少 10000 但小于 50000 的城市群相关;(3)主要城市(principal city):核心统计区域中最大的城市,以及符合指定统计标准的其他城市。由于国家和地区之间存在较大差异,行政意义上的人口规模有时并不具有可比性,因此,人口密度和经济结构等指标也常作为功能意义上的城市的判断标准。

2.2 规模经济、范围经济与集聚经济

为了证明城市存在的合理性,最简单的方法是假设城市层面存在收益递增。如果没有某种形式的收益递增,我们就无法解释同质区域内的集聚。那么聚集收益递增的实质是什么? 这里从规模经济、范围经济和集聚经济的角度来进行说明。

2.2.1 规模经济

2.2.1.1 规模报酬

规模报酬(returns to scale)是指在其他条件不变的情况下,企业内部各种生产要素按一定比例变化时所带来的产量的变化。按照产量增加的比例与生产要素增加的比例之间的关系,可划分为规模报酬递增、规模报酬递减和规模报酬不变三种情况。

设生产函数为

$$Q = f(C, L)$$

其中,Q 为产量,C 为资本投入量;L 为劳动力投入量。

资本和劳动力按同样比例增加 α 倍(α 为常数),新的产量为 Q':

$$Q' = f(\alpha C, \alpha L)$$

如果产量增加的比例等于生产要素增加的比例,即 $Q' = \alpha Q$,说明规模报酬不变。如果产量增加的比例大于生产要素增加的比例,即 $Q' > \alpha Q$,则生产函数的规模报酬递增,反之递减[56]。

2.2.1.2 规模经济及产生原因

规模经济(economies of scale,EOS)是由企业或行业规模扩大带来的成本节约,可分为内部规模经济(InEOS)和外部规模经济(ExEOS)。内部规模经济主要来自企业内部的成本节约与效率提高引起的产品收益增加,从而导致企业内部生产规模的扩大,而获得规模经济[57]。外部规模经济是来自企业外部的成本节约优势,整个行业(生产部门)规模变化而使个别经济实体的收益增加。规模经济除了可按照上面的分析分为内部规模经济和外部规模经济外,还可划分为静态规模经济和动态规模经济。静态规模经济提高了生产力水平,动态规模经济则提高了生产率增长率[58]。另外,规模经济的概念是空间的,因为大量投资发生在特定位置,而不是跨越一系列不同的位置。

规模经济产生的原因有几点:(1)投入要素的不可分割性。一些资本投入存在粗放性,不能随生产规模的缩小而减少,较小的厂商也需要投入与大厂商类似规模的生产要素。(2)劳动分工/专业化因素。专业化工人的工作具有连续性和熟练性,提高了生产效率。(3)固定成本在更大规模产出上的分摊[58]。

由于生产专业化水平的提高等诸多原因,企业的单位成本下降,从而形成企业的长期平均成本(LRAC)随着产量的增加而递减的经济。如图 2-1 所示,在 Q_2 点之前,当生

产的产出(Q)上升但平均成本下降时,便产生了规模经济。规模经济促使大型企业的产生,进而促使围绕大型企业的中等规模的工业城市形成。但在 Q_2 点之后,当生产的长期平均成本随着产量的增加而增加时,便产生了规模不经济。

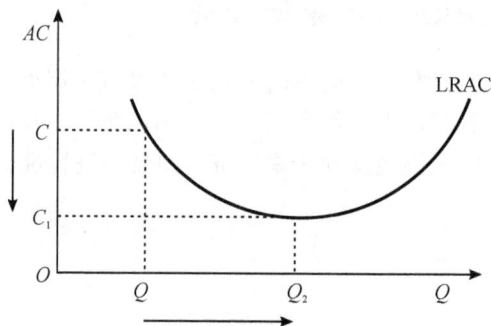

图 2-1　规模经济与规模不经济

2.2.2　范围经济

范围经济(economies of scope)是企业生产两种或两种以上的产品而引起的平均总成本的降低,或由此而产生的节约。多样化程度与平均总成本之间存在的经济性表现为:

$$TC(Q_a, Q_b) < TC(Q_a) + TC(Q_b)$$

其中,$TC(Q_a)$ 为企业生产 a 产品的成本,$TC(Q_b)$ 为企业生产 b 产品的成本。

范围经济是针对关联产品的生产而言的,可用来解释企业在多样化经营时产生的效果,有内部范围经济和外部范围经济的区别。内部范围经济是企业经营范围的扩大和领域的延伸(或称为生产的多样化)带来成本节约,即产生了范围经济。外部范围经济指专业化的企业之间通过外部交易网络而集聚起来共同完成生产经营活动,企业因生产或经营领域的广泛而获得经济利益。企业地理空间集聚的重要诱因之一就是对外部范围经济的追求[57]。

2.2.3　集聚经济

2.2.3.1　集聚经济类型

韦伯(A. Weber)在 1909 年出版的《工业区位论》一书中最早提出集聚经济的概念,将区位因素归纳为区域和集聚两大因素。马歇尔第一个对集聚经济来源进行了系统分析。他在 1809 年出版的《经济学原理》一书中,首次提出产业集聚和外部经济的概念。这些经济通常被理解为独立于单个公司的外部经济,它归属于同一地区的所有公司[55]。马歇尔认为集聚的益处主要表现在两个方面:一是为产业内部的厂商带来正的外部性,二是为当地厂商带来正的外部性[28]。

胡佛(Hoover)对集聚经济进行了分类。胡佛的描述与马歇尔的描述有些不同,但有一些共同点。在胡佛的类型学中,内部规模报酬是特定企业的集聚经济,地方化经济是特定行业的集聚经济,城市化经济是特定城市的集聚经济[55]。地方化经济降低了该地区特定行业中所有企业的成本。城市化经济降低了特定城市中所有企业的成本,不论这些企业属于哪个行业[7]。在许多情况下,这些变化实际上主要是由企业边界的变化或企业所有权的变化驱动的。但在某些情况下,集聚经济的这些变化也可能表明企业之间相互作用的性质发生了根本的变化[55]。

俄林(Bertil Ohlin)1933年在《地区和国家间的贸易》一书中,把集聚经济划分为以下四类。(1)厂商内部的集聚经济,即内部规模经济。(2)地方化经济:外生于单个企业,是与地区产业规模相关的规模经济。(3)城市化经济:外生于地方单个产业,与地区整体经济规模相关的规模经济,即各种类型经济活动集聚在一个地方带来的经济效应。(4)产业间的联系:集聚使生产投入品购买成本降低。

为了描述任何特定地区集聚经济的特殊性质,有些经济学家采用俄林和胡佛的分类方法,将集聚经济分为三种类型,即内部规模报酬、本地化经济和城市化经济。琼斯(Jones)按照成本节约的规模、范围和复合三种类型,将导致企业成本节约的经济分为内部经济和集聚经济(表2-1)[8]。内部经济严格来说是企业层面的集聚经济,而地方化经济、城市化经济和复合经济可对城市中多个厂商集聚的现象和大城市的出现进行解释。

表2-1　内部与外部成本节约类型

成本节约类型	内部经济(内在于企业)	集聚经济(外在于企业)
规模(水平)	规模经济	地方化经济
范围(平行)	范围经济	城市化经济
复合(垂直)	复合经济	复合经济

资料来源:Jones,2022

2.2.3.2　集聚经济外部性

只有通过研究产生城市集聚经济的原因,而不仅仅是它们存在,我们才能真正了解为什么有城市。基于共享、匹配和学习机制等来研究集聚经济的微观基础,寻找证明城市存在的黑匣子,这是城市经济学的基本任务之一。马歇尔观察到公司通常在特定地点集聚,意味着簇群中的公司必然获得了递增的规模报酬,提出空间集聚企业可提高生产效率的三种外部性:劳动力共享、中间投入品共享和知识溢出[55]。杜兰顿(Duranton)和普加(Puga)从微观经济角度将集聚经济效应机制归纳为共享、匹配和学习机制[59]。沙利文(O'Sullivan)将同一产业内厂商集聚的正效应归结为劳动力市场共享、共享中间投入品、知识信息的外溢和劳动力匹配[27]。不同的微观基础具有非常不同的福利和政策含义。这里我们将基于共享、匹配和学习机制对集聚经济效应进行阐述。

(1)共享机制

共享机制包括多样化中间投入品共享、劳动力共享以及不可分割基础设施的共享。首先,企业之间相互靠近,可以共享彼此所提供的中间投入品(sharing intermediate inputs)。中间投入品集中的地区更容易吸引最终产品供给商的集聚,因为这样既可以节约运输费用,又由于中间投入品间的竞争使得其价格较低。足够大的集群产生可以维持专业化企业的市场,降低成本。其次,集聚经济来源的另一种共享机制是劳动力共享

(sharing a labor pool)。集聚在一起的同一行业的企业吸引专业化的劳动力,企业可以从专业的熟练的本地劳动力库中受益[55]。正如马歇尔所述,本地化的行业从提供持续技能市场这一事实中获得巨大优势。再者,城市的存在有助于共享许多不可分割的生产设施、市场和公共产品。一旦与特定类型设施相关的固定成本较高,它就会以不变的边际成本为消费者提供必要的益处。但是,要享受这种产品,消费者必须在他们的住所和设施之间进行通勤。大量消费者在分享设施固定成本的收益与设施周围土地日益拥挤的成本之间进行权衡。我们可以将城市视为这种权衡的均衡结果。在这种情况下,城市只不过是组织起来共享当地公共物品或设施的空间俱乐部[59]。

(2)匹配机制

劳动力市场共享的益处在于,企业更容易从更多技能、更多数量上选择劳动力,有利于劳动者与企业之间的匹配。如高科技企业可以找到高技能的劳动力,劳动密集型企业可以找到相应技能的劳动力。另外,企业对劳动力的需求是变化的,当某个企业需要减少劳动力时可能正是另外一个企业忙碌而需要雇佣更多工人时。工人很容易从一个企业转移到另外一个企业。企业越多,用工需求就越容易匹配而达到均衡。企业可以根据生产需求雇佣劳动力,工人可以在任何时候都方便地找到工作。大城市有更多的劳动力和企业,集聚提高了劳动力匹配的质量和成功的概率。

(3)学习机制

学习机制是由于人口和产业的集聚促进了知识和技术的产生、积累和扩散。学习的一个基本特征是,它不是在虚空中发生的单独活动。相反,它涉及与他人的互动,其中许多互动具有"面对面"的性质。大城市的知识交流较为频繁。通过汇集大量人口,城市可以促进学习。换句话说,城市提供的学习机会可以为其存在提供强有力的理由。

与具有更高技能或知识的个人接近有助于获得技能以及促进知识的交流和传播。因为大城市更多的是生产信息和服务,工人之间的接触促使产业内企业间的知识分享,并从中获得巨大的利益。这种分享多是在办公室外的公共空间如咖啡馆、餐馆和户外休息空间实现的。例如,供应公司可以从与客户公司的频繁信息交流中受益,从而增加这些公司在生产过程中不同阶段的相互理解和熟悉度。信息和服务的生产如创新创意性产业的很多想法都是在正式或非正式的交流中产生的。此外,城市学习的优势不仅涉及尖端技术,还涉及技能的获取和"日常"增量知识的创造、传播和积累[59]。

学习机制在城市聚集的描述中受到了很大的关注。马歇尔已经强调了城市如何支持创新和思想的传播。继雅各布斯之后,关于城市知识生成的一个关键问题是多样化的城市环境在促进创新方面的作用。许多作者强调了城市所提供的环境如何改善了产生新思想的前景。虽然知识溢出使该区域的企业受益于知识分享或技术外溢,但其具有较强的地区性,距离的增加导致该效应的减少。

2.2.3.3 货币与技术集聚经济

马歇尔提出三种集聚经济产生的原因,即知识溢出、中间投入品共享、熟练劳动力市场共享。知识溢出可称为技术外部性,中间投入品共享、熟练劳动力市场共享可称为货币外部性。货币集聚经济(pecuniary agglomeration economies)是指在不影响投入效率的情况下降低企业的投入成本。首先,货币集聚经济的效果之一是由于企业位于既包括市场又包括投入供给的城市,会导致交通成本的节约。其次,货币积聚经济使得大城市物品相对便宜,其他投入品供给成本也低。另外,大城市比较容易雇佣到具有特殊技能的工人,但小城市要么缺乏特定专业化雇员,要么雇佣成本高。大城市劳动力的集中也吸引了更多的企业,从而使得城市变得越来越大。技术的集聚经济(technological agglomeration economies)提高投入效率,但并不降低成本。如相似企业相互靠近产生知识外溢,员工之间的交流会产生新的想法等,从而提高工人效率。大城市劳动力市场巨大,企业也有更多的选择,使得个体劳动者更加勤奋从而提高技能[60]。

2.2.3.4 城市产业增长与动态集聚经济

对于公共政策的决策者或战略规划师而言,判断对城市主导产业有着持续发展潜力的企业,对制定城市发展规划和政策尤为重要。城市规模扩张速度可用于判断某一地区是否存在高出地区总体增长速度的、具有动态集聚经济的产业。城市经济学家通常采用对特定产业增长进行分解的方法进行分析。基于传统产业增长分解方程,麦克唐纳(McDondald)将城市本身的增长纳入分解方程[61],得出:

$$\Delta e_i / e_i = \Delta E / E + (\Delta C_i / C_i - \Delta C / C) + (\Delta e_i / e_i - \Delta C_i / C_i) + (\Delta C / C - \Delta E / E)$$

其中:e_i 是城市中 i 产业就业人口,$\Delta e_i / e_i$ 是城市产业 i 就业人数变化率;E 为城市就业人数,$\Delta E / E$ 是城市就业人数的变化率;C 是全国就业人数,$\Delta C / C$ 表示全国就业人数变化率;C_i 代表全国产业中的就业人数,$\Delta C_i / C_i$ 代表全国产业 i 中就业人数变化率。

城市中 i 产业就业人数变化率被分解为可以用:①城市本身就业人数的增长率来解释的部分;②全国产业 i 就业人数变化率与全国就业人数增长率之差解释的部分;③城市产业 i 就业人数增长率与全国产业 i 中就业人数变化率之差解释的部分;④全国就业人数变化率与城市就业人数的变化率之差来解释的部分。这些部分反映了城市产业竞争能力,体现了城市中产业 i 与全国范围内产业 i 的发展速度的关系,如果前者更快,则城市中产业 i 具备动态集聚经济。因此,对于决策者,可通过国家、产业和城市的就业指标判断哪些产业中存在动态集聚经济[28]。

2.3 城市形成和发展的原因

城市为什么会存在?为什么人口和经济活动在地理上集中呢?基于不同的目的,各个学科给出城市之所以存在和发展的不同解释。如军事历史学家认为,人们集中在城市为了更好抵御外来入侵。历史上许多城市都会修建城墙或护城河等防御措施。但这些设施对于现代先进的武器已经不起作用了,而且在更加和平的年代也不需要了。关键是,城市在这些设施废弃后依然存在,并且远远超出了这些设施的范围。社会学家认为,必须在空间上聚集于城市才能实现人们对社会交往需求的喜好。但城市人口如此众多,一般情况下人们也只能与有限的人群或个体进行社会交往[8]。因此,本质上来说这些已经不是城市存在的理由。经济学家认为资本增长、资本深化、技术进步和经济结构转变是城市经济增长的主要来源,但这些要素并不涉及空间。城市经济学家从就业和工作地点的角度来解释城市的存在,认为特定经济力量导致就业在空间集聚。由于人们居住在工作地点附近,就业的集聚导致人口的集聚,因而形成城市。Bleakley 和 Lin[62]的研究结果表明,虽然固定的位置特征很重要,但其他集聚优势也很重要。这些其他集聚力量的一个潜在来源是与城市规模或特定产业集群相关的生产力优势。本部分将从比较优势、内部经济和集聚经济三方面探讨城市形成和发展的原因。

2.3.1 比较优势

各个地方的生产力不同,生产不同商品所花费的时间不同,即其生产的机会成本不同,就产生了比较优势(comparative advantage)。如果一个地区在某种商品的生产上有较低的机会成本,那么该地区就具有生产这一产品的比较优势。比较优势是指生产某种商品消耗更低的边际成本,而绝对优势指消耗更低的总成本。经济活动的比较优势,使得贸易交换得以出现。贸易会使所有人受益,因此人们倾向于相互交易,促进了市场城市的形成与发展。同时,交通成本的降低有助于交换的产生,随着交易的增多在某些交通便利的地方即形成了市场。与市场相关的人们,包括交易双方和服务人口等在市场周边居住生活,便形成了市场城市。

2.3.2 内部经济

内部经济内在于企业,导致企业成本降低。对企业来说,存在三种类型的内部经济,即内部规模经济、内部范围经济和内部复合经济。其中,内部规模经济(水平的整合)指单个企业规模扩大及专业化可以带来经济活动成本的节约。内部规模经济出现在单个企业层面,是一经济实体在规模变化时由自己内部所引起的收益增加[58]。这些规模经济被认为是公司内部的,因为收益是单个公司规模增大的结果。大型工厂,例如波音公司位于西雅图的埃弗雷特库库,需要大量资金和大量劳动力才能设在同一个地方。这些内部规模经济与投资和人员在空间上的高度集中有关[55]。

内部范围经济(平行的整合)是同一企业内部生产或经营两种或两种以上的多样化产品而引起的平均总成本的降低。不同于内部规模经济,内部范围经济是企业生产或经营多样化产品而非大量的同一产品带来的节约。范围经济产生的原因是通过同时生产多样化产品,可以减少交易费用,更好地利用生产设备设施以及相同或相似的生产要素从而产生节约[57]。

复合经济(complex economies)是通过将复杂生产过程的不同阶段整合到一个地点而产生的成本节约。其中,内部复合经济(垂直的整合)是大企业可以通过将复杂生产过程的不同阶段整合到一个地点,生产过程的垂直整合导致成本降低[8]。

一般来说,围绕一个大企业形成的企业型城市数量有限,多数与采矿、钢铁制造、汽车生产等有关,通常具有相对较少的人口,如德国大众汽车总部所在的沃尔夫斯堡(Wolfsburg)。因此,内部经济通常不足以支撑大城市的形成和发展。绝大多数的城市虽然也有大型企业,但这些城市并非完全围绕这一个企业,而是由众多的企业构成。因此,要探究多数城市形成和发展的主要动因,就需要从外部经济或集聚经济的角度进行分析。

2.3.3 集聚经济

与内部经济相对的概念是外部经济;外部规模经济、外部范围经济和外部复合经济都属于外部经济,通常被称集聚经济。集聚指经济活动集中在某些特定而且是有限的范围,经济指集聚的同时还带来厂商成本的降低。因此,集聚经济(agglomeration econo-mies)就是经济活动集中在某些特定且有限的范围内,并带来厂商成本降低的经济现象[60]。集聚经济导致分散的企业彼此靠近,促进了就业集聚和大城市的发展,是城市经济学界用来解释城市起源与发展的最为常见的概念及理论。

在许多领域,不同行业的企业集团可以在地理上聚集在一起。共享劳动力和基础设施等集聚经济产生的大量正外部性,使城市产出在不增加城市总投入的情况下随着城市规模的增大而上升。主要城市可能包含数百个产业集群。不同地区的集聚经济确切性质可能不同。集聚经济以多种不同的方式出现,包括地方化经济、城市化经济和复合经济三种类型[8]。

2.3.3.1 地方化经济

集聚的益处使得同一行业内的企业在空间上聚集在一起,以实现本地化的外部规模经济,即地方化经济(economies of localization)。地方化经济外生于单个企业,是特定产业部门内企业的集聚;某行业的企业成本随着行业总产量的提高而降低,导致大型同质城市的产生与发展。因为在商品生产、劳动力市场集中、共享基础设施等公共资产和知识方面存在后向和前向联系或技术溢出,彼此接近将使得公司受益[58]。如果这些集聚经济的益处出现在行业或地区层面,就导致地方化经济。例如,在生产上与飞机制造行业联系密切的一组企业如配置在同一区域,则可使每个企业都因空间上的集聚而受益。由此带来的效益远远大于将上述企业分散配置所带来的效益的总和。也即系统的总体收益大于各个部分收益之和,超过部分源于集聚经济带来的益处。

地方化经济包括工业群集聚经济与购物外在经济两种类型[57]。工业集群经济是一种生产活动位于特定区位后,生产规模的进一步扩大或吸引其他部门在它周围集聚的经济。例如在西雅图,有许多公司生产直接供应给波音的专业航空部件。同样,在密歇根州底特律、德国斯图加特和日本名古屋等汽车集群中,有许多公司为主要汽车生产公司生产专业产品。本地供应公司可以通过多种方式受益于与其主要客户公司的紧密联系[55]。购物外在经济是通过吸引交易公司而导致的以市场为基础的集聚。不完全替代品和互补品这两种类型的产品往往能够产生购物外在经济性。前者通过集聚降低消费者的搜索成本,从而吸引潜在购买者。而销售具有互补性产品的任何一方供给方都会受益于另一方的存在。

2.3.3.2 城市化经济

在大城市中,各种类型经济活动集聚在一个地方,为城市所有企业带来益处,而不仅仅是某一特定产业部门中的企业。如西雅图、斯图加特和名古屋,每个城市的经济都围绕着一个工厂或一组非常大的工厂,每个工厂都表现出内部规模经济。围绕这些工厂的是许多供应商企业,客户和供应商的集团共同实现本地化经济。而不同部门的企业在同一地区集中,出现单个企业的生产成本随着城市地区总产出的上升而下降的经济现象,这种不同部类的企业经历的集聚经济被称为城市化经济(economies of urbanization)[55]。城市化经济导致大型异质城市的发展。

2.3.3.3　复合经济

集聚效益的最后一种形式是活动的复合经济。当一个城市的产业部门可以被视为一个大型生产商,而许多个体公司是垂直生产过程的一部分时,复合经济就会出现。在此过程中,单个公司在来自其他公司的投入方面具有后向联系,并与可能是另一组公司或家庭的客户具有前向联系。单个企业在工业过程垂直链中的整合形成内部复合的经济。在城市经济的不同部门中可能有许多这样的链条[8]。

鉴于集聚效益随着城市规模的扩大而增加,那么这些成本也应如此。尽管集聚会有成本,但集聚带来的成本节约似乎很高,也即集聚的收益大于成本。这个结论可以从企业愿意支付在城市运营的溢价这一事实中得出。这种溢价表现为员工工资上涨以及办公室和工厂租金上涨。集聚经济的不同类型突出了城市给企业带来的各种益处,但它们确实会有所重叠。在实践中很难将它们严格区分,并准确地确定特定企业是从哪个集聚经济中受益的。

2.4　城市蔓延

集聚不经济是导致城市蔓延的重要因素之一。企业集聚在一起最初为了降低交通成本或利用内在规模经济。当然,企业集聚并非都是为了利润最大化,一些为了效用最大化或最小化企业所有者压力,企业家选址还可能是由于宜人的设施[7]。当它们已经聚集在一起时,它们同时也受益于较低的成本,而集群外的企业并不享受,即集聚经济。但当过多的企业集聚在一个地方,可能会造成集聚不经济,导致生产成本提高、产生离心力,以及拥挤、房价等生活成本提高,犯罪、污染、贫穷等城市问题的产生[63]。当与城市相关的成本抵消了规模经济的益处时,城市可能会向外蔓延;或当成本超出了收益时,城市也可能发生衰退现象。城市衰退并不简单地与城市增长相反,二者存在本质的不同。这里我们着重讨论城市蔓延问题。

对城市蔓延的反对已经有很长历史。反对者认为城市扩张占用农业用地,导致农业用地和开放空间的减少,以及从开放空间中受益的损失。由于城市扩张导致长时间通勤,从而增加出行成本,导致空气污染。城市扩张也会引发中心区的衰败等问题。另外,在低密度郊区的开发降低了社会联系,减少社会交往,弱化了健康社会的纽带。由于剥夺了步行的可能性,会导致肥胖的增加从而引发健康问题。那么,哪些因素是影响土地空间扩张的最重要的因素? 城市蔓延的经济学解释是什么? 增长控制的工具有哪些? 本部分将围绕这些问题展开分析。

2.4.1　城市蔓延的影响因素

诸多因素导致城市空间扩张,如农业用地价格决定因素的改变、市场失灵和政府失灵等。

2.4.1.1　农业用地价格决定因素

冯·杜能以后,农业区位决定因素有所改变:农产品原料运输成本下降,农产品不仅在城市中心市场出售,而且也运往城市外的加工厂。靠近城市的农业土地价格不完全依赖于未来收益的净现值,也取决于其转变为城市用地以后的价值回报。如果农地会转变,则居住或商业用地价格将会是农业用地价格的决定因素[7]。因此,农地价格是居民收入、人口密度和接近大都市区可达性等的函数。

2.4.1.2 市场失灵

市场失灵是影响城市空间扩张和城市蔓延的重要因素之一。研究表明,市场失灵将导致城市占用比实际需要更多的土地。在市场失灵的情况下,开发者在决策过程中没有考虑开放空间的正外部性和交通拥堵的负外部性和社会成本。将农用地转为城市用地交易中并没有考虑开放空间的益处。但从社会角度讲,规划师和决策者希望能将社会收益纳入个体决定是否转让的决策过程。理想的城市边界应该设定在社会最优的位置,即农业租金与开放空间价值之和与城市竞价租金曲线相交的位置。该位置小于自由市场的配置,因此市场配置占用了过多的空间。在这种情况下,城市规模将变小,居民福利将受损。但考虑到开放空间的益处,总体福利会变好。这种逻辑尽管听起来合理,但在实践当中并不一定如此。一些人会关注城市周边的开放空间,担心其会遭到破坏。但多数人并不关心远离他们的开放空间损失,他们更关心社区中的可活动的公园等,并没有兴趣去保护城市边缘的开放空间。管理者或规划师在解决城市蔓延问题时更珍视城市边缘开放空间的价值,但并非所有居民都如此[60]。

2.4.1.3 政府失灵

政府失灵或某些政策也会导致城市蔓延。如错误定价的城市基础设施可能是政府失灵的表现。基础设施遵循规模收益递减的规律。随着网络从中心向外扩展,扩建的单位成本可能更高。但是基础设施成本分布在所有家庭中,每个家庭都支付平均成本。该收费低于边际成本,导致过度开发。现有居民在帮助新的郊区居民支付基础设施建设的成本,而新的郊区居民并没有支付边际成本。因此,在郊区购买住房价格更低,在一定程度上鼓励了郊区的扩张。

某些土地利用控制政策如城市增长边界、建筑高度和密度控制也有可能导致城市蔓延。如在美国华盛顿,建筑高度不能高于国会大厦。在巴黎,出于美学方面的考虑而禁止高的建筑物。由于老化的基础设施不堪重负,印度孟买对建筑高度严格限制。为了景观美学等的考虑,北京和杭州等城市也制定了高度控制要求。高度控制实施后城市中心区土地利用受到限制,建筑高度降低了,但城市边缘的高度却比原来更高。因此,试图在某处限制高度可能会导致其他地方高度的提高,从而提高居住的价格,使得城市居民福利恶化。该举措从社会的角度是有益的,但如果居民没有补偿性的收益,则无法抵消审美的成本[60]。

2.4.2 城市蔓延的经济学解释

Brueckner 和 Fansler[64]基于 40 个大都市区和 McGrath[65]基于 33 个大都市区的面板数据,将城市用地面积与收入、人口等进行回归分析(表 2-2)。Brueckner 的研究表明,美国城市蔓延的主要驱动力是城市人口的增加、收入的增加与农业地租的降低。1%的人口增长导致 1.1%用地面积的增长。1%收入增加导致 1.5%用地面积的增加。农业租金的弹性为负,即 1％的农业租金的增长导致 0.23％用地面积的减少。McGrath 的研究还发现通勤成本影响显著并具有负向效应,是否增加时间虚拟变量会影响系数的显著性和相关性。除了以上因素外,其他方式也在一定程度上直接或间接影响了城市规模。如对房主的税收补贴,提高了对土地的需求;对汽车出行的补贴,鼓励长途通勤;对农产品价格支持,在一定程度上降低了农业租金[60]。

表 2-2　针对不同变量的城市用地弹性

	Brueckner & Fansler (1983)	McGrath(2005)
人口(L)	1.10	0.76
出行成本(t)	0	-0.28
收入(y)	1.50	0.33
农业租金(r_A)	-0.23	-0.10

资料来源:Brueckner, 2001

特定参数的改变将得到不同城市空间结构的变化,可用图示的方式进行解释(图2-2)。一般来说,城市地租随着与市中心的距离增加而降低。假设城市住宅租金曲线和水平农业用地价格曲线相交处是城乡交界。城市的边界位于$\bar{x}_0$,即城市地租与农业地租相等之处。在第一种情况下[图 2-2(a)],随着城市人口的增加,住房面积需求增加,对土地需求的增加导致地租曲线向上移动,即由r_0移动到r_1,与农业地价相交的点从$\bar{x}_0$外推至$\bar{x}_1$,城市向外扩张。在第二种情况下[图 2-2(b)],假设人口保持不变,农业地租的提高导致城市用地缩小至$\bar{x}$。人口在更小的范围内集聚,将导致城市地租的提高,城市用地租金曲线向上移动,与新的农业租金曲线相交于$\bar{x}_1'$。因此,农业地租的提高将阻碍城市蔓延,导致城市边界由$\bar{x}_0$向$\bar{x}_1$移动,但最终使得城市边界到$\bar{x}_1'$的位置。在第三种情况下[图 2-2(c)],假设通勤成本提高,住房价格下降不足以弥补通勤成本提高的部分,居民向中心搬迁,市中心高度变高,人口密度增加,中心区房价上升而郊区的降低。城市地租将发生曲线顺时针旋转(即由r_0旋转至r_1),与农用地相交的点靠近市中心(从$\bar{x}_0$至$\bar{x}_1$),城市收缩。反之,居民收入的提高,希望更大的住房,对郊区住房需求增加,从而增加了对土地的需求,土地租金曲线将逆时针旋转,城市规模将扩张[60]。

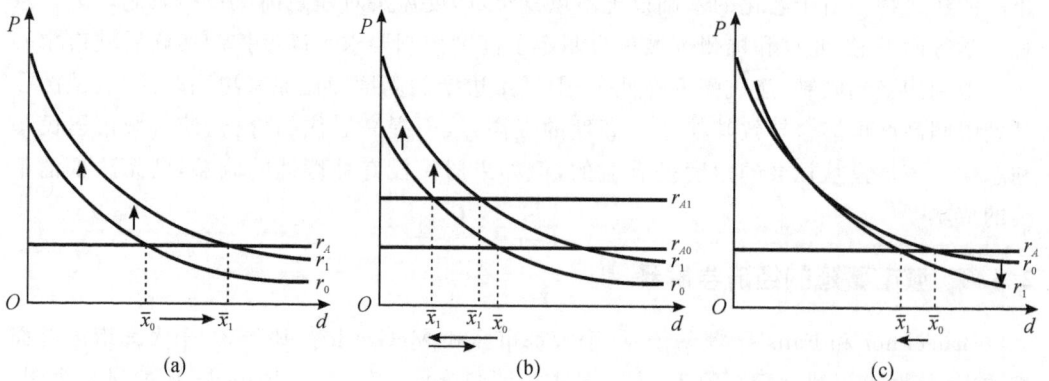

图 2-2　城市蔓延

资料来源:Brueckner, 2001

2.4.3 增长控制工具

各国采用城市增长边界、绿带、空置地的公共购买和开发费等土地利用政策对城市蔓延问题进行控制,这些基于价格的工具和空间的工具都可在一定程度上解决城市蔓延问题[60]。

2.4.3.1 基于价格的工具

对缺乏外部性考虑导致的扩张,可基于价格的方式进行弥补,如征收开发税。以征收影响费为例,如果收费系统对郊区居民收取额外费用,会使每栋房屋都支付边际成本,郊区居民会面临真实的收费,从而减少郊区蔓延。或由开发商直接支付道路和学校建设等的成本,当然这些成本最终也会传递给购房者,结果是新郊区居民支付了服务和设施的边际成本,可以限制基础设施价格的变形,从而限制城市过度增长。

2.4.3.2 基于空间的工具

基于空间的工具可以通过设置城市增长边界(urban growth boundary,UGB)等方式进行空间管控。城市增长边界是基于数量的修复,通过限制开发的数量或边界进行控制,可以更正市场失灵。如果恰当设置,可以和开发税具有同样的效果。开发边界的设定导致城市密度和居住成本提高,是否能抵消由此带来的福利? 一般来说,设定城市开发边界对决策者有益,但过度限制可能会增加居民的负担,降低生活标准。如果并没有相应的补偿或收益,则可能导致社会福利的下降。因此,对城市边界的控制要注意其负面效果。另外,开发边界是基于数量而非基于价格的工具,是对现象的遏制,而非根源的遏制。UGB 导致的是整个城市密度的提高,而不是向市中心的集中。

2.5 小结

规模经济、范围经济和集聚经济是导致就业空间集聚的力量。规模经济反映产出规模与长期平均成本的关系;范围经济反映多样化程度与长期平均成本之间的关系,而这是规模经济所忽视的。集聚经济与单个企业无关,是同一个地区的所有企业共同引起的。城市形成和发展的原因可概括为比较优势、内部经济和集聚经济。比较优势导致市场城市的出现;内部规模经济、内部范围经济和内部复合经济内在于企业,是公司企业在规模扩大或生产经营多样化等后单位投入产出的提高,有助于大企业的形成。外部经济不仅包括外部规模经济,还包括外部范围经济和外部复合经济,集聚经济是三者共同作用而形成的。外部规模经济可称为集聚规模经济,外部范围经济可称为集聚范围经济。集聚带来的收益随距离增加而衰减,由此解释城市为什么会存在。集聚经济的微观基础包括共享机制、匹配机制和学习机制。当过多的企业集聚在一个地方,可能会造成集聚不经济。诸多因素导致城市空间扩张,如农业用地价格决定因素的改变、市场失灵和政府失灵等。城市蔓延问题的解决可采用基于价格的工具或基于空间的工具。

3 区位理论

与主流经济学相比,城市经济学的最大特点是将空间因素纳入其经济分析过程中[54],并带有明显的城市特征[66]。任何经济活动都有区位,但不同的活动在不同的地区发展。经济活动跨空间分布不均受外生地理特征及商品和要素市场中代理人之间的内生相互作用的影响[67]。资本和劳动等生产要素、需求或最终产品市场的不均衡分布要求企业或生产活动像选择生产要素和技术一样选择它们的区位。也正如要素和技术对生产能力和市场中的位置具有决定性影响一样,区位也是决定企业生产能力和空间组织的关键。例如,距离对微观经济理论的影响在于它改变了可能的市场结构的类型。完全竞争假设对于均质产品有许多买者和卖者,因此没人能够影响价格。但当考虑空间位置时,该假设就不成立了。距离影响商品价格,交通成本提高了消费者支付的价格。市区商场出售的物品与远郊大型卖场的商品具有不同的价格。即使价格是一样的,消费者为购买商品而支付的交通成本也不一样[7]。因此,忽视区位这个要素,如传统经济理论那样,就会忽视对企业行为和经济活动具有重要影响的关键因素[68]。

一般来说,如果人们没有相互联系的倾向或相互联系没有成本,这将会导致人口在地域空间的均匀分布[图 3-1(a)]。如果拥挤/集聚的不经济是无关紧要的,并且相互联系的成本昂贵,那人口会选择集中在城市中心[图 3-1(b)]。如果集聚与分散二者权衡,则会出现较为常见的空间结构[图 3-1(c)]。将企业和家庭区分开来,集聚与分散同样会影响企业在城市空间中的分布。例如,对企业来说如果没有拥挤成本或拥挤成本较低,那么企业会集中在城市中心[图 3-1(d)],或形成多个中心[图 3-1(e)(f)][69]。那么,城市空间结构究竟会形成哪种模式、这些模式背后的经济学成因又是什么?

作为经济学与地理学的新兴交叉学科,城市经济学重点研究家庭效用与厂商利润最大化约束下的经济行为主体在城镇空间尺度下的区位选择。通过区位分析来考察经济活动在空间上不均衡分布的本质。诸多城市经济学模型对现实世界进行了简化的理论假设,以更好地理解企业和家庭区位选择以及不同土地利用模式形成的原因。

区位理论具有典型的微观经济学基础,采用传统的静态分析方法。基于距离、运输成本和集聚经济等概念,解决企业和家庭区位选址的问题。这些要素改变了传统经济学的面貌。理解区位选择的方法侧重于理解可能构成这些选择的动机。本章将分别从交通成本、集聚与区位,可达性与区位,等级和区位三个方面对区位理论进行分析。

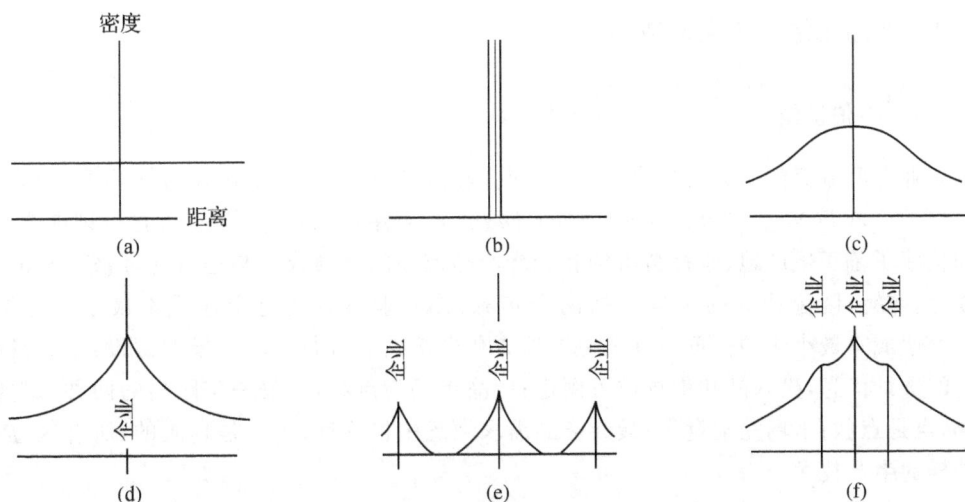

图 3-1 替代性空间组织

图片来源：Papageorgiou & Pines，1999

3.1 集聚与区位

工业区位的相关理论首次将空间的概念引入经济分析。工业区位模型的价值在于它们基于两种力量解释了企业的区位选择：一方面是交通成本，另一方面是集聚经济。通过平衡这两种相反的力量，这些模型可以解释均质平原企业集聚的存在和选址的动机。

集聚经济是由于企业彼此靠近带给企业的所有经济益处，如由于规模增大生产成本降低，共享先进和专业化的服务、技术劳动力、广泛的和专业化的中间品市场等。以上所有益处都是由于经济活动在空间中的集聚。但是有两种相反的因素导致了分散：一是集聚地区成本的增加或不经济，如土地和劳动力等价格上涨；二是拥挤成本，如交通成本、噪声、空气污染、犯罪和社会问题等。以上的不经济会产生关键的阈值。但在经济学中交通成本似乎备受重视。交通成本包括运输商品的经济成本、交通的机会成本、跨距离的沟通成本等。如果交通成本为零，经济活动就没有集中的理由。从这个意义上讲，集聚经济是"接近性经济"。集聚经济和交通成本这两种力量向相反的方向推动区位过程，导致生产在空间中的分散或集中。

基于不同目标和假设，可将企业区位理论划分为两组理论：成本最小化理论和利润最大化理论[68]。成本最小化理论回答如下问题：给定原材料价格和产出市场的价格和区位，企业应该位于何处？当假设某个地方具有集聚经济（如更高质量的劳动力），区位选择如何变化？利润最大化理论试图回答：给定需求的特定空间分布，企业如何划分市场区？一旦企业区位确定，它如何根据生产条件（如生产和交通成本）或其他企业的选址而改变？

3.1.1　地方化经济与交通成本

3.1.1.1　韦伯模型

企业空间集聚的研究可追溯到 1909 年。经济学家韦伯(Alfred Weber)在其著作《工业区位理论》(*Theory of the Location of Industries*)中详细阐述了其工业区位理论[70,37]。韦伯构建了基于生产地、原材料市场和最终产品市场的交通成本与地方化经济比较的区位模型。模型区位选择的过程包括两个步骤:①企业寻找所有交通成本最小的位置;②将交通成本最小化的位置与其他位置地方化经济效益进行比较。模型假设:企业具有完备的选址信息,投入品和市场位置固定;产品市场为点状,相隔一定距离的两种原材料市场,也是点状;市场完全竞争;最终产品需求缺乏价格弹性;土地是均质的,所有区位具有同样的生产技术。

图 3-2 描述了韦伯区位三角形,以选择最低生产成本地点 L_0。其中,M_1、M_2 是投入品 1 和投入品 2 的原料产地,L_0 是厂商区位(或生产地),M_m 是用来出售厂商生产商品的市场区位,c_1、c_2、c_3 是运输费用。另外假设 W_1、W_2、W_3 分别是三类产品的重量,P_1、P_2、P_3 分别是三类产品的价格,d_1、d_2、d_3 分别是厂商与投入品 1、2 的生产地和产出品 3 市场的直线距离。

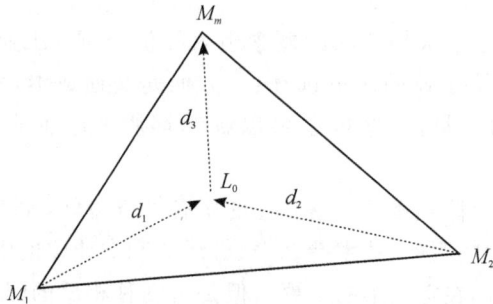

图 3-2　韦伯区位三角形
图片来源:Balchin et al. , 2000

在给定投入品和产出品产品价格和运输费用的前提下,厂商运输成本最小化的区位是支付的投入品和产出品的总运输费用 TC 最小的位置,即:

$$TC = \min \sum_{i=1}^{3} W_i c_i d_i$$

这就意味着,企业的区位选择是在将原材料或投入品运输到企业以及将产出品运送到市场二者交通成本之间的平衡。韦伯制作了一个三角形的纸板,在原材料和产品销售地三处有三个孔,绳子分别穿过三个孔。在纸板上方的三条绳子打成一个结,纸板下方的每一端悬挂一个物体,每个物体的重量比例关系等于各个地点原材料和产品的重量。这样,纸板平面上三条线的结所在的位置即交通成本最小的位置[68](当然,现在计算机的发展使得这个问题的解决变得相当容易)。

企业区位选择依赖于企业生产过程的特性。大量投入品主导的厂商其最低成本点通常靠近投入品产地,该类厂商的集聚形成资源型城市。产出品运输成本占主导地位的厂商通常靠近市场,该类厂商的集聚形成区域市场中心。例如,产出品比投入品重量减少很多的钢铁企业,可能会位于靠近投入品的位置。而需要将小的零部件组装为大型产品的汽车生产厂家会靠近产出品市场。

该模型假设厂商是二维空间中的一个点,其目标是成本最小化。当然,如果交通成本是最主要的成本,最小交通成本点通常也是利润最大化的选址[71]。但韦伯不仅考虑了交通成本,也同时考虑了集聚经济的益处对选址的影响。通过选择一个新的区位而不是交通成本的最低点,企业对该点集聚经济(地方化经济)的益处和该地更高的交通成本进行比较,从而选择最优的区位。这里地方化经济的益处包括新的地点劳动力成本更低或质量更好。

3.1.1.2 模型局限型

韦伯的模型对工业区位理论具有重要的贡献。它的主要价值在于使用完全理性的模型,如比较替代区位集聚的益处和额外的交通成本。但经济活动选址因素随着技术进步和交通改善而发生转变。在现代经济中,该理论的应用存在一定的局限性。

首先,从经济学角度来说,模型本质上是静态的,忽视了如微观经济层面的创新,或宏观经济层面的收入分配和租金或工资等集聚的益处;模型的局部均衡框架忽视了企业间的相互作用;模型假设需求是无限的,对价格反映缺乏弹性,偏向供给侧,没有提及需求因素。其次,模型是交通导向的,交通成本是最重要的因素之一。随着交通设施和工具的进步,交通成本逐渐降低,距离也不再是最重要的因素。有些批评家认为直接寻找所有生产成本最小化的点更有效。另外,随着时间的推移,影响企业成本和收益的因素也发生了巨大的变化。韦伯假设交通成本远远高于其他成本,如土地和劳动力成本,但这些成本不仅在地方层面而且在全球层面正变得越来越重要。诸多跨国公司选址在劳动力成本低的国家和地区,如美国汽车制造转向墨西哥而不是继续在底特律等城市。再者,很多企业的不同功能逐渐分散到不同的地区甚至国家,如服装设计可能在欧洲,生产位于亚洲,然后再运输到全世界不同的产品销售市场。企业的投入品可能并不止两种,产品销售地也不止一处,这就增加了企业选址的复杂性,最优选址所需信息可能很难获取。最后,许多企业的选址也存在很大的随机性,如有些企业可能仅仅是因为靠近企业创建者的家[8]。

虽然有以上局限性,但该模型可容易地被推广到多种要素和多种产品等情景。在企业区位选址或城市发展战略制定过程中,可分别讨论相关经济变量参数的变化对韦伯最优区位的影响,如运输成本的变化、生产要素价格的变化等。另外,侧重企业最优选址的工业区位论也可以应用于解释为什么特定企业会坐落在某些地方。

3.1.2 规模经济和交通成本:市场区

现在我们讨论第二组工业区位理论,市场区的划分解释了规模经济和交通成本的共同存在导致的企业市场的空间分配。因此,放弃了点状市场的假设,从而假设需求在地理上是均衡分布的。对每个企业来说,市场区域如何划分基于如下假设:需求沿线性市场均匀分布,需求价格无弹性;两个企业生产相同的产品,具有相同的成本方程;两个企业的位置给定;单位距离的交通成本固定,总交通成本与距离相关;交通成本由消费者支付。

模型定义在线性市场,两个企业分别位于 A 和 B 两点,商品价格是商品的生产价格 P^* 与交通成本的和:

$$P = P^* + \tau d$$

其中, τ 是单位距离的交通成本, d 是消费者购买商品的出行距离。

离生产地越远,产品的购买价格越高,因为消费者去购买商品的出行距离增加了。所以消费者会选址距离近的地方购买商品。如图 3-3(a)所示, b 点左边的消费者在 A 企业的市场范围购买商品价格更低, b 点右边的消费者在 B 企业的市场范围购买商品的价格更低。因此, b 点是两个市场的分界点。如果 B 企业享受规模经济的益处,如具有较低的生产成本,则 $P_B < P_A$,市场分界点 b 将向左移动,导致 B 企业具有更大的市场范围[图 3-3(b)]。

如果 B 企业受益于规模经济,且具有更低的交通成本(如有更高效的交通方式),会发生什么情况呢? 在图 3-3(c)中,由于 B 企业享受规模经济,则 $P_B^* < P_A^*$;具有较低的交通成本,则 $\tau_B < \tau_A$,从而具有更大的市场范围。而 A 企业的市场范围将会缩小到 b 点左边的范围。更极端的情况如图 3-3(d), B 企业的规模经济大到将 A 企业挤出市场。

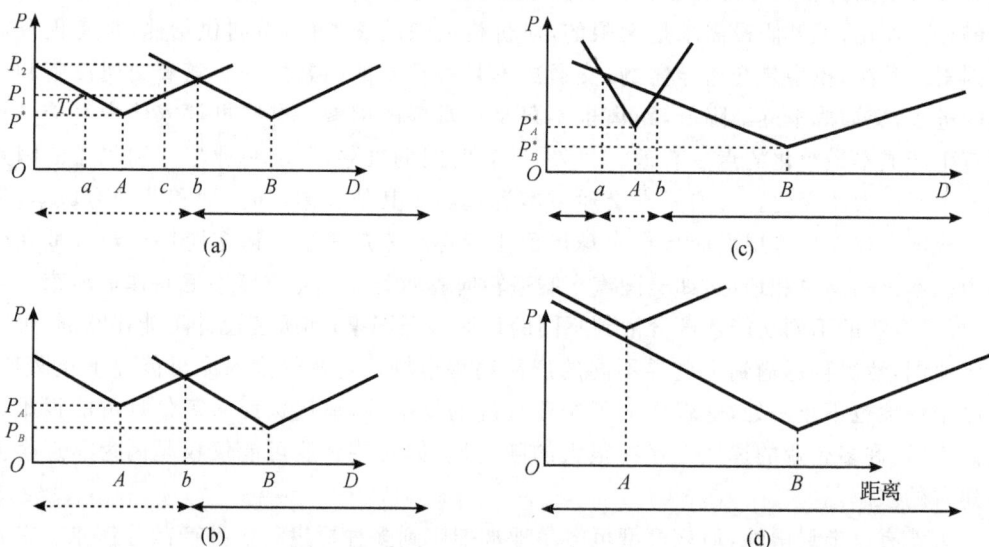

图 3-3 市场区划分

(a)A 和 B 企业供给与交通成本相等;(b)A 和 B 企业交通成本相等,B 企业具有规模经济;
(c)B 企业交通成本降低且具有规模经济;(d)B 企业的规模经济导致 A 企业离开市场。
图片来源:Capello,2007

3.1.3 区位选择的相互依赖:Hotelling 模型

市场区模型描述了在给定生产者位置、需求在地理上均衡分布的情况下,市场划分为市场区,每一个区域具有单一企业。但是没有考虑在市场划分情况下的企业迁移,也没有考虑企业区位选择的相互依赖。最早研究区位选址相互作用的理论是由霍特林(Harold Hotelling)提出的双寡头竞争模型[72]。模型假设:只存在两个企业,线性市场,

均质商品,迁移成本为零,和需求价格缺乏弹性。

如图 3-4(a)所示,假设企业最初位于 A 和 B,如果 A 迁移到 A',通过占有部分 B 企业的市场份额,市场划分将发生有利于 A 的改变。这样,企业 B 也会迁移,例如迁移到 B',因为这样做它可以占有一部分 A 企业的市场。该过程一直进行直到两个企业都位于市场中心,则每个企业都将占有一半的份额,如图 3-4(b)所示[68]。

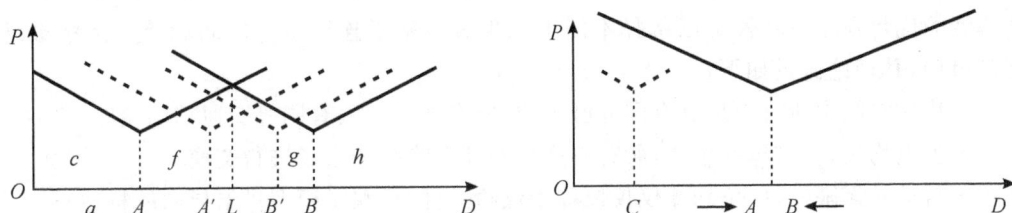

图 3-4　Hotelling 双寡头模型

图片来源:Capello,2007

因此,即使交通成本存在,企业的自然特性也会导致在空间上集聚,由此可以解释大型集聚体的存在,如城市。但该市场竞争的结果与公众利益不相符,增加了消费者为购买商品的出行距离。这就为规划干预选址提供了理论上的合理性解释。但这并不意味着私人决策与公共利益永远不一致。

3.2 可达性与区位

3.2.1 可达性与交通成本:土地价值和土地利用

最早的用于解释企业选址的韦伯模型假设空间上需求和供给结构是点状的。通过两组相反的力量——交通成本和集聚经济——解释了企业选址的机制。在供给为点状、需求均衡分布的市场区和 Hotelling 模型中,距离是决定消费者和生产者行为的关键。那么是否存在需求为点状、供给在空间均衡分布的选址模型呢?

围绕中世纪城镇的农业生产空间分布,冯·杜能提出农业区位论;基于同样理论基础,阿朗索模型探讨了城市区域中企业和家庭区位。在这些模型中,生产地被认为具有空间维度并且扩展到整个区域,而消费地(市场)是点状的。

可达性是经济活动空间组织的原则。对于企业,高可达性意味着可以容易地到达广泛并多样化的最终产品市场和生产要素,获得信息等。对居民来说,到 CBD 的可达性或就业的可达性,意味着通勤成本的最小化,同时可享受便捷的休闲娱乐服务或特定的服务,而不需要支付长距离出行的成本。对于中心区位的需求引发了产业和居住活动对于靠近 CBD 或市中心区位的竞争。无论是农业、生产或居住,地租都是组织空间中活动的一个重要因素。模型试图解决如何定义生产区域的问题,即被个体经济活动所占用的物理空间:土地。该类模型是微观经济理论在城市内空间结构研究中的应用,其主要兴趣点不再是个体企业或家庭的决策,而是确定城市大小和密度,以及所有企业和家庭在距离市中心不同区位的土地利用模式。

3.2.2　农业活动区位：杜能模型

李嘉图(1821)和杜能(1826)是较早研究农业地租理论的经济学家。李嘉图强调土地肥力的差异性,而杜能侧重于区位的差异。事实上,现代城市经济学也是建立在杜能模型的基础上。

在《孤立国》(1826 年)一书中,德国经济学家杜能提出了农业土地租金模型[73]。杜能模型的优势在于可达性可以解释不同土地租金。基于连续生产空间和单一点状最终产品市场,其理论假设如下:

- 均质空间中所有土地具有同等肥力,在所有方向上具有同等交通基础设施;
- 土地均质,存在单一中心,所有农产品必须在唯一的市场进行交换;
- 需求是无限的,区位均衡仅仅依赖于供给条件(反映了模型供给导向的特性);
- 土地均质;农产品市场是完全竞争市场,农民是产品价格的接受者;
- 农业产品的投入品包括土地投入品和非土地投入品两种,两者之间不存在替代关系;
- 具有固定系数,恒定的规模报酬;
- 空间中单位交通成本固定。

杜能解决了如何决定土地在农业之间的配置问题。模型基于租金的概念,即土地使用者愿意支付的土地价格是从收入中扣除交通成本、生产成本、特定利润后的剩余。在一定利润水平下,土地使用者所能支付的最大租金即投标租金为:

$$r(d) = q(p - c - \tau d - \delta)$$

其中,r 是租金,q 是生产的商品数量,p 是农产品价格,c 是与距离无关的单位生产成本,τ 是单位距离的运费,d 是到中心的距离,δ 为平均利润率。

由于假设农产品市场为完全竞争市场,竞争的结果是每个区位的经济利润为零,即 $\delta = 0$,则投标租金可表示为:

$$r(d) = q(p - c - \tau d)$$

从上式,可以通过计算租金对距离的一阶导数,获得空间的改变对租金的影响:

$$\frac{\mathrm{d}r(d)}{\mathrm{d}d} = -\tau q$$

对不变的 p、q、c 来说,投标租金 r 是距离 d 的线性函数。图形上表示为一条直线,斜率为 $-\tau q$,截距为 $(p-c)q$ 和 $(p-c)/\tau$,分别代表市中心的最大租金和距离中心的最大距离。同理,假设有三个土地使用者 A、B 和 C,也可以分别得出其租金曲线 $r(A)$、$r(B)$ 和 $r(C)$。实际的租金曲线是三条租金曲线的包络线(图 3-5)。模型解释了随着土地可达性提高农业地租会提高,并提出投标租金(bid rent)的概念。

靠近集镇的农场运输成本较低,并且其产品的价格与较远的农场相同。这些土地使用者准备为这种特权支付更高的租金。考虑到土地利用者之间的竞争和充分的信息,租金的空间格局反映了与每个地点相关的交通成本。竞争导致每个地块的租金提高,任何运输成本的节省都被更高的土地成本完全抵消,直到达到正常利润。也就是说,竞争激烈的土地市场确保所有农场的农业利润相同,无论位于何处。

杜能的区位理论首次将空间对人类经济活动的影响理论化,指出实现利润最大化的决定性因素是距离市场中心的可达性。杜能只假设了一种土地用途。但是这个假设可以放宽,这样不同的农业用途就可以竞标集镇周边的土地,得到农业土地利用的同心模型,如图 3-6 所示。运输成本高的农业形式可能对靠近集镇的地点出价最高。这些包括园艺、奶牛养殖或木材生产。远离集镇,土地将用于耕地和养牛等用途[74]。

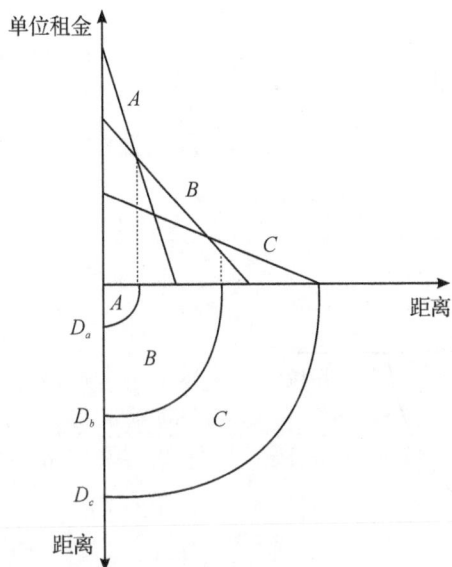

图 3-5 杜能模型

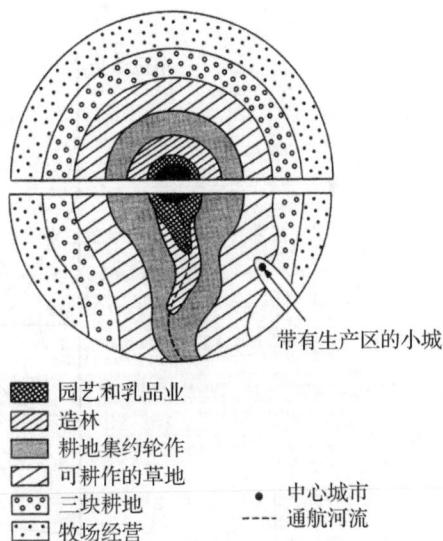

园艺和乳品业
造林
耕地集约轮作
可耕作的草地
三块耕地
牧场经营
中心城市
通航河流
带有生产区的小城

图 3-6 杜能土地利用模式
图片来源:Hall,1966

3.2.3 城市企业与家庭区位

农业区位理论和工业区位理论对一种土地利用类型的区位进行了分析。但城市是由多种功能构成,因此理解城市土地利用模式需要综合考虑多种土地利用类型。城市中心通常有一个中央商务区(或主要购物中心),该中心也代表了该市租金最高的点。围绕中心商务区的是住房、工业、仓储等不同类型的用地。20 世纪 60 年代,Walter Isard[75]、Martin Beckmann[76]、Lowdon Wingo[77]这些先驱的研究为阿朗索的模型应用于城市奠定了基础。20 世纪 60 年代,William Alonso[41]以及 Richard Muth[78]重新考虑了杜能的模型,将其应用于城市环境。但阿朗索和缪斯的模型存在一定的差异:阿朗索关注城市土地,而缪斯主要关注城市住房;为了解释异质性空间和交通的影响,阿朗索将区位纳入了效用方程,但缪斯没有;阿朗索更偏向理论研究,而缪斯的工作对理论和实证研究都有所涉及[69]。

3.2.3.1 阿朗索企业区位

阿朗索企业区位模型具有杜能模型类似假设,并将租金定义为当企业家从收入中扣除生产成本(包括交通成本)后的剩余:

$$r(d)=[p_x-\pi-c_x(d)]q(d)$$

其中,r 代表单位租金,p_x 代表单位产品价格,c_x 代表单位生产成本(包括交通成本),π 代表利润,d 是到城市中心的距离,q 为产品产量。

　　上式中的租金反映了企业在不同位置的支付意愿。土地成本的节约被更高的交通成本和低的收益所抵消。同理,假设有三个企业,根据它们的支付意愿分别位于不同的区位(图3-7)。因为生产成本包括交通成本,所以依赖于距离,这点与杜能模型类似;但不同的是,收入也依赖于距离:靠近中心就意味着与更广泛的市场接近,因此有更高的收入。

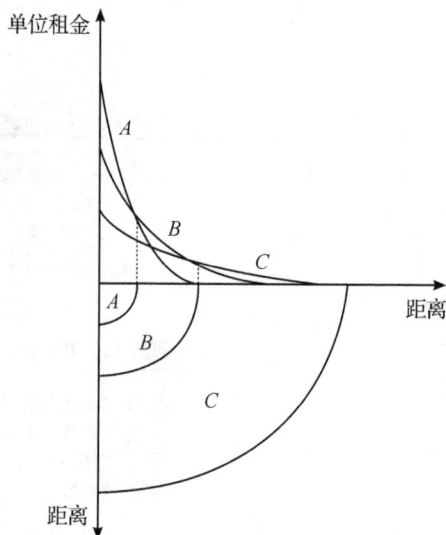

图3-7　竞标租金曲线与企业区位均衡

图片来源:Capello,2007

3.2.3.2　城市家庭区位

　　阿朗索也提出了与企业类似的家庭区位模型。模型假设所有就业都位于中央商务区(CBD),以最大限度地进入区域市场;每户一名成员通勤到 CBD 上班;除了可达性的差异外土地是同质的("无特色平原"假设);土地与其他投入品可以相互替代;在大都市区内,居民具有相同的效用函数、收入等;非通勤出行可忽略;通勤费用是距离的线性函数,通勤成本用每英里的固定费率表示。

　　与企业区位主要的不同在于一个新的变量影响了区位的选择:住房面积(大小)。家庭可能会放弃更大的住房空间以便居住在更靠近市中心的地方。购买小住房的成本节约、更低的交通成本与更靠近市中心的位置,使得家庭支付更高的单位土地成本。竞租曲线是不同位置居民愿意而且能够支付的最高土地价格。家庭效用包括三个变量:土地成本(或住房成本)、其他商品和交通成本。

$$u = u(t, z, q)$$

　　其中,t 是与中心的距离,q 是住房大小,z 是所有其他商品。

　　基于效用最大化原则,阿朗索构建了所有其他商品 z 和住房大小 q 的无差异曲线(图3-8)以及包括距离在内的无差异曲面(图3-9)[41]。家庭将在预算约束条件下选择最高的无差异曲线的商品组合,无差异曲线和预算线相切的点是效用最大化点。家庭为维持现有位置的效用水平,其预算线必须满足不同位置的斜率[图 3-10(a)]。以上分析产生一个重要结论:即竞租曲线[图 3-10(b)]是空间消费的无差异曲线的变型[68]。

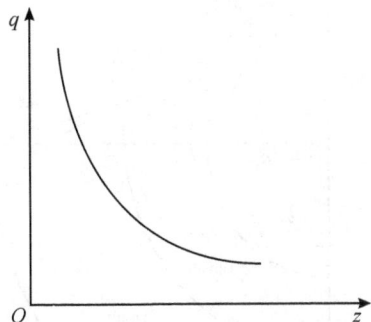

图 3-8　q 与 z 的无差异曲线
图片来源:Alonso,1964

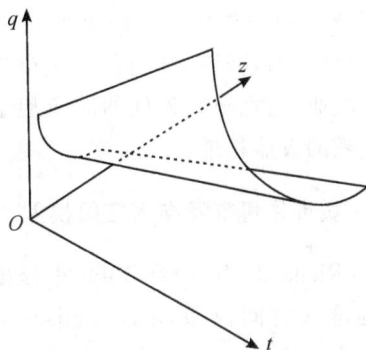

图 3-9　q、z 与 t 的无差异曲面
图片来源:Alonso,1964

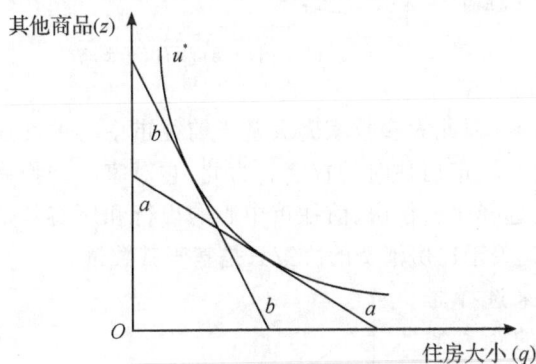

(a)家庭无差异曲线与预算线

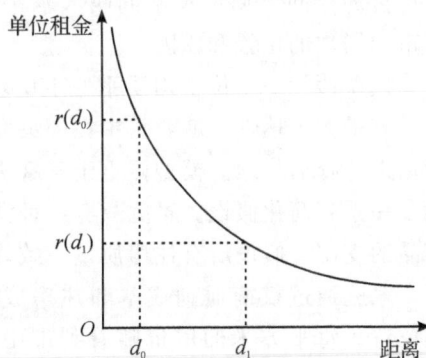

(b)竞租曲线

图 3-10　无差异曲线与竞租曲线
图片来源:Capello,2007;Alonso,1964

3.2.3.3　一般均衡模型

以阿朗索土地利用模式为基础发展出多种城市土地利用模型。如将企业和家庭两大部类的区位分析同时纳入模型,得出企业和家庭的竞租曲线。投标租金函数体现了给定土地用途的土地价值与到市中心的距离之间的反比关系,反映了不同可达性具有的不同价值。该模型的基本结论为:竞价租金随着到 CBD 距离的增加而递减,竞价租金曲线具有负斜率。租金梯度凸向原点,即越靠近市中心租金增加得越快。每一类用地的竞标租金曲线陡峭程度不同。企业的租金梯度高于家庭的租金梯度,非居住竞标租金曲线高且更加陡峭[7]。整个城市的投标租金曲线是不同土地用途的投标租金曲线的包络线,即现实土地所有者可获得的最大租金,不论土地利用类型是什么[7]。投标租金模型遵循最高租金原则,即土地由愿意支付最高租金的使用者获得。如果按照该原则进行土地分配,可实现城市土地经济效益最大化。

值得注意的是,竞标不仅决定了租金梯度,而且决定了城市土地利用的模式。如图 3-11 所示,模型形成一系列同心环,中心为零售、办公,其次为制造业和居住用地。模型假设城市边缘的租金降至零,但这是一种简化。城市外围土地通常用于农业,这意味着最低的城市租金必须高于城市边缘的农业租金。

3.2.3.4 城市住房市场准入空间模型

缪斯(Richard Muth)在 1969 年提出城市住房市场的准入空间模型(access-space model of the urban housing market)[78],这是分析城市住房市场内部空间结构的基础理论。该模型考虑了家庭决定在城市居住时所做的关键权衡,解释了房价的空间格局以及不同收入水平的家庭在城市中居住的位置和原因。

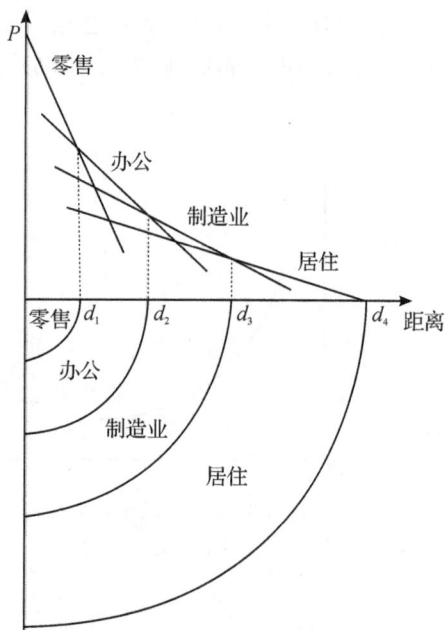

图 3-11　租金梯度与区位均衡

模型假设一个位于均质平原上的城市,市中心具有最大可达性。就业集中在中央商务区,因此大多数家庭会基于前往市中心的交通费用来选择居住地。模型侧重于家庭决定在城市居住时的权衡。为此,它对家庭选择做出了一系列简化假设。家庭只有三种消费选择——住房、前往市中心的出行和所有其他商品的支出。假设所有住房质量一致,因此关于住房消费的决策只是基于其数量。

家庭通过权衡通勤成本和住房成本来选择居住位置。每平方米的房价随着到市中心的距离增加而下降,而出行成本则上升。家庭通过平衡每个位置对他们的益处来选择最佳位置,即他们需要的每平方米住房成本和出行成本(图 3-12)。该模型解释了低收入家庭以高单位成本消费少量住房,而高收入家庭在郊区以较低单位成本消费大量住房。

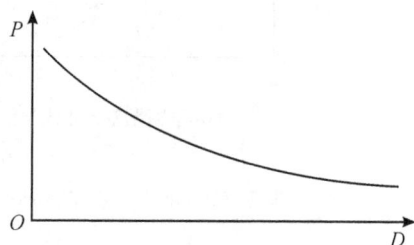

图 3-12　住房价格梯度曲线

图片来源:Jones,2022

3.2.4　区位均衡与要素替代

3.2.4.1　价格调整实现区位均衡

Glaeser[2]提出经济学的三大支柱:①人们对激励做出回应:激励原则使经济学家看到可能解释区位选择的经济激励。②无套利均衡(a no arbitrage equilibrium):米尔顿·弗里德曼(Milton Friedman)将这一概念推广为"没有免费的午餐"。③假设良好的政策增加了个人的选择范围:经济学家对收入的热情是由更多财富给予人们更多选择的观点所驱动的。前两者帮助我们了解世界,后者帮助我们提供政策建议。这三大支柱塑造了城市经济学的方法。在城市经济学中,有三个关键无套利均衡。首先,个体在空间上无差异,这意味着工资和设施减去住房或通勤等成本在每个地方大致相等。其次,企业在空间上无差异且在雇佣雇员上无差异。这种情况意味着工资差异必须抵消生产率的差异。最后,开发商必须对建设或不建设新单位无差异。

城市经济学的理论核心是空间均衡的概念,假设改变位置不会获得免费午餐。空间均衡假设的力量在于它预测如果某个地方的东西特别好,那么我们应该期待看到一些不好的东西抵消它。这种假设通常用更通用的效用函数来处理,经济学家一般假设线性效用函数。投标租金模型体现了资本密度逐步下降的功能布局。差别化的竞价租金使得不同区位上的企业维持正常利润,居民维持固定效用水平。因此,竞租函数本质上是等利润函数,使用者获得无差异的效用水平。

以制造业部门为例,如表 3-1 所示,假设制造业部门在 10 公顷的生产场地面积上的总收益均为 300 个单位,非土地生产成本均为 100 个单位。单位距离运输成本为 50 个单位。在城市环境中,人们愿意支付的价格取决于土地的可达性,而不是土地的肥力。按照每公顷土地租金=(总收入-非土地生产成本-运输成本)/土地规

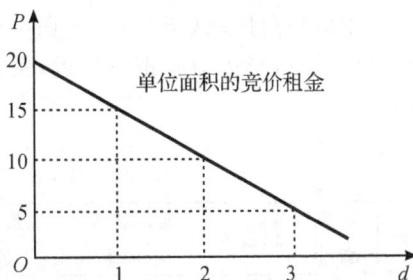

图 3-13　制造业部门的竞价租金曲线

模(土地的数量),求得制造业部门的竞价租金曲线(图 3-13)。不同的运输成本正好抵消了土地租金的差异,通过价格调整实现了区位均衡。

如果单位面积最大愿意支付值(WTP)和土地的竞价租金相等,那土地租用者岂不是不赚钱了?沙利文提出经济学五大公理之一:竞争导致零经济利润。根据该原理,经济利润是总收益超过总成本的部分。这里的成本指经济成本,包含所有投入的机会成本,也即包含了企业家投入时间的机会成本。因此,厂商获得零经济利润也就意味着企业家获得了其应该赚取的正常"会计利润"。此时,会计利润为正,经济利润为零。

表 3-1　制造业部门的土地租金

距离	总收益	非土地生产成本	运输成本	土地WTP	生产场地面积(ha)	每公顷竞价租金
0	300	100	0	200	10	20
1	300	100	50	150	10	15
2	300	100	100	100	10	10
3	300	100	150	50	10	5

3.2.4.2　要素替代

竞标租金模型的一个重要特点是密度对需求的响应。该模型可以通过使土地消费变得灵活来适应需求,使得人们在靠近城市中心的地方消耗更少的土地。或者,我们可以假设生活空间是用土地和物质资本制造的。随着土地变得越来越昂贵,建筑商将使用更多资本进行建设。靠近市中心的高密度可被视为激励原则的应用,因为接近性会激励更高的支付意愿,导致单位土地的供应量增加[2]。这种变化使模型不仅可以反映价格,还可以反映不同地点的开发程度。

以写字楼竞价租金曲线为例(表 3-2),当要素间不存在替代性时,在经济利润为零

时,土地租金可用下式表示:

每公顷土地租金=(总收入－资本成本－其他生产成本－移动成本)/占地面积(土地的数量)。

假设建设四层的写字楼,用地面积一样均为10公顷,总收益均为500个单位,资本成本均为100个单位,其他非土地成本100个单位。单位距离运输成本为50个单位。则按照以上关系式,求得写字楼部门的竞价租金曲线(图3-14)。在不存在资本替代土地的情况下,与市中心距离越近,每公顷竞价租金越高。

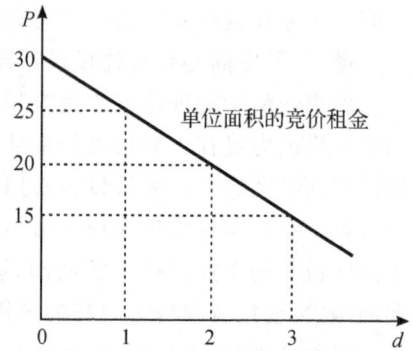

图 3-14　写字楼部门的竞价租金曲线

表 3-2　写字楼部门的竞价租金

距离	建筑高度	总收入	建筑物资本成本	其他非土地成本	移动成本	土地WTP	生产场地面积(ha)	每公顷竞价租金
0	4	500	100	100	0	300	10	30
1	4	500	100	100	50	250	10	25
2	4	500	100	100	100	200	10	20
3	4	500	100	100	150	150	10	15

微观经济学等产量曲线与等成本曲线将有助于对要素替代的理解。等产量曲线(isoquant)描述了企业用于生产给定数量产品的不同生产要素的组合。等产量图是一系列等产量曲线,每条等产量曲线对应于某一特定的产量。等成本曲线(isocost)描述了产生特定成本的不同生产要素的组合。等成本曲线与等产量曲线相切的点是生产要素的最优组合。以写字楼部门为例,如图 3-15 所示,土地(L)和资本(C)两种投入品相结合,可以生产出不同固定数量的写字楼面积 Q_1、Q_2 和 Q_3。存在等成本曲线 TC_1、TC_2 和 TC_3。Q_3 与 TC_3 相切的点 A 是在 TC_3 成本下生产要素的最优组合。如想生产更多的写字楼面积达到 Q_2 和 Q_1,则需要追加成本。

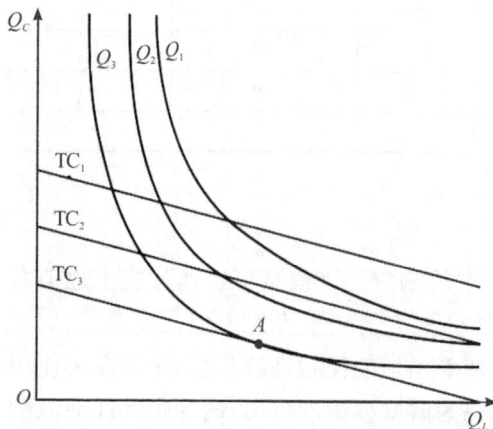

图 3-15　等产量与等成本曲线

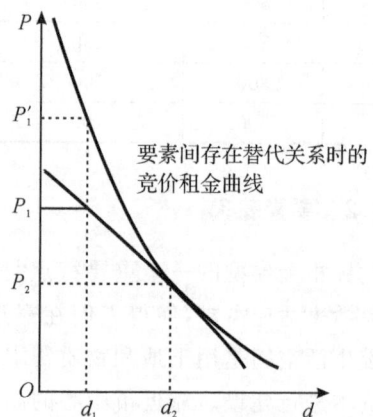

图 3-16　要素间存在替代时写字楼竞价租金曲线

土地和资本之间存在替代关系。如果土地投入品价格上涨,可用非土地投入品替代以降低成本。等产量曲线描述了写字楼企业对建筑物类型的可能选择,如可以投入更多的资本建高层,或投入更多的土地建低层。因此,当要素间存在替代时,用地的竞标租金曲线由直线变为曲线,且更加陡峭(图 3-16)。由于更高的交通成本、更频繁的面对面交流和对信息的需要等原因,写字楼企业有向某一地区集聚的激励;因为容积率高,所以高的写字楼建筑可以支付高的土地价格;更容易的土地资本替代性使得写字楼竞标租金曲线陡峭,且使曲线的凸性变得更加明显。农业活动很难用资本替代,因为农作物只能在土地上生长,农业土地价格由土地肥沃程度决定。因此写字楼土地竞租曲线相对陡峭,农业的相对平缓[7]。

3.3　等级与区位

之前提到的区位理论分析个体企业和家庭的区位选择,都围绕着一个中心展开。到目前为止,我们还没有提到可以解释多个企业和家庭在不同城市中心选址的理论。换句话说,我们还没有解释为什么城市等级会存在。中心地理论说明生产和服务如何在空间中组织成城市等级,试图解释不同大小城市构成的城市体系的存在。创建者是地理学家克里斯泰勒和经济学家廖什。克里斯泰勒的中心地理论是地理学从对区域个性的描述向城市体系空间法则和规律迈进的一次思维方式的革命。克里斯泰勒和廖什中心地理论是城市等级规模分布理论的代表。在过去的几十年,中心地理论几乎成为城市经济学者分析与城市规模紧密联系的城市体系结构特征的理论框架[79]。城市可以看作提供服务的中心地,同理中心地理论也可用于解释城市中各类中心的存在。

3.3.1　地理学的方法:克里斯泰勒模型

通过对德国南部城市群的观察,德国城市地理学家克里斯泰勒(1933)最早提出中心地理论(central place theory),系统阐明了中心地的数量、规模和空间分布模式,从而把区位理论的研究从农业、工业扩展到了城市。模型假设地域面积同质性,所有方向上具有相同的交通面,生产者和消费者是经济理性人。

3.3.1.1　市场区形态

克里斯泰勒认为,城市中市场区域范围和城市中心级别直接相关,并按照一定的等级从低到高排列。覆盖较大范围具有中心功能的地区被称为高一级的中心地,在地方比较重要的地区被称为次一级中心地[39]。为此,克里斯泰勒引入门槛(threshold)和范围(range)的概念。服务范围是消费者愿意出行购买商品的最大距离。服务门槛是旋转供给中心获得的圆形的半径,该圆形需覆盖可以盈利的特定数量的人口。中心地位于圆形的中央是最理想的位置,因为消费者可以最小化出行成本[68]。

一般均衡状态下的多级中心地形成有规律递减的多级六边形。由服务范围界定的圆形市场区域被假定为六边形,这样可以满足三个假设:①最小化消费者交通成本;②服务供给均衡分布,没有未覆盖区域;③生产者竞争要求不重叠的市场。在均衡情况下,形成蜂窝状的市场区域。每个服务有一个范围,决定市场区域大小:高等级服务对应大的城市中心,有更大的服务范围。

3.3.1.2 中心地组织原则

市场原则、交通原则和行政原则支配多级中心地体系的形成。这两个经济性原则和一个政治性原则根据各自的规律决定中心的等级体系。中心地和市场区等级呈现出按照 k 值排列的不同模式。模型得出城市中心地的等级:对于等级 n 中的每一个中心地(或市场),有 k 个 $n-1$ 等级(次一级)的中心地。k 为特定等级和次一级等级中心地之间的比例因子(proportionality factors)。根据主导的区位原则(市场、交通、行政)有三个 k 值,分别为 3、4、7。模型中,这个比例因子在城市等级当中是恒定的。对于每一个给定的 k,可以获得每一个等级中心地数量,每一个等级中心地之间的距离和市场区域的大小。每一个中心地根据它的等级生产商品和服务,每一个高等级中心地有降序排列的低等级中心地,直到达到最低等级的集聚[68]。

(1)市场原则:以市场最优为原则($k=3$),中心地要以最有利于商品和服务销售为出发点,即中心地最大化市场服务区[图 3-17(a)]。高等级中心位于大六边形顶点,可以最小化中心的数量。低一级中心地位于三个高一级中心地所形成的等边三角形的中央。中心地的等级从高到低依次用符号 L、P、G、B、K、A、M 表示。高一级中心地的服务范围是低一级中心地服务范围的三倍。中心地等级体系和中心地的市场区范围分别遵循如下序列:

中心地等级体系:1L、2P、6G、18B、54K、162A、486M

中心地的市场区范围:1L、3P、9G、27B、81K、243A、729M

(2)交通原则:为最小化到高等级中心的交通成本,各级中心地都应位于高级中心地之间的交通线上。图 3-17(b)显示了在交通原则影响下的中心地分布,其并没有典型的六边形形态,而是呈现出相对不规则的形态。如果中心地按照交通原则分布,为了支持中心向特定范围的区域供给商品,需要更多数量的每一种中心地。一个高等级中心地市场区范围内包含 4 个次一级市场区。

(3)行政原则:行政原则更多地具有社会政治特性。社会政治分异原则基于人类社区分异的倾向,可适用于不具有安全性的国家或具有较强社区意识的国家。从现代的角度来说,这种社会政治分异原则可以称为行政原则,辖区的形成是为了有效地进行行政管理。图 3-17(c)显示了区域如何根据行政原则进行建构。以行政职能为最优原则,每一个次一级的中心地必须在高一级中心地行政管束范围之内,不能像市场一样同时接受两个或三个高一级中心地的影响。在一个高等级中心地市场区范围内包含 7 个次一级市场区。

模型显示城市等级的存在,特定规模的城市具有特定的功能。另外,模型可以提供用于确定特定等级中心地数量、中心地大小、同等级中心地之间距离和地理分布的规则。当克里斯泰勒将模型应用于德国南部的现实世界,发现模型得到的中心地数量和现实高度匹配[68]。德国南德中心地的城镇分布如图 3-18 所示,中心地数量关系如表 3-3 所示。

表 3-3 德国南部中心地数量与理论中心地数量

等级	1	2	3	4	5	6	7
理论中心地数量	1	2	6	18	54	162	486
观测中心地数量	1	2	10	23	60	105	462

首先,市场原则和交通原则两个经济原则之间最大的区别就是前者是空间的、后者是线性的。因此,从理论上来说,二者都是可行的,但其基本原则存在不一致性。在现实世界中,交通原则不一定能超越市场原则,而市场原则也不一定会取代交通原则。最可能的方式将是通过二者的权衡形成的混合原则。其次,行政原则既没有经济原则的权利也没有其经济理性,但是它有政治权利。在多数情况下,各种原则必须为了它们的绝对地位而斗争[39]。另外,构建六边形中心位置系统需要许多严格的假设。现实世界是不均匀的,购买力和人口空间分布不均。市场区域不再是正六边形,而是不规则的多边形。再者,中心地理论假设,每个人都去最近的购物中心购买所需的特定商品,这一假设在现实中不一定成立。而且购物者涉及不同商品的多次购买行为。吸引力还包括物理形式、可达性和消费者偏好等诸多原因。如没有两个消费者具有相同的偏好,这使得销售相似产品(具有不同价格和质量)的零售商能够共存。

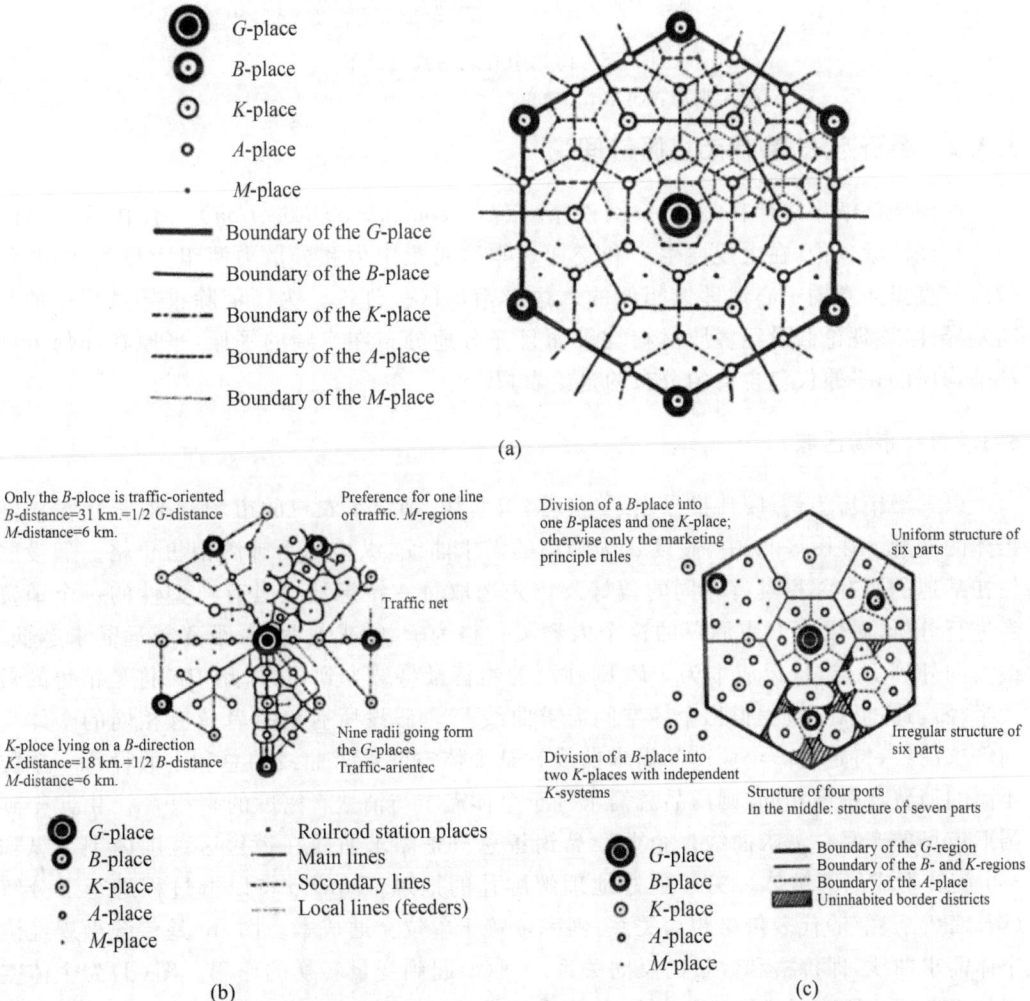

图 3-17　克里斯泰勒中心地:市场原则、交通原则、行政管理原则

图片来源:Baskin,1966

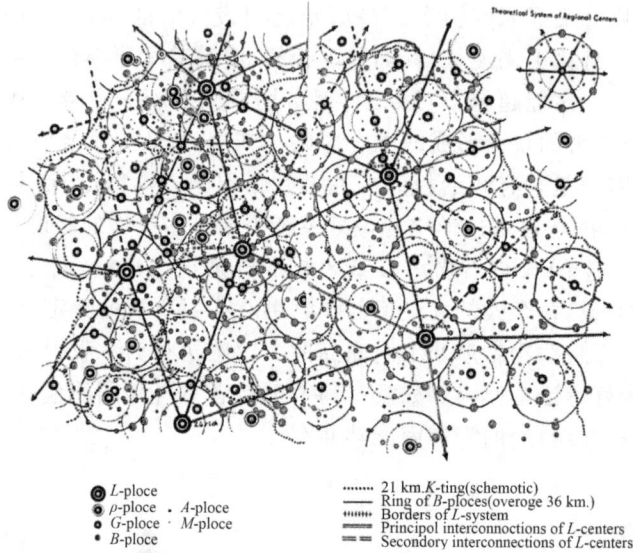

图 3-18 南德中心地的城镇分布

图片来源:Baskin,1966

3.3.2 经济方法:廖什市场区位理论

德国经济学家廖什在《经济空间秩序》(*The Economic of Location*)一书中,利用数学推导和经济学理论,在大规模生产和交通成本这对集中力和分散力两组力量的作用下,得出与克里斯泰勒中心地理论相似的六边形市场区位理论。为了消除推导过程中的空间差异性,该理论假设经济原材料均等而且充分地分布在广阔的平原,平原在任何方面都是均质的,平原仅包含均匀分布的自给农户[80]。

3.3.2.1 市场区域

以啤酒销售为例,廖什推导出了空间需求曲线,确定了农户的市场范围,提出需求圆锥体的概念。在图 3-19 中,假设 d 为啤酒的需求曲线,纵坐标为啤酒销售价格。假设居住在某地的所有邻里具有相同的偏好。首先选取每一特定地点具有典型性的一个消费者进行分析,居住在 P 点酒厂的这个人购买价格为 P、需求量为 Q;距离越远需求越低。继续向外到 F 点,货运成本为 PF,则啤酒的销售量将减少到零,因此 PF 将是销售的最大半径。通过以上过程得出个体空间需求曲线[80]。假设所有消费者具有相同的个体空间需求曲线,特定距离企业产品需求曲线就是个体空间需求曲线的总和。假设每一单位距离的消费者密度相同,则商品总需求等于个体需求与消费者密度的乘积[68]。由此得到圆形市场的产品总需求曲线。企业产品销售总量是需求曲线在销售区范围内围绕纵轴360°旋转形成的圆锥体。为了更好地理解廖什的推理,Capello 将以上过程进行了分解(图 3-20)。图(a)代表价格距离关系,斜率依赖于单位交通成本。图(b)是传统微观经济个体需求曲线,即价格和数量的反向关系。图(c)起到变量转换的作用。图(d)为个体空间需求曲线。距离 d_1,企业以价格 p_1 提供商品 x,消费者愿意购买的数量为 x_1;距离 d_2,企业以价格 p_2 提供商品 x,消费者愿意购买的数量为 x_2;借助图(c)将这种关系转绘到图(d),形成个体空间需求曲线[68]。

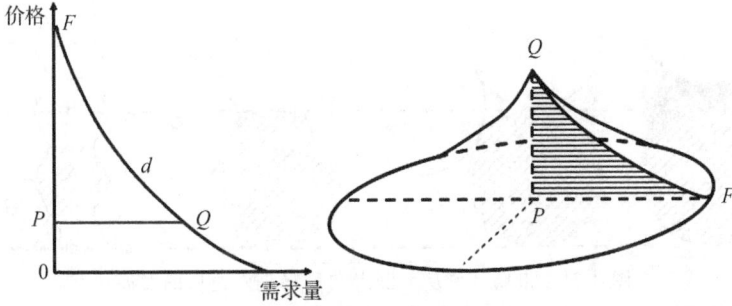

图 3-19　需求圆锥体的形成过程

资料来源：Losch，1954

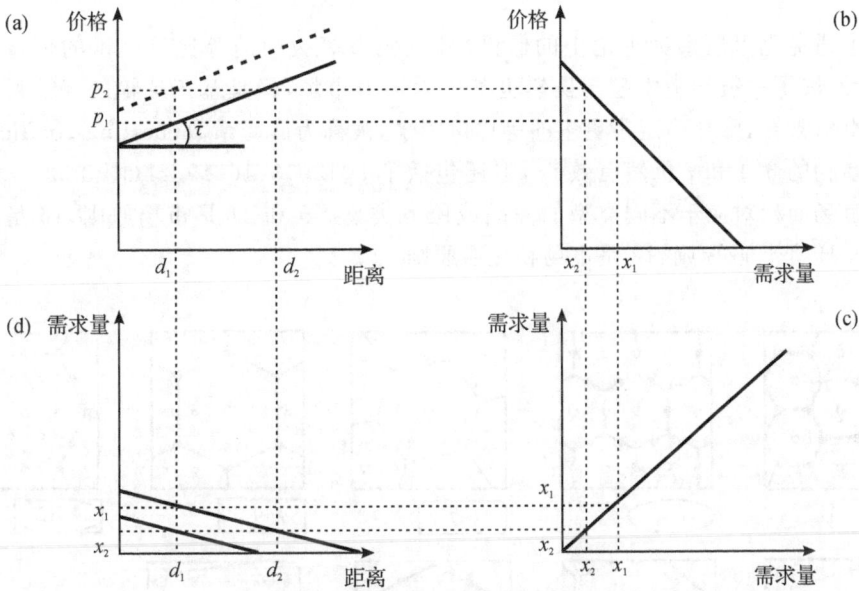

图 3-20　个体空间需求曲线建构

(a)价格-距离关系；(b)个体需求曲线；(c)转换曲线；(d)个体空间需求曲线

资料来源：Capello，2007

基于需求圆锥体，廖什描述企业经济空间均衡和企业区位(图 3-21)。企业最初的销售范围是以产地为圆心、最大销售距离为半径的圆形。市场由众多互不覆盖的市场区域组成，还有很多空间的需求没有得到满足，即每个企业圆形服务范围外的消费者没有得到市场供给。在利润最大化和剩余利润的情况下，企业在其市场范围扮演垄断者。生产商品的剩余利润的存在和未开发的市场的存在，使得新的企业进入市场并位于没有被目前供给所覆盖的区域。新企业的市场进入有两个效果，空间市场被占用直到重叠，个体企业边际利润由于需求减少而受到损害，直到没有新的企业进入市场，达到市场的长期均衡。如果产品均质，面对重叠的市场，消费者选择以较低价格购买商品，长期市场均衡形成没有重叠的六边形。六边形形成的覆盖范围最大，其需求量比同等面积的正方形多2.4%，比圆形大 10%，比等边三角形大 12%。在市场区位达到空间均衡时，最佳的空间结构形成正六边形。

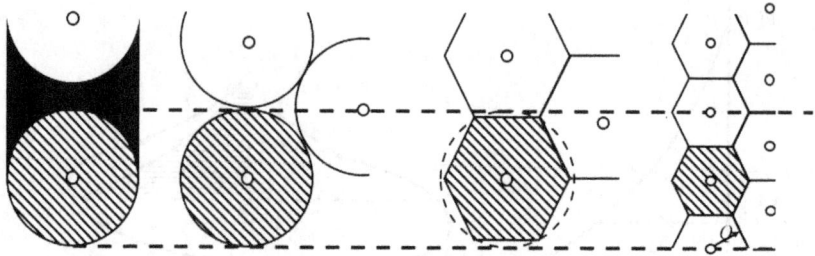

图 3-21　市场区域从大圆形向最终小六边形的发展

资料来源：Losch,1954

3.3.2.2　中心地组织原则

为了避免克里斯泰勒理论中的假设缺陷（城市等级中的等比例因子的恒定），1940年，廖什发展了一般均衡模型。虽然也基于六边形市场，但是基于纯粹的经济原则。不同于克里斯泰勒，廖什确定了更多的等比例因子，被称为嵌套系数（nesting coefficients）。克里斯泰勒的 3、4 和 7 仍然有效[80]，但还包括了 9、12、13、16、19、21（图 3-22）。特定的六边形市场面积对应于不同类型的商品或服务类型。9 和 21 是市场原则，16 是交通原则，13 和 19 是行政原则，12 是市场和交通原则[68]。

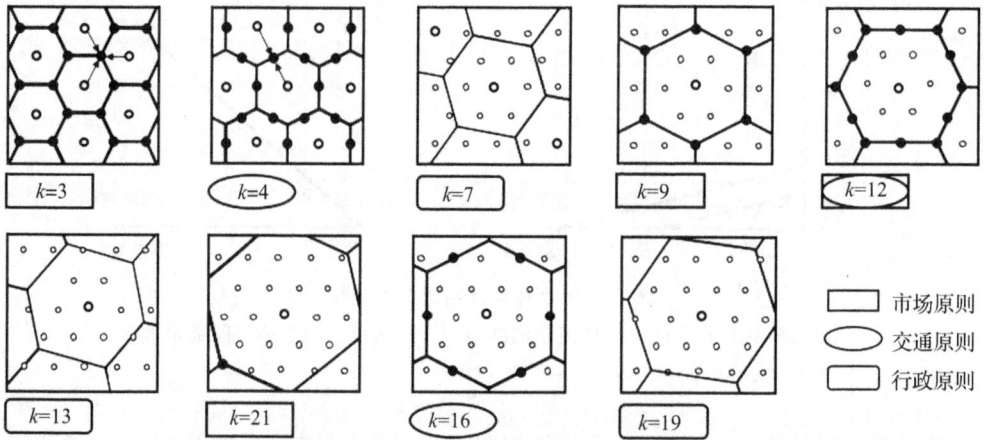

图 3-22　9 种最紧凑的中心地组织模式

资料来源：Capello,2007

该理论将市场需求作为空间变量，研究了市场需求和规模对区位选择的影响；认为最佳区位不是费用最低的位置，也不是收入最高的位置，而是收入与成本差值也即利润最大化的位置；指出大多数工业区位选择的目标是寻找最大化利润的地点/市场区域。与韦伯工业区位论运输费用最小化的出发点不同，廖什的市场区位理论是以利润最大化为出发点的。

后来的诸多研究致力于对中心地理论进行改进，如将需求纳入一般均衡，将地方化经济纳入模型，或将劳动生产率和个体消费结构纳入模型。研究不仅对城市结构进行分析，还对演进和动态进行分析。

3.4　多中心与城市系统

3.4.1　多中心城市研究

单中心模型假设住房价格随着到 CBD 的距离增加而下降,对于 19 世纪或以前的城市适用。有些城市遵循传统的单中心城市模型,但当它们向外扩张时,就业可能位于远离中心的地方。住房价格不仅随着到 CBD 的距离增加而下降,而且随着到次就业中心的距离增加而下降。两个理论描述了多中心城市的形成:①自然进化理论(natural evolution theory):城市开发向郊区移动,以逃避内城的拥堵。②内城财政社会问题是高收入人群迁往郊区的重要原因。

与传统的单中心城市研究相比,多中心的研究相对缺乏。第一个解决多中心问题的城市模型是由 Herbert 和 Stevens(1960)基于城市规划背景提出的[81]。之后,Beckmann(1976)基于内生集聚探讨了单中心与多中心问题[82]。Ogawa 和 Fujita(1980,1982)具有开创性的论文使我们对单中心和多中心问题的理解有了显著的进步[83,84]。从企业相互作用的成本和收益出发,他们的研究认为,企业的相互作用和交通成本决定了城市是单中心还是多中心。当交通成本过高时,或当企业之间相互作用的衰减率 α 过高或过低的时候,单中心城市无法维持。只有在衰减率 α 适中时才能够维持。这里的衰减率是企业之间单位距离的一个常数 α。自从 Krugman(1991)的开创性工作[85],新经济地理(new economic geography)的研究方法使得地理空间成为至关重要的因素[69]。

3.4.2　多中心土地利用模式

3.4.2.1　阿朗索模型修正

随着就业去中心化,城市向多中心发展。单中心模型不能很好地解释多中心复杂的城市结构,或就业次中心、边缘城市等现象的出现。因此,对单中心模型的反对意见认为,它与不再是单中心的世界越来越不一致。单中心模型逐渐向多中心以及更多类型的城市空间结构转变。随着对模型假设条件的逐步放宽,人们在 Alonso-Muth-Mills 理论框架下,根据具体条件对模型进行修正,提出如图 3-23 所示的具有次中心的竞标租金曲线。

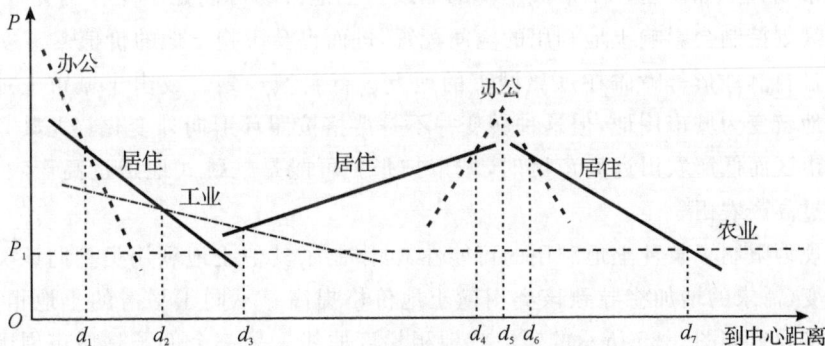

图 3-23　多中心竞标租金曲线

3.4.2.2　设施环境影响下的土地利用

传统的单中心模型假设所有家庭收入和偏好是一样的。但实际上,家庭收入既花费在住房和交通上,也花费在其他商品和服务上。居民最大化他们的效用函数,依赖于住房、邻里设施和其他特征。由于时间和收入的限制,居民必须在可达性、空间和设施之间权衡。可达性包括通勤、购物和娱乐出行的实际金钱花费和所用时间的机会成本。空间包括土地和房屋的大小和质量。自然设施如绿色空间非常重要,邻里特征如学校质量、安全和公共卫生设施等。如很多人喜欢居住在乡村,城市周边土地被用作娱乐、度假等。距离虽是地租的主要决定因素,但设施等多种因素也同时影响着土地价值[7]。因此,单中心模型不能很好地解释周边城市化现象,或特定设施影响下的空间结构。另外,相比于具有正外部性的设施等,单中心模型也不能很好地解释由于市中心交通污染等形成的不同土地利用模式(图 3-24)。

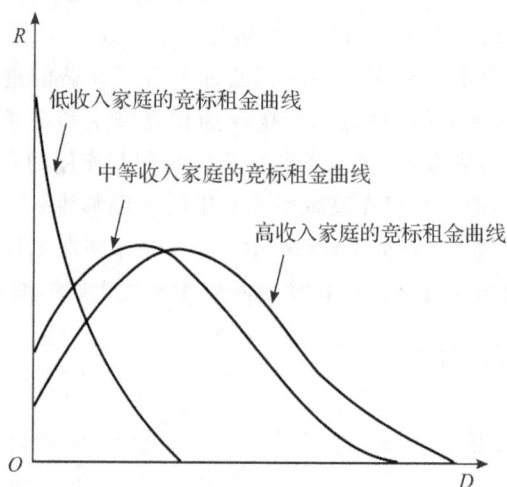

图 3-24　交通污染影响下的投标租金模型

3.4.2.3　空间规划控制下的土地利用

阿朗索的竞标租金模型中土地由出价高者得之,这是因为没有规划干预市场。现实中的土地市场并不如模型所示形成平滑的曲线。土地市场可能是不完善的无效率市场,土地利用规划控制会影响土地利用的空间配置,进而也会影响土地的价值[86]。如规划在郊区或跨过自然地形等障碍在远离城市的地方进行新城规划。或由于城市土地价格上涨导致农地转变为城市用地,但这种转变并不是严格按照环形向外变化。尤其是当高产农田靠近市区而低产农田远离市区时,城市扩张更可能是蛙跳式地跨过高产农田,或至少暂时跨过高产农田[7]。

例如规划限制了某种土地利用的可能性,也限制了其他土地利用类型向该类土地利用类型转变,需求的增加将导致该类用途土地价格提高。不同于平滑的土地租金曲线,规划控制将导致如图 3-25 所示的锯齿状地租梯度曲线。另一个例子是城市周围规划的绿化带,用以控制城市土地向外扩张,起到了边界约束的作用。住房价格呈现不连续的价格梯度,且对绿带两侧住房的需求会有所增加(图 3-26)。

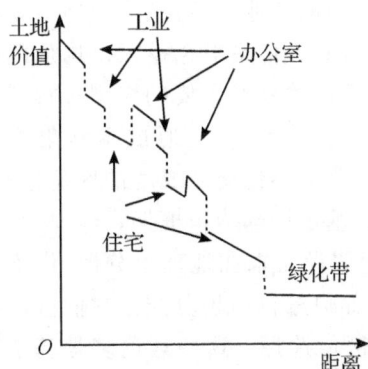

图 3-25　规划控制下的土地价值

图片来源:藤田昌久,2020

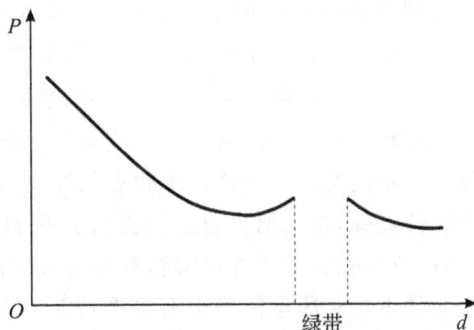

图 3-26　绿带影响下不连续的住房价格梯度

图片来源:Jones,2022

3.4.3　城市系统理论:城市网络

过去 20 年,研究者发现当今城市系统存在的某些特征与中心地理论确定的等级结构具有很大不同。这些特征如城市专业化,城市并非完全的功能混合,在低等级中心具有高级别功能,具有类似功能的城市间存在水平联系(如国际金融服务城市网络),类似中心之间的协同进行高等级生产功能和服务等。

这些现象说明克里斯泰勒中心地模型不能解释广泛存在的先进国家城市体系的演变。研究者提出了新概念范式——城市网络,为逐渐出现的地域模式提供了更具有说服力的解释。提出了在特定经济关系中,密切联系的城市中心之间的协作关系和相互作用。这种关系可以是不同等级城市之间的垂直关系,也可以是同一等级城市之间的协作或互补的水平关系。基于这两种关系存在两种城市网络:①具有一系列投入-产出关系的专业化和互补的网络,部类的专业化可确保即使在小规模的中心也可以具有规模经济和集聚经济。例如荷兰的兰德斯塔(Randstad,Holland)的专业化城市,或意大利的威尼托地区(Veneto,Italy)的多中心城市结构。②具有类似或合作关系的协同网络。合作网络自身可确保规模经济,可将各个中心市场联系起来。例如世界范围内的金融中心,它们的市场是由先进的通信网络联系[68]。第三种类型可以被认为是第二种类型的亚类,即创新网络:在特定基础设施或项目中合作为达到特定供给或需求量,如法国城市为了基础设施建设达成的协议。

这种解释城市系统的新范式有诸多新的特征:①城市网络的概念放弃了不重叠市场和相互嵌套的城市等级地域逻辑,强调具有相同规模、行使类似功能的城市之间的远距离关系,这些在传统中心地理论中是不存在的。②放弃了城市等级模型中的经济效率(最小化交通成本、最大化市场范围)。新的效率原则主导城市网络,强调合作和互补活动的正效应。在协作网络中被称为网络外部性,使得网络中的成员受益。

3.5　小结

区位理论具有典型的微观经济学基础,采用传统的静态分析方法。基于运输成本、可达性和集聚经济等概念,解决企业和家庭区位选址问题或揭示城市体系地理空间分布规律。经济学家普遍认为,杜能的农业土地租金模型、韦伯的工业区位论、克里斯泰勒的中心地理论和廖什的市场区位理论等经典范式是解决几乎所有关于企业区位选址问题的基础。本章分别从集聚、可达性和等级三个方面与区位的关系对主要的模型进行了阐述。首先,基于集聚与区位关系的模型通过两组相反的力量——交通成本和集聚经济——解释了企业选址的机制。成本最小化理论分析企业最小化交通成本的区位选择,假设位于不同空间的点状市场和点状原材料供给来源。基于局部均衡框架,分析单个企业的区位选择,如韦伯工业区位模型。利润最大化理论假设需求在地理上分散,供给集中在特定市场点,这些理论解释利润最大化的不同企业如何进行市场分配。它们假设每个企业的市场和区位依赖于消费者行为和其他企业的区位选择。这些理论多是基于局部均衡框架,如 Hotelling 模型。其次,基于可达性与区位关系的模型具有新古典的特性,试图解释替代性活动的土地利用配置。这里需求来源是点状的,供给是在空间中均衡分布的。土地租金是城市空间组织的主要因素。通过经济活动可以支付的最高租金来解决靠近市中心土地的竞争问题。如杜能的农业区位模型与阿朗索的竞标租金模型都是了解大城市内部土地利用和密度水平的核心工具。现代意义上不同可达性具有不同的生产力,这与经典的土地利润由土地肥力决定的观点不同。最后,基于等级与区位关系的模型解释了由不同规模城市组成的城市系统的存在,弥补了之前模型的局限。克里斯泰勒和廖什的中心地理论解释了城市系统如何通过严格的经济原则组织空间,解释二维空间下静态城市体系的内部空间结构,形成有别于传统区位理论的现代区位空间分析理论与方法。当然,随着多中心城市和网络城市的出现,区位理论也逐渐涵盖更加广泛的研究内容。

4 土地经济

作为城市经济活动的关键投入要素,土地是城市经济学研究的重要内容。由于经济发展阶段和社会制度等的差异,世界各国对土地经济的研究内容各有侧重,但区位理论、地价理论、土地供需理论、产权经济理论和土地利用理论等始终是理论研究的核心所在。区位理论研究家庭效用最大化与厂商利润最大化约束下经济行为主体的区位选择,分析集聚经济背后的机理。地租地价理论是土地经济学的基础理论,是合理确定土地收益分配的重要依据。西方现代城市地价理论认为土地价格是由土地收益与土地资产市场共同决定。因此将地价理论分为土地收益理论和土地供需理论两部分。土地收益理论研究在资本市场上土地收益如何决定土地价格。土地供需理论则分析土地市场的供需关系如何决定土地市场均衡价格。

土地既是城市经济发展的要素,也是城市人口和经济活动的空间载体。产权经济理论分析土地产权及对土地资源配置效率的影响。经济学家认为私有财产权创造了更有效的资源使用激励,因此良好定义的财产权增加了经济效率。在土地产权的基础上衍生出土地的各种经济制度和不同类型的土地市场。土地产权制度是基于土地产权但更为广泛的概念;土地市场是土地产权进入市场流转以及土地价值实现的过程。因此,土地产权直接影响着土地资源的配置效率和配置方向,是土地价值实现的前提。财产权问题也是区划和其他土地利用控制方法分析的核心。土地利用控制倡导者深信,为了提高社会福利,必须牺牲一些土地所有者的自由。土地利用控制反对者认为,用于削弱财产权的政治过程是无效率的。

上一章对区位理论进行了阐述,本章在对土地特征进行简要分析的基础上,将对土地供需、地租地价、产权、土地制度、土地利用等土地经济的基础理论进行探讨。

4.1 土地特性

土地的特性主要包括自然特性、法律特性与经济特性。土地的这些特性是理解土地经济的前提,也在不同程度上影响着土地供给需求、地租地价、土地产权和土地利用等。

4.1.1 自然特性

作为大自然的恩赐,土地具有典型的不可再生性和自然供给有限性。作为人类社会经济发展的物质空间载体,土地又具有多种固有的自然属性,如位置固定性、质量差异性、利用多元性等。城市土地的不可再生性和自然供给有限性,要求城市经济社会的发展同城市存量土地的利用保持协调均衡。城市土地的自然特性决定了土地位置的不可移动性,使不同区域内可利用的土地资源在形态、周边环境、交通条件、可利用程度等方面都存在着很大的差异,并因此改变着不同位置土地自身的价值和开发效益。

4.1.2 法律特性

土地的法律特性是指土地不得违法占有或违规使用,是与其他一般性经济物品相区别的重要方面。我国《宪法》对城市土地的全民所有做了明确的规定。《宪法》第十条指出:"城市的土地属于国家所有。农村和城市郊区的土地,除由法律规定属于国家所有的以外,属于集体所有;宅基地和自留地、自留山,也属于集体所有。国家为了公共利益的需要,可以依照法律规定对土地实行征收或者征用并给予补偿。任何组织或者个人不得侵占、买卖或者以其他形式非法转让土地。土地的使用权可以依照法律的规定转让。"城市土地的法律特性主要表现为一块土地在其所有权的基础上通过立法可以衍生出其他权利,如使用权、租赁权、经营权、处置权等。这些权利一般通过城市土地市场实现转移和过渡。任何违法占有或违规使用土地的行为,将受到法律的处罚和制裁。

4.1.3 经济特性

土地的经济特性是由于人类对土地的利用而产生的特性,反过来也会对土地利用产生不同影响。作为生产资料和生活资料的土地,具有资源和资产的二重性,是自然经济综合体。土地经济特性主要表现在经济供给稀缺性、用途多样性、位置极端重要性、利用方式变更困难性、边际报酬递减性和利用空间溢出性等诸多方面。

(1)经济供给稀缺性:由土地自然供给的绝对有限性、土地位置固定性和土地报酬递减性所造成的。土地供给稀缺性不仅表现在自然供给总量的稀缺,即土地总面积的有限性制约了土地的总供给,还体现在可用于特定用途的土地数量经济供给的稀缺。随着人口的增加和社会经济的发展,对土地的需求不断上升,导致总量或可用于特定用途土地变得更加有限。

(2)用途多样性。土地具有多种用途,既可作为工业用地,又可作为居住用地、商业用地等,因此对一个地块的利用,应当合理考虑土地用途,使得土地趋于最佳用途和最大经济效率。这就要求人们在利用土地时,考虑土地的最有效利用原则,使土地用途和规模、利用方式均为最佳。如何在不同用途之间合理配置土地资源也是决策者、经济学家和规划师等关注的问题。

(3)位置极端重要性。土地区位是土地利用和价格的决定性因素,区位不仅是经济活动的不同地理位置,有时也包括土地的立体空间特性。加拿大经济学家哥德伯戈等(Goldberg & Chinloy)在《城市土地经济学》(*Urban Land Economics*)中提出城市不动产的三条主要特征:"第一是区位,第二是区位,第三还是区位。"(location, location and location)[87]

(4)利用方式变更困难性。不同土地的经济生态效益不同,如果随意转换土地利用方式,可能会使土地的自然特性遭到破坏,同时会造成法律上的混乱。

(5)边际报酬递减性。作为生产要素的土地与劳动、资本等其他要素在一定程度上可相互替代。在技术一定的条件下,在一定面积的土地上连续追加投资超过一定限度后,单位面积投资额增量从土地所获得的收益较前递减,即边际替代效应递减导致土地报酬递减的结果。如建筑层数或开发强度的提高,先是引起了投资收益率的升高,至一定程度后,边际产出变化不大,但边际成本明显上升,边际投资收益率就会明显下降。

(6)利用空间溢出性。土地是相互联系的自然生态系统的基础因子,每一区域土地的利用都会通过空间效应影响邻近区域土地的自然生态和经济效益,从而产生正外部性或负外部性。

除以上特性外,土地的经济特性还包括交通依赖性、土地价格升值性、土地所有制的重要性和利用后果的社会性等多种特性。

4.2　土地供给与需求

供需关系是土地市场经济运行的基础,土地供需分析是土地经济学研究的重要内容,对理解价格体系的成败以及地租地价等土地市场内部运作非常重要,有助于公共政策的制定和结果评价,确保公平、高效地利用土地资源。商品和服务的供给和需求是由成千上万生产者和消费者决策的结果。土地需求在很大程度上又对土地供给产生决定性作用。在土地自然供给与经济供给分析的基础上,本部分将讨论什么决定了土地这种特殊商品的供给和需求,并从土地供需的角度探讨土地均衡价格的形成,以及价格体系如何促使市场对供给和需求产生相应的变化等问题。

4.2.1　土地的自然供给与经济供给

土地的供给是地球所能提供给社会利用的各类生产和生活的用地数量。城市土地供给是城市范围内提供给人们可资利用的各类生产和生活用地的数量,以及可供每一项用途的土地的数量。土地供给可分为自然供给和经济供给两种类型。土地自然供给是土地经济供给的物质基础。

4.2.1.1　土地的自然供给

土地资源是可供农、林、牧业或其他用途利用的土地,是人类生存的基本资料和劳动对象。人类的生活离不开土地,然而地球上的土地并非全部都可以利用。地球陆地面积为 1.49 亿平方公里,这些由大陆和岛屿组成的陆地面积占全球表面积的 29.2%。其中近一半的土地是无法利用或难以利用的土地,如冰川、永久积雪、沙漠等,还有相当数量的土地受地形、坡度、高程、气候、资源和环境等的限制,并不适宜人类使用。因此,土地的自然供给是土地以其自然固有的属性提供给人类用于生产生活的各类土地数量,包括现在正在利用的数量和在可预见的未来可供人类利用的数量总和。19 世纪初,理论学家认为地球上的土地数量是一定的。土地不会因为价格浮动而扩张或收缩。因此,土地租金是净盈余,而不是生产该数量土地所必需的。其供给是相对稳定的、无弹性的。因为供给固定,所以需求决定地租[7]。由于土地独特的自然特性,土地自然供给主要具有如下特征:

供给数量有限性。由于受到地球表面陆地部分的空间限制,土地自然供给的数量是稳定且有限的。虽然人类可通过土地整治、围海造田等方式,在一定程度上增加陆地土地资源的自然供给数量,但总体看,人类只能改变土地的形态,改善或改良土地的生产性能,而不能增加土地的总量,这是由于受到地球表面积有限性的制约。

供给数量与质量差异性。土地的一个重要特性就是它的空间地理位置固定不变,并与周围的自然条件紧密联系。由于土地的不可移动性,土地资源供给的数量和质量具有区域差异性。土地位置固定和质量的空间差异性,使得不同地区之间的土地存在自然供给的差异性。

供给质量可塑性。土地质量是指维持生态系统生产力和动植物健康而不发生土壤退化及其他生态环境问题的能力。质量的可塑性是指通过人类活动可以改变其质量的特性。具体而言,可以通过平整地块、改良土壤、轮作休耕等工程措施和种植制度的改变,提高土地质量。而如果利用不当或过度利用,则可能会造成土地质量下降,如过量使用化肥或工业废弃物排放等。

4.2.1.2 土地的经济供给

土地的经济供给是在土地自然供给的基础上,人类在土地上投入劳动或追加投资后,可直接用于人类生产生活各种用途的土地有效供给。城市土地经济供给在短期内可能是刚性的,中长期是动态有弹性的。如果地租提高了,更多的土地可能会被清理、整治或填埋。因此,土地的经济供给并不是完全非弹性的,供给曲线(S)是部分向上倾斜的[7](图 4-1)。

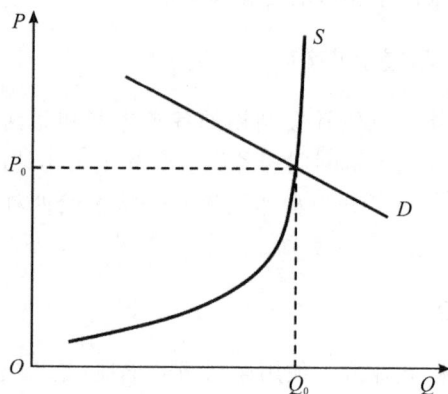

图 4-1　土地经济供给

资料来源:Edwards,2007

经济土地并非固定资源,可通过外延与内涵的方式增加土地经济供给。外延式可通过开发未利用地、围海造地或开发滩涂以扩大可利用土地面积。外延式的土地开发较为常见,如日本的关西机场就是采用填埋方式获得的土地。几个世纪以来,荷兰开垦了靠近大西洋的大量土地。如果土地的价格没有高到足以补偿这些改进的成本,土地数量也不会增加。另外,外延式也可通过用地结构调整增加特定用途的土地供给。这是因为土地具有多种用途,用途间存在相互竞争但可以相互转换。如通过减少农用地的数量进行新区开发等。内涵式可通过在土地上追加投资以集约利用现有土地,如提高农业机械化生产效率或提高城市土地利用强度等。

诸多因素可以影响土地经济供给,如土地开发成本、生产要素价格、供给者对未来的预期、其他商品价格、土地利用计划和规划、税收等政府政策等。例如通过许可或否定特定用途的土地开发,地方规划当局会影响土地的经济供给。目前中国地方政府是各类建设用地最直接的供给者,其土地出让行为直接决定着土地的经济供给。

4.2.2 土地需求及其影响因素

4.2.2.1 土地需求

土地需求是人类利用土地进行各种生产和生活消费活动的需求。土地需求是一种引致需求,是由于人们对于土地产品(生产与生活资料,如农产品和包括房屋在内的地上构筑物等)的需求所引起的。包括对非居住用地和居住用地的需求,或对农业用地和非农业用地的需求等。如对耕地或牧草地等的需求以获得农作物和畜牧家禽产品,对居住和商业用地等的需求以满足居住生活等多项活动。

4.2.2.2 土地需求影响因素

由于土地的规模、成本、投资性质、开发范围等各异,土地需求是一个非常复杂的过程。土地需求者在获得土地时考虑的因素不同。土地自身价格是影响需求量的重要因素。不同土地利用类型具有不同的可替代性,导致不同土地利用需求对其价格的敏感程度不同,因而具有不同的需求弹性。另外,诸多因素将导致土地需求曲线的移动,例如技术进步、经济发展、融资成本(利率)、一年中的季节、消费者的收入、其他商品的价格、土地投机、人口数量和构成、消费者偏好、对未来的预期和政府政策等。Edwards 等[7]总结了非居住用地需求函数的四个要素,分别是被征收的农业土地租金的价值、将农业用地转变为城市用地的成本、可达性的价值、未来租金的现值。

此处将简要介绍土地需求的几个主要非价格决定因素,以分析需求如何在土地开发中发挥作用。预期是土地需求的关键非价格决定因素之一。例如认为贷款利率可能上升的潜在土地购买者可能会减少土地购买。土地的需求曲线将向左移动,即从 D_0 移动到 D_1(图 4-2),这反映了由于消费者对抵押贷款利率将上升的预期,以每个价格购买的土地数量都减少了[3]。另外,需求规律适用于绝大多数商品,但这并不意味着所有消费者的行为都严格服从需求规律。如土地价格大幅上涨,在未来发展不明朗的时候,土地需求者可能会持观望态度;

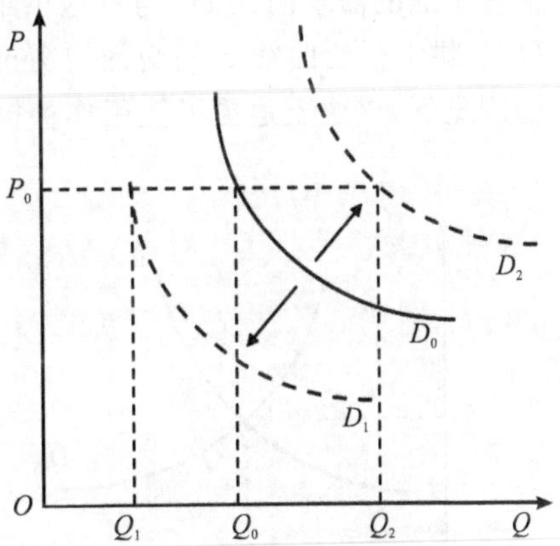

图 4-2 需求曲线的移动

如在土地投机时,对未来土地价值预期越高,则需求量反而会随着土地价格的提高而有所增加,此时需求曲线向右上方移动。相反,如土地价格越低,对未来土地价值预期越低,则土地需求量会随着土地价格的降低而减少。

另一个非价格决定因素包括可能影响商品需求的政府决策和政策。例如,某项新区开发的政策可能会增加对土地开发的需求,而不管它们目前的价格如何。作为更广泛的城市发展的一部分,土地需求曲线将向右移动,反映出每个价格都会有更多的用地需求这一事实。如果需求的非价格决定因素发生变化,我们可以通过将整条曲线从 D_0 移动

到 D_2 来反映其影响。因此,在每一个价格下,需求量都会比之前更高。例如,价格为 P_0 时,需求量从 Q_0 增加到 Q_2(图 4-2)。

4.2.3　土地供需均衡

4.2.3.1　供需均衡

土地通过供给而进入土地市场以满足土地需求,就完成了土地商品化的功能。这既体现着土地作为特殊商品的使用价值,又表现为土地的价值和价格。土地的价格由土地市场的供给与需求来决定。当土地的供给价格与土地的需求价格相等时,就会形成需求曲线与供给曲线相交的均衡价格点(图 4-3)。

土地的不可再生性决定了土地的供给是缺乏弹性的。而土地需求随着社会经济发展阶段等而异,因此,土地价格主要由土地的需求决定。城市化和人口的增长导致对土地的需求不断增加,土地价格趋于上涨。市场条件的变化可以导致多种情形:城市化和经济的发展导致生产生活对土地需求的增加,需求曲线将向右移动,引起均衡价格的上升和均衡交易量的增加。供给减少,供给曲线向左移动,将引起均衡价格的上升和均衡交易量的减少。为了抑制土地价格的持续上涨,政府可以适当增加土地供给,供给曲线向右移动,将引起均衡价格的下降和均衡交易量的增加。但同时要避免可能出现的土地投机现象。

另一方面,对同一用地类型的不同需求决定了该类用地的土地价格。如图 4-4 所示,以农用地市场为例,假设由于资源的稀缺性,特定区域范围内的耕地供给几乎无弹性,其供给曲线 S 垂直于横坐标,供给量为 Q。耕地可用于种植粮食和蔬菜两种不同用途。如粮食用地的需求曲线 D_1 与耕地供给曲线 S 相交的均衡价格为 P_1,蔬菜的用地需求曲线 D_2 与耕地供给曲线 S 相交的均衡价格为 P_2,则在蔬菜用地需求高于粮食用地需求的市场情况下,该块土地更可能用作种植蔬菜。

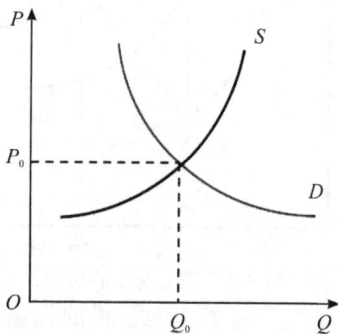

图 4-3　供给需求均衡

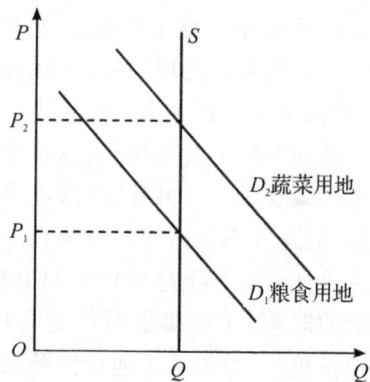

图 4-4　不同商品需求下的价格均衡

4.2.3.2　非均衡的市场

土地这种特殊商品既受一般商品供求规律的制约,又表现出与一般商品不同的特殊供求形式。古典经济惯例认为,在所有商品和服务的供需交叉点,市场会以这个均衡价格"出清"。这种市场出清并非适用于所有商品和服务,可能会出现市场失灵。试图使市场趋向于均衡的机制如果不受约束,就会受到商品和服务出现赤字和盈余的影响。

(1)超额供给

厂商的目的是利润最大化。如果土地供给者为了赚取更多的利润,以高于市场均衡价格 P_0 的价格 P' 出售土地,在这个价格水平下供给量是 Q_2,而需求量是 Q_1,就会出现供给过剩的情况。过剩的数量可用 Q_2 和 Q_1 之间的差值来衡量,被称为超额供给(图4-5)。这种情况下,土地供给者的反应是尝试降低土地的价格,以增加收入。因此,收入和相关的利润激励将迫使供给接近市场均衡价格。如果供给者不降低价格,或者有规定不能低于某个价格,则多余数量的土地将无法出售而处于闲置状态。

(2)超额需求

假设消费者只愿意用低于市场均衡的价格购买土地,在低于市场均衡价格的情况下,商品或服务数量将供给不足,导致超额需求。在图4-6中,假设住宅用地的价格 P' 低于市场均衡价格 P_0,需求量将会增大到 Q_2,但在此价格下,供给者愿意供给的数量为 Q_1。则赤字的数量可用 Q_2 和 Q_1 之间的差值来衡量,即超额需求量。在这种情况下,消费者如果需要购买的话就必须提高土地购买价格,使得价格重新回到均衡点。提高土地价格将减少对土地的过度需求,并提高供给者的利润。或在有充足土地储备的情况下增加土地供给数量,将数量从短缺状态增大到均衡状态。由于土地的稀缺性和对土地需求的日益增长,现实中土地这种特殊商品普遍来说供不应求,供过于求的状态往往是暂时性的。因此,总的来说地价的变化一直处于上升趋势。

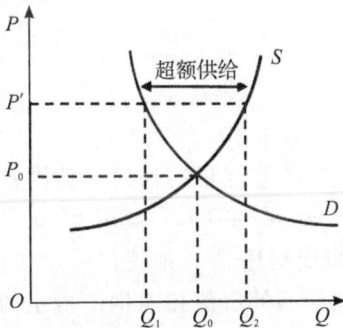

图4-5　超额供给　　　　　　　　　　图4-6　超额需求

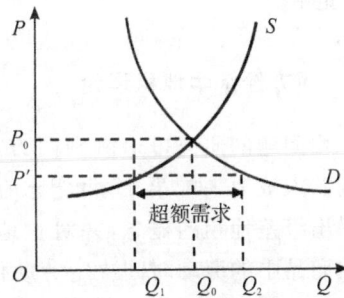

4.2.3.3　供需变异型均衡

土地市场信息的不对称可能导致变异型均衡。供给变异是供给量随着土地价格的提高有所减小,即价格越高供给量越小,价格越低供给量越大。这时,供给曲线将不是向左或向右移动的问题,而是由向右上方倾斜的 S 变为向右下方倾斜的 S'(图4-7)。如某些投机性土地市场,大量土地被囤积,等待以后价格更高的时机出售。导致交易价格提高到 P',新的均衡交易量 Q' 却有所减小。

在需求变异的情况下,需求量随着土地价格的提高可能会有所增大,即价格越高需求量越大;价格下降,土地资源需求量也呈现下降趋势。这时,需求曲线将不是向左或向右移动的问题,而是由向右下方倾斜的 D 变为向右上方倾斜的 D'(图4-8)。如开发商对未来住房价格预期良好,即使居住用地价格不断上涨,作为土地需求方的开发商也将大量购买土地,导致交易价格提高到 P',新的均衡交易量也增大到 $Q'^{[88]}$。

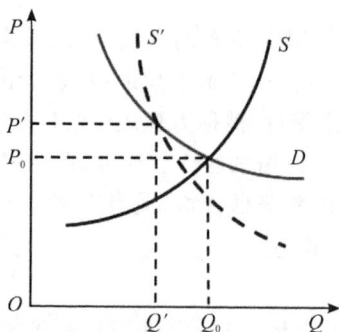

图 4-7　供给变异型均衡
图片来源:曲福田,2011

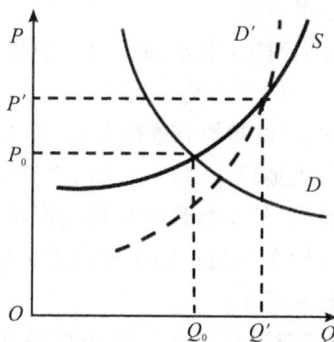

图 4-8　需求变异型均衡

4.3　地租与地价

西方现代城市地价理论认为土地价格是由地租、土地资本利息和土地资本折旧三部分构成。地租是土地价格理论的基础。地租地价理论是土地经济学的基础理论,是合理确定土地收益分配的重要依据,是土地利用规划与空间布局合理化的重要参考。本部分将对地租和地价的相关概念和理论进行阐述。

4.3.1　地租

4.3.1.1　西方经济学地租理论

对地租问题的研究可追溯到西方古典经济学家对级差地租的探讨。英国古典政治经济学创始人威廉·配第 17 世纪末在《赋税论》(*Treatise on Taxes and Contributions*)中首先提出级差地租的概念,并对土地价格进行了初步阐述[89]。他提出劳动价值论,认为包含在商品中的劳动时间决定劳动价值,地租是农产品的价值扣除生产费用的剩余部分。在 1766 年出版的《关于财富的形成和分配的考察》一书中,法国重农学派代表杜尔阁初步揭示了地租与土地所有权的关系,指出土地所有者不劳而获占有地租,是由于他们拥有法律保护的土地私有权。英国古典经济学创始人之一亚当·斯密是最早系统研究地租问题的人。1776 出版的《国富论》提出利息是资本的收入、工资是劳动的收入、地租是土地所有者的收入[33]。虽然并没有明确提出绝对地租的概念,但实际上肯定了绝对地租的存在。英国古典经济学家大卫·李嘉图运用劳动价值理论对级差地租做了完整而系统的研究,提出了级差地租的概念,指出地租产生的条件是土地稀缺性、土地肥沃程度和位置差异性。詹姆斯·安德森(James Anderson,1777)最早研究了级差地租理论的基本特征,提出级差地租 I 和级差地租 II。马克思称其为现代地租理论的真正创始人。

在《孤立国》一书中,德国经济学家冯·杜能提出了农业土地租金模型[73]。法国经济学创始人萨伊提出,劳动、资本和土地要素共同创造价值并应得到相应的收入,即工人获得工资、资本家获得利润、土地所有者获得地租。英国经济学创始人马尔萨斯(Tomas Robert Malthus,1766—1834)认为地租是自然的赐予,否认地租是土地所有权垄断的结果,否认绝对地租的存在。现代西方经济学地租理论继承了庸俗经济学的地租观点,将地租置于市场经济体系进行研究,提出了土地供求理论和土地收益理论。萨缪尔森认为地租是使用土地所付出的代价,由于土地供给的固定性,土地需求量决定地租量。美国现代土地经济学家巴洛维(Raleigh Barlowe)认为地租是总收益减去总成本后的剩余部分。马克思和恩格斯提出科学的土地肥力理论、地租地价理论。恩格斯指出,消灭土地私有制并不是要消灭地租,而是要把地租用改变过的形式转交给社会。

4.3.1.2　李嘉图级差地租理论

对以上相关理论这里不一一展开论述,仅就大卫·李嘉图的级差地租理论进行简要介绍。李嘉图着重探讨农业土地肥力对土地租金的作用。假设农业靠近市场,到市场的交通成本可以忽略;劳动和资本可以用来提高农业产量。但由于交通成本固定,因此不涉及空间维度。

农民愿意为肥沃的土地支付租金,因为他们可以节省施肥的成本。换句话说,租金反映了种植或作物产量的成本。事实上,为一块土地提供的租金与其肥力有关,因此也与其盈利能力有关。在给定土地市场的情况下,农民通过相互竞标来争夺土地。通过竞争,地块的租金反映了相对肥力。最肥沃土地的租金是最昂贵的,但农民支付的费用不会超过额外产出所带来的收入增加。更一般地说,耕地的租金与其肥力和农民可以从中获得的收入有关。最肥沃的土地价格也被定义为在劣质土地价格之上的溢价。实际支付的价格取决于农民之间的竞争程度。个体农民希望尽可能少地支付,但竞争意味着价格将被抬高以获得最好的地块。

农民为了盈利而准备支付的金额是有限度的。如果存在完全竞争,那么会有很多农民出价,直到每个农民都获得"正常"利润。正常利润通常被定义为将生产者留在该产业中所需的最低收入。在这种情况下,正常利润意味着农民可以获得收入,以确保任何投资资本的合理回报。如果有足够的竞争,那么无论租用低质量耕地还是高质量耕地,所有农民都能获得正常的利润。所支付的租金差异反映土地肥力差异。该模型中的地租由农产品产生的收入决定。比如说玉米的价格越高,农民愿意支付的租金就越多。但不断上涨的食品价格的受益者是土地所有者而非农民[8]。

4.3.1.3　地租及其分类

(1)地租概念

地租是土地使用权的价格,是土地使用者在支付总成本后的经济剩余[90]。其通常由使用该地块获取利润的能力来决定。因此,对土地使用者来说,地租是土地使用者因使用土地而向土地所有者定期支付的费用,是购买一定时期的土地使用权付出的价格。对土地所有者来说,地租是土地所有者凭借土地所有权,出售一定时期内的土地使用权所收取的价格,是土地所有权在经济上的实现。通俗地讲,地租是使用土地而支付的使用费,或出租土地获得的经济报酬。就其经济关系的本质来说,地租是直接生产者在生产中创造的剩余生产物被土地所有者占有的部分。

(2)地租分类

按照不同的标准地租可以划分为不同类型。马克思认为地租来自劳动而非土壤,资本主义地租是土地所有权在经济上借以实现的形式,其实体是超额利润。马克思主义地租理论将资本主义地租按照形成条件和原因不同,划分为绝对地租、级差地租和垄断地租。绝对地租是土地使用者为取得土地使用权支付给土地所有者的租金。无论土地本身条件优劣如何,只要土地所有权与使用权分离了,就必须支付费用。绝对地租是土地价格形成的基础。级差地租是由于客观存在的土地条件的差别而导致的收入差别,是决定土地价格高低的主要因素,是优等土地的生产价格与劣等土地生产条件所决定的一般生产价格之间的差额。垄断地租是个别条件下产生的资本主义地租的特殊形式[91],如少数特殊位置或黄金地段所要求的额外地租。垄断地租是特殊地段较高土地价格的主要原因。

按照土地肥沃程度、土地位置差异和在同一地块上连续追加投资产生的劳动生产率的差别,可将级差地租划分为级差地租Ⅰ和级差地租Ⅱ两种类型。级差地租Ⅰ是在不同地块上进行等量投资,由于土地肥力大小和位置优劣不同所形成的差别化地租(位置较好的高于绝对地租的级差地租);是以土地自然丰度和位置为基础,通常与粗放经营相联系。级差地租Ⅱ是在同一块土地上连续追加投资所产生的级差效益,是以土地的经济丰度为基础,与集约经营相联系。如通过提高建筑的容积率或对原有设施进行二次开发等方式来实现。

租金可采用无偿劳动、一定数量的实物和货币等多种形式支付。因此,按照支付形式,地租可分为劳役地租、实物地租和货币地租等。按照租金计算的方式,地租可分为固定地租、分成地租和百分比地租等。按照支付时限,地租可分为长期地租、年租或临时地租等。按照地租的演变过程,地租可以分为封建地租、资本制地租、封建制度向资本主义制度转变过程中存在的过渡性地租等[88]。

现代西方经济学从实用的角度出发,将地租分为契约地租和经济地租。契约地租(contract rent)(又称为商业地租)是土地出租人与承租人签订的租赁契约规定的租金。契约地租是土地使用者付给土地所有者的全部代价,其中有一部分支付的是经济地租[7]。除了地租外,契约地租还包括用于土地开发的资本投入的利息,有时还包括平均利润和工人工资的扣除等。经济地租(又称为理论地租)是土地纯收入即土地总收益扣除总成本的剩余部分[91]。

4.3.2 地价

价格机制是完善土地要素市场化配置的核心内容[92]。土地价格是土地所有者出让土地和使用者购买土地的决定性因素,是市场化运作的判断标准和土地供需关系的表征,是调控城市土地利用效率和集约化程度、进行用地结构调整的有效工具[93]。

4.3.2.1 土地价格

土地价格是指在正常市场条件下,土地在未来一定年期内所能提供的纯收益(地租)价值总和。从卖方讲,土地价格是所出租或出售土地的地租的资本化;从买方讲,是若干年期间(一定年限土地使用权交易)或无限年期间(土地所有权交易)地租的折现值。与一般物品相比,土地价格具有自身的特殊性。土地价格主要由有效需求决定,总体上呈上升趋势,且具有明显的地域性,一般不具有折旧现象。通常所说的土地价格是在市场上形成的土地的价格。如我国国有土地实行所有权与使用权两权分离,在土地一级市场受让单位或个人须缴纳土地出让金,土地出让金即是土地所有者出让土地使用权的交易价格。在土地二、三级市场,土地价格是基于市场的土地使用权转让价格。

4.3.2.2　现值

那么,企业现在愿意支付多少去购买这块未来可以带来一系列经济利益的土地呢?这里就引入了现值这个概念(present value,PV),即按照市场利率,未来一系列收益折减到现在的价值。假设一个企业购买了一块土地,因此获得了在一定年限内使用这块土地的权利。土地在其使用年期内会产生一系列的收益——即在这些年内每年都会带来收益。特定年份单位土地的经济收益被称为边际生产收益(marginal revenue product,MRP),指在其他要素投入量不变的条件下,厂商增加一个单位的某种要素的投入所引起的产量的增加而带来的收益的增加,表示要素边际生产力的高低。在其他情况不变的情况下,未来一定收益的现值随着支付时间和利率的提高而降低。现值的计算可以发生在单个时期,也可发生在多个时期[5]。

(1)单个时期未来某一收益的现值,可表示为:

$$PV=\frac{MRP}{(1+i)}$$

其中,PV 为未来收益的现值,i 为利率,MRP 为边际生产收益。

(2)多个时期未来某一收益的现值

如果未来某一收益不是一次性获得而是分多个时期获得,则 PV 可表示为:

$$PV=\frac{MRP}{(1+i)^t}$$

其中,t 为目前到未来可获收益的时间,通常为收益年限。

(3)多个时期未来一系列收益的现值

由于市场或技术等因素,未来获得的收益不确定,并不是一个常数。因此,在不同的年份会产生不同的收益。这种情况下,只需要将每一个未来年份的 MRP 作为那个年份的 MRP,应用(2)中多个时期未来某一收益的现值公式,并将其加总即可。

$$PV=\frac{MRP1}{(1+i)}+\frac{MRP2}{(1+i)^2}+\cdots+\frac{MRPn}{(1+i)^n}$$

例如,一个地块预期每年收入 10000 元,利率 6%,地块持有时间 5 年,现值将是

$$PV=\sum_{t=1}^{5}\frac{10000}{(1+0.06)^t}=\frac{10000}{1.06}+\frac{10000}{(1.06)^2}+\frac{10000}{(1.06)^3}+\frac{10000}{(1.06)^4}+\frac{10000}{(1.06)^5}=42123.64$$

该地块投资最大回报是 42123.64 元,投资者对该地块的出价就不会高于该值。

4.3.2.3　经济租金与转移收入

19 世纪经济学家马歇尔将转移收入(transfer earnings)定义为:为维持某一要素的现有用途、阻止它作其他用途的最低支付代价。现在的经济学家一般称其为机会成本。要素获得的任何超过转移收入的部分被称为经济租金(economic rent)。任何要素获得的总收入是转移收入与经济租金之和[5]。

经济租金占要素总收入的多少呢? 如图 4-9(a)所示,当要素供给完全有弹性时,该

要素在各种用途之间是非常灵活的。此时要素的所有收入都是转移支付的部分,经济租金不存在。任何一个较低的价格将导致该要素转移到其他用途。如图 4-9(c)所示,当要素供给完全无弹性时,无论价格如何变化,要素供给都保持不变。缺乏弹性意味着该要素没有其他可替代用途,或现在的用途就是收益最大的用途。因此,不需要支付任何费用以使其维持现有用途而不做他用。这种情况下没有转移支付,所有要素收入都是经济租金。如图 4-9(b)所示,供给曲线斜率为正,意味着价格越高供给越多。供给曲线下的部分是为了让该要素留在当前用途所需支付的代价,该面积为转移支付。供给曲线上的阴影部分为经济租金。

因此,经济租金占要素总收入的比重取决于土地供给的弹性。当土地供给充足、富有弹性时,如新开发区,商业租金几乎完全由转移收入构成,经济租金可忽略不计。当土地供给有限、缺乏弹性时,如城市郊区,经济租金与转移收入同时存在,二者比例关系取决于供给弹性的大小。土地稀缺供给完全非弹性时,如城市中心,经济租金在总租金中占有较大比重,转移收入可忽略不计。

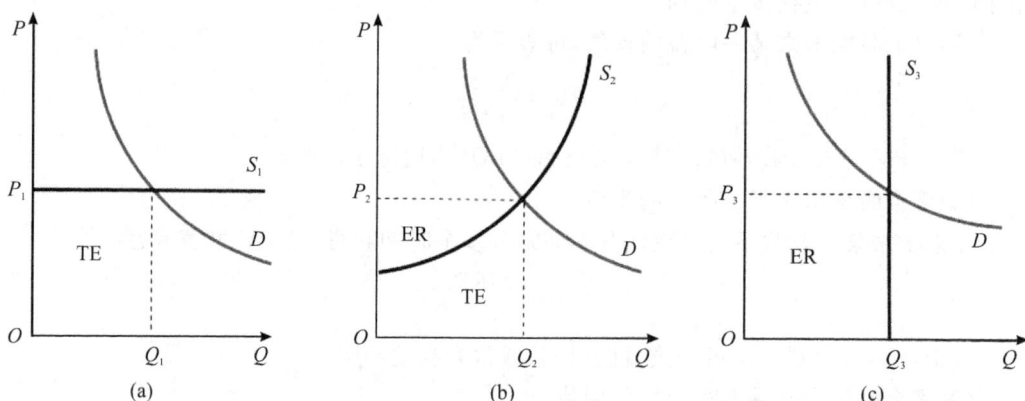

图 4-9　经济租金与转移收入

图片来源:Ragan & Lipsey,2011

4.3.2.4　土地价格影响因素

宏观因素、区域因素和宗地自身的条件都会影响土地价格。首先,经济发展状况、土地制度、财税体制、相关政策、城市规划、城镇发展速度等宏观因素都会对土地价格产生影响。其次,土地所在地区的区位条件、交通条件、设施条件、环境质量等区域因素是影响土地价格的重要原因。最后,宗地本身的自然条件、规划条件、产权状况、宗地特征、地质条件等直接因素也会影响到土地价格。如控制性详细规划确定的地块性质和地块容积率等对城镇土地价格具有重要的影响。其他商品的价格等也会影响土地的价格,如房价、生产要素价格和消费品价格等。

整合代表不同质量和区位等的享乐变量,诸多经济学家将农地价格决定因素分为农产品收入和非农业要素,农地价格为未来农业和非农业使用的总和的贴现值[90]。在城市地区,居民和企业希望搬迁到具有良好设施的区域或提供更好公共物品的管辖区域。更多的居民希望居住和工作在特定区域提高了劳动力的供给,反过来降低了工资,刺激了对土地的需求进而提高了土地价格。越多的公司彼此靠近以享受集聚经济带来的益处，该地区的土地价格就越高。迁徙将会继续，直到集聚带来的总收益资本化到土地价值中。同理，靠近具有负外部性设施或不能提供良好公共物品的区域的土地价格会降低[7]。

4.3.2.5 土地价格类型

我国 1982 年宪法明确城市土地归国家所有，农村和城市郊区的土地，除由法律规定属于国家所有以外，属于集体所有。1988 年宪法修正案从法律上规定土地使用权可以依照法律的规定转让。2019 年《中华人民共和国城市房地产管理法》（修订）规定：基准地价、标定地价和各类房屋的重置价格应当定期确定并公布。2001 年，国务院《关于加强国有土地资产管理的通知》（国发〔2001〕15 号）要求市、县人民政府要依法定期确定、公布当地的基准地价和标定地价[92]。

随着土地有偿使用制度的建立，土地使用权市场逐步开放，土地价格体系也逐步形成和完善。基于土地市场管理层次、交易方式、用地类型、出让方式、开发程度、计算方法等，土地价格可表现为多种形式。如按照价格形成方式可分为评估价格、交易价格和课税价格等。按照土地市场管理层次，土地价格包括基准地价、标定地价和交易地价。这里对这几类地价类型以及其他几种主要价格形式进行简要阐述。

（1）基准地价

城镇土地基准地价是国土空间规划确定的城镇可建设用地范围内，对平均开发条件下不同级别或不同均质的地域，根据区域、区位、基础设施条件、开发情况等对土地进行科学评估，按照商服、居住和工业等用途，确定某一时点一定年期内各类各级土地使用权区域的平均价格。这里的某一时点称为基准地价评估的基准日，基准地价年期设定应与各类土地使用权法定最高出让年限以及相关法律法规政策等相吻合。我国目前已建立了以商服、住宅和工业为核心的三大类城镇建设用地基准地价体系[94]。按照《城镇土地分等定级规程》和《城镇土地估价规程》，基准地价应每 3 年全面调整一次。目前诸多城市进行城镇基准地价更新，如 2022 年天津市设定住宅、商业服务业、工业、公共服务项目用地和交通运输用地五大类城镇基准地价更新体系。

基准地价是通过县（市）级地方政府制定并发布的具有较强权威性的土地价格。基准地价是公示地价的一种，是政府宏观调控和管理地价的依据，是市场交易价格的基础。

（2）标定地价

标定地价是在一定时期和一定条件下，代表不同区位和用途地价水平的标志性宗地价格。由政府根据管理需要组织或委托评估，并由政府定期公布，是公示地价的一种。标定地价将城市范围按照土地开发利用状况、法定最高使用年期或政策规定、地价水平等划分为小的片区；在其中根据具体宗地本身的条件（如形状大小等）、微观区位状况、规划限制条件（如容积率）等，选取具有代表性的宗地，在基准地价基础上，对代表性宗地某一期日在正常市场条件下的土地使用权价格进行的评估。

标定地价 1994 年首次提出，2012 年进行试点，2017 年颁布《标定地价规程》（TD/T 1052—2017），到 2018 年城镇标定地价体系建设全面启动，有条件的地区可扩展到农村集体建设用地，2020 年底之前初步完成并公布实施标定地价。

基准地价受市场影响小、更新时间较长。相比而言,标定地价更精细,每年更新,更好地反映公开市场条件下土地市场的价格。标定地价是政府管理和确定土地使用权出让价格、核定土地增值税等不动产税基、市场主体核算土地资产价格等的依据。在市场交易过程中,如土地出让地价过高,则不利于经济发展;而过低的地价又会导致国有资产的流失。因此,建立和完善公开透明的标定地价体系,对约束政府行为、进行有效宏观调控,发挥市场在土地资源配置中的决定性作用,完善我国公示地价体系都具有重要意义[92]。

（3）交易地价

交易地价是买卖双方依据一定的法律程序,按照市场交易规则,在土地市场中实际达成的成交价格。与作为公示地价的基准地价和标定地价不同,交易地价是已经实现的土地价格。根据不同的标准,交易地价可以划分为多种类型。

1）按照土地权利,可划分为土地所有权价格、土地使用权价格、土地租赁价格和抵押价格等。土地所有权价格是买卖土地所有权的价格,是无限期地租的折现值。土地私有制国家的土地交易价格主要是土地所有权交易价格。土地使用权价格是一定年限内使用土地权利的价格,是若干年限内地租的折现值;我国实行土地公有制,因此土地交易价格指的是国有土地使用权价格。土地租赁价格是土地所有者或土地使用者将土地以出租方式交与他人使用而获得的报酬。土地抵押价格是土地作为信用担保而确定的价格,目前存在土地私有制下土地所有权的抵押价格;我国的抵押价格仅有土地使用权抵押价格和承租土地使用权抵押价格两种。抵押价格通常都低于交易价格。

在我国,土地使用权交易价格包括土地出让和转让价格等。国有土地使用权出让是国家将一定年期土地使用权出让给土地使用者,并收取土地出让金。我国目前的土地使用权出让方式主要是协议、招标、拍卖和挂牌,因此按照土地出让方式可分为招标价、拍卖价、挂牌价、协议价等。协议价是通过政府与土地受让方协议的方式确定的土地成交价格,难以真实反映土地的市场价值。国有土地使用权转让价格是土地使用者之间按照市场规则转移土地使用权,受让者向转让者支付一定代价的交易价格[91]。

2）按照土地开发程度,可分为熟地价和毛地价（生地价）。熟地是已经完成了征地拆迁和基础设施建设的地块,生地是未完成拆迁补偿和基础设施建设的地块。土地从生地变熟地,政府需要投入大量的资金建设道路、供水、供电、排水、燃气、通信、场地平整等,该部分费用以土地开发费的形式征收。

3）按照地价计算方法,可分为楼面地价、地面地价和补地价等。楼面地价是单位建筑面积的土地价格,地面地价是占地面积的土地价格,补地价是由于用途改变、容积率改变、划拨土地出让转让抵押以及出让的土地使用权期满后续期等多种原因,需要向政府补交的地价。

4）按照土地利用类型,可分为工业用地地价、公共服务设施用地地价、居住用地地价等多种类型。作为地方政府招商引资的资源,工业用地一级市场价格受政府和政策因素影响普遍偏低,有些甚至低于其土地开发成本;并没有形成竞争机制,属于不完全的土地市场。另外工业用地一级市场与二级市场价格日益分化。公共服务设施用地是各类公益事业和公共设施建设占用的土地。公共服务设施具有公共物品的属性,与商服、住宅、工业等经营性用地相比具有特殊性。文教体卫等公共服务设施用地多是规划按照服务半径进行均衡布局,行政办公等多遵循集聚效应和市场规律进行集中布局。多采用有偿划拨或无偿划拨方式,通过政府定价或依据成本定价,而非基于市场规律[94]。

(4)其他价格形式

除了土地基准地价、标定地价和交易地价及其细分以外,还存在诸多其他的价格形式,如课税价格和地役权价格等。课税价格是政府课征与土地价值有关的税所确定的土地价格。如为政府征收土地或房地产税而确定的价格,可以是交易价格,如土地增值税一般是以实际成交的土地价格增值为标的;也可以是评估价格或申报价格,如北美征收的房地产税一般是以政府评估价为标的。地役权价格是土地使用者为获得在他人土地上通行或通过等权利而支付的代价。地役权是为自己土地使用便利而在他人土地上设定的权利,如通行权、通过权等。通行权即需役地使用权人在供役地上通行的权利。通过权是需役地使用权人将某些管线设施通过供役地的地表、上空或地下而在供役地上设定的权利,如管道通过权、架线通过权。

4.3.3　土地价格评估方法

土地价格的影响因素十分复杂,既有客观因素也有人为因素。土地价格评估是兼具复杂性、模糊性和不确定性的系统工程[95]。科学合理的土地价格评估是土地所有权及使用权转移在经济上的评估、土地供求关系的调节、土地资源的合理配置,以及政府对土地税的征收和发行土地债券等的重要依据。目前常用的基本方法有市场比较法、收益还原法、成本法、基准地价修正系数法等。

4.3.3.1　市场比较法

市场比较法是在同一市场条件下,根据经济学中的替代原理,参照一定时期内类似条件或价值的土地交易案例的成交价格,就两者之间在土地交易情况、交易日期、区域因素及个别因素等方面的差别进行修正后,求取待评估宗地在评估期日地价的方法[96]。

待估宗地价格＝样本地价×交易情况修正系数×交易日期修正系数×区域因素修正系数×个别因素修正系数×年期修正系数

市场比较法可以分为直接比较法和间接比较法,直接比较法是待估对象价格和可比实例价格的直接修正;而间接比较法则是将可比实例标准化修正为标准价格,而后通过区域因素和个别因素修正得到待估对象价格。市场比较法适用于市场比较稳定且有充足市场交易案例,同时参考案例在土地规划和用途等方面相同或具有可比性或可替代性。

4.3.3.2　收益还原法

收益还原法是按照一定的还原利率,将待评估土地一定时期内未来正常年预期纯收益折算为评估时点总收益,并确定其价值的方法。其本质是以土地等具备收益性质资产的预期未来收益为导向求取估价对象的价值。土地收益价格＝土地纯收益/土地还原率。具体可参照前述关于现值的概念和计算方式。

收益还原法考虑土地的纯收益、还原利率与使用年限[97]。还原利息率与社会的实际情况有关,和待估地块无关系。任何可能影响潜在收入的因素都会影响需求,从而影响该位置的土地价格。法律法规、政策与规划等都会对土地收益产生较大影响。因此,采用该方法需要对土地未来收益做出科学合理的预测。其次,收益还原法适用于有收益或潜在收益的宗地。农业、商业和工业土地未来租金的现值依赖于实际的回报率。居住用地的现值可依赖于居民效用方程的两个部分:地方设施和与工作或学校的距离[7]。

4.3.3.3 成本法

成本法又称成本逼近法,是以土地开发建设的各项费用,再加上利息、利润、各项税金和费用等来估算土地价格的估价方法[88]。一般按照下式计算:

待估土地价格＝土地开发成本＋土地取得费＋利息＋税费＋利润＝土地成本价格＋土地增值

其理论依据是劳动价值论和生产费用价值论。按照马克思劳动价值论,劳动创造价值,劳动量决定价值量。商品中凝结着无差别的一般人类劳动,商品具有使用价值和价值,是由生产商品的具体劳动和抽象劳动决定的。因此,商品是用来交换的劳动产品,商品的价格由其生产所必要的成本决定。生产费用价值论或称生产成本论,认为商品的价值是由其生产所需的费用所决定的。因此,卖方能够接受的最低价格不能低于其为土地开发建设所花费的代价。

成本法多用于新开发的土地、工业用地、公共设施用地、国家对农村集体所有土地的征用,抵押或典当土地、无法确定价格的不发达土地市场或无法采用比较法等估价的不成熟的土地市场。该方法主要的局限性在于,土地的收益通常取决于土地的应用范围而非成本。在土地的商业租金中,经济租金往往高于转移收入。由于不考虑土地的经济租金或土地开发利用后的收益,会导致土地价格偏低从而背离土地资产价值。在土地征收阶段,过低的土地价格也不利于保护农民的利益。

4.3.3.4 基准地价修正系数法

在具有政府公布的基准地价的地区,通过对具体区位、容积率、土地使用年限、区域个别因素等进行修正,得出待估宗地价格的估价方法。由于在不同城市,基准地价的内涵、构成、表达方式等可能不同,具体调整的内容和方法也不完全相同。一般可基于下式:

待估宗地价格＝某一用途和级别土地的基准地价×(1＋宗地地价修正系数之和)×估价期日、容积率、土地使用年期等其他修正系数＋土地开发程度修正值

4.4 土地产权、土地制度与土地市场

4.4.1 土地产权

4.4.1.1 土地资源、资产与资本

土地在人类发展历史中逐渐转化为人的劳动对象和劳动资料,作为人类生活和生产活动的自然资源宝库,成为一切生产资源和生产资料的源泉和依托。原先作为自然资源和生态环境要素的土地转变为人工自然资源和人工生态环境要素,进而成为自然经济综合体,这使得土地不仅具有使用价值,而且有了价值(劳动价值)。马克思曾提出:土地在实质内涵上就是"土地物质"和"土地资本"的二元构成。作为自然状态的土地是"土地物

质"，而已利用土地由于附加了人类的劳动成为"土地资本"，并使得"土地物质"与"土地资本"二者融为一体。

随着对土地功能认识的不断深入，人们将土地的属性逐步细化为资源、资产和资本三大属性。当前中国土地利用和管理正在逐渐由注重土地的资源、资产属性向土地的资源、资产、资本属性"三位一体"转变(图 4-10)。其中土地资源可以为人类社会提供多种产品和服务，对人类社会发展具有不可替代性，是土地的本质属性。土地财产是土地资产存在的前提，是指界定了产权归属、具有明确权属关系和排他性的土地资源，土地所有关系是土地作为财产存在的前提和基础。土地资产则是指在土地财产的基础上，能够被权利相关者占有、使用并且能够带来经济收益的土地资源。土地资本经营的前提是资产，相较于资产强调物质财富的价值或是货币表达，资本更多强调的是带来更多价值或货币。当土地作为财产进入市场后，土地产权人便通过地租资本化使土地具有了价格。一方面可以体现土地固有使用价值，另一方面显化了土地应有的交换价值，实现了土地的资源属性向资源、资产双重属性的蜕变。而当土地资产进入市场，其为相关权利所有者带来预期收益、产生预期增值时，土地资产就转化为土地资本，在权属关系上表现为权属的转让、出租或者自己投入使用。

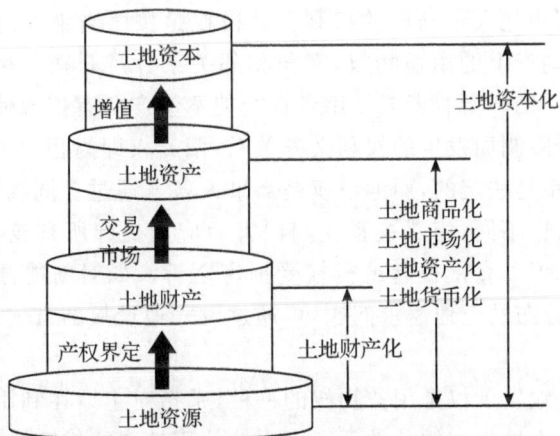

图 4-10 土地资源、资产与资本
图片来源：程健，2022

4.4.1.2 土地产权

产权是在判例基础上发展起来的英美财产法中的概念；英美法系并不着力区分土地权利的物权与债权。土地产权是以土地作为财产客体的各种权利的总和，包括土地的所有权，以及占有权、使用权、收益权、处分权、租赁权、抵押权、继承权等权能，是一组权利组成的"权利束"。物权是大陆法系中的概念，物权与债权为欧洲大陆国家财产法的两大支柱。土地产权一般属于不动产物权范畴，权利人依法对特定的物享有直接支配和排他的权利，包括所有权、用益物权和担保物权。具有明显的排他性，其结构决定着权利人对土地的权益。目前中国实行城镇国有土地使用权的出让和转让制度。每个国家社会经济、政治制度的差异和法律体系不同，具有不同的土地产权体系，不能一概而论。一般来说,各国的土地产权体系包括以下各项基本权能：

土地所有权。土地所有权是土地所有者所拥有的、受到国家法律保护的排他性专有权利,是物权中的自物权。所有权可以细分为占有权、使用权、收益权和处分权四大权能,其中,占有权是指对土地事实上的占有,即实际控制的权能;使用权是指按照土地的性能和用途利用土地进而获取收益的权能;收益权是指获取土地利用带来的经济收入的权利;处分权是权利人依法对土地进行处置,从而决定土地权利变动的权能。土地所有权是土地权利体系中最重要、最基础的权利,其他土地权利都是在此基础上派生而来的。

土地使用权。土地使用权是按照土地的性能和用途利用土地并获取利益的权能,是用益物权的一种。土地使用权有广义和狭义之分。狭义的土地使用权是指依法对土地的实际利用权,包括在土地所有权之内;广义的土地使用权是指在特定的时间内独立于土地所有权权能之外的,土地占有权利、狭义的土地使用权、部分收益权和不完全处分权的集合。目前中国实行城镇国有土地使用权出让和转让制度中的"使用权"就是这种广义的使用权。我国土地使用权期限分别为:居住用地 70 年,工业用地 50 年,教育、科技、文化、卫生、体育用地 50 年,商业、旅游、娱乐用地 40 年,综合或其他用地 40 年。

地役权。地役权是用益物权的一种,具体是指为使用自己不动产的便利或提高其效益而按照合同约定利用他人不动产的权利。地役权是按照当事人的约定设立的用益物权,是存在于他人不动产上的用益物权,需与相邻关系分辨开来。相邻关系是指依据法律规定,相互毗邻的不动产所有者或使用者在行使不动产所有权或使用权时因相邻各方应当给予便利和接受限制而发生的权利义务关系,阳光权即为相邻关系的一种。二者设立方式不同,相邻关系是法定的,而地役权是当事人各方通过合同约定而设立;二者受到损害后的救济请求权也不同,相邻关系受到侵害后应当提起所有权行使受到妨害之诉,而地役权受到侵害则可以直接提起地役权受损害之诉。如对新能源汽车充电设施等用地面积较小、需多点分布的土地需求问题,可通过设立地役权的方式以简化审批手续、满足用地需求[88]。

土地发展权。土地发展权是用益物权的一种,是指对土地在利用上进行再发展的权利。具体是指在符合土地规划的条件下变更土地使用性质或提高土地利用强度的权利。在我国,土地发展权归属政府,土地使用权人需要向政府进行申请才有变更土地用途的权利。土地用途管制促成了土地发展权的产生,土地发展权的设立有利于土地用途管制的实施,土地发展权的合理配置是国土空间规划的核心内容。

土地抵押权。土地抵押权是指以土地为标的物的担保物权,是指抵押人以其合法拥有的某项土地权利作为履行债务的担保,土地不发生转移,当债务人到期不履行债务时,抵押权人有权处分土地使用权,并优先受到清偿的权利。抵押人如果按规定的方式和期限偿还债务,土地权利则如期回到抵押人手中。

土地租赁权。土地租赁权是指通过契约从土地所有权者或土地使用权者手中获得土地占有权、狭义的土地使用权和部分收益权。土地租赁人不拥有对土地的处分权,承租人对土地的使用条件是依土地出租人的意志而规定的。一般情况下,租赁人不得擅自将自己承租的土地再以任何方式转移出去。

4.4.2 土地制度

4.4.2.1 经济制度与法权制度

随着社会经济的发展,人们对于土地制度的认识也在不断地扩展与深化。土地制度有广义和狭义之分。广义的土地制度指的是与土地所有、土地使用、土地管理以及土地利用技术等一切土地问题有关的制度,主要包括土地所有制度、土地使用制度、土地规划制度、土地保护制度、土地征用制度、土地税收制度和土地管理制度等涉及生产力和生产关系两方面的制度内容。狭义的土地制度是指约束人们土地经济关系的规则的集合,是关于人与人之间围绕土地所有、使用、收益而发生的生产关系制度,反映人与人之间的土地经济关系,是一种社会经济制度。狭义的土地制度包括土地经济制度和土地法权制度(图 4-11)。其中,土地经济制度是人们在一定的社会制度下,在土地利用中形成的土地经济关系的总和,是社会生产关系的重要组成部分,如土地所有制、土地使用制、土地国家管理制等。土地法权制度是指人们在土地利用中所形成的土地经济关系的法律表现。土地经济制度是土地法权制度形成的基础;土地法权制度具有反映、确认、保护、规范和强化土地经济制度的功能。

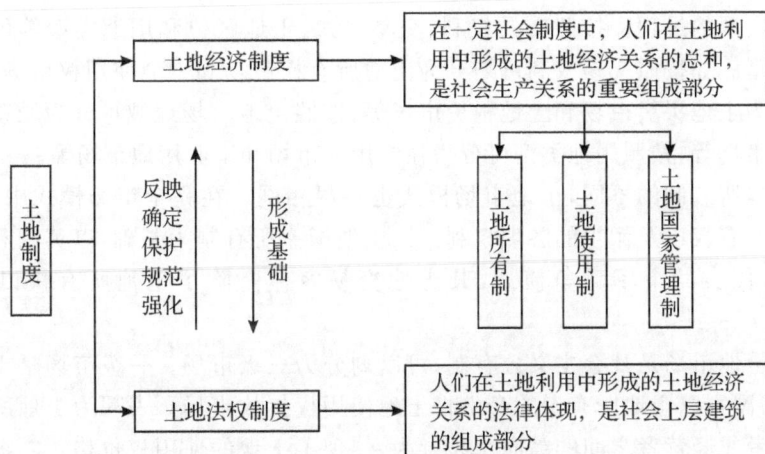

图 4-11　土地制度的狭义构成

图片来源:杨庆媛,2018

4.4.2.2 土地所有制与使用制

土地所有制是土地制度的核心,是土地关系的基础,反映了在一定社会生产方式下,拥有土地的经济形式。土地所有权是土地所有制度的法律表现形式。土地所有权是土地所有者拥有的、得到国家法律保护的排他性的专有权利,可派生出占有权、使用权、收益权及处分权等。土地所有制包括多种表现形式,如土地公有制、土地私有制和土地国家所有制。我国是社会主义国家,实行土地的社会主义公有制,包括全民所有制和集体所有制两种形式。西方国家较常见的土地所有制包括土地私有制和土地国家所有制。

尽管存在部分土地归国家或地方政府所有,但美国和日本等是比较典型的土地私有制国家,英国全部土地在法律上归英王所有,即国家所有,土地实际持有人的产权可分为无条件继承的产业权、限定继承的产业权、终身保有的产业权和限期保有的产业权等四类。前三类属于永久业权(freehold),其权利拥有人可视为实际上的土地所有者;而限期保有的产业权,私人和团体可拥有除了土地所有权以外的使用权、支配权和收益权等权益,是一种租赁业权(leasehold)。

土地使用制是对土地使用的程序、条件、形式等土地使用权属关系的法律规定。土地使用权是土地使用制的核心以及法律表现形式,是依法对土地进行占有、使用并获取部分土地收益的权利。一般而言,土地所有制决定土地使用制,按照土地所有权和使用权相互关系的不同,土地使用制度可分为两权合一制度和两权分离制度。土地使用制度不仅是土地所有制的反映和体现,更是实现和巩固土地所有制的一种形式和手段。

4.4.3 土地市场

所有产权发生转移和交换的关系均可称为市场。狭义的市场是买卖双方进行商品交换的场所。狭义的土地市场是指土地作为商品进行交易的场所。由于土地位置的不可移动性,在市场上交易的并不是土地本身,而是土地的各种权利。因此,土地市场泛指土地交易过程中发生的各种经济关系的总和,是作为权属或资产的土地进入市场流转以及土地价值实现的过程。按照交易权利、交易方式、土地区位和用地类型等可划分为不同的市场类型。如按照交易权利可划分为土地所有权市场和土地使用权市场等;按照交易方式可分为土地买卖市场和土地租赁市场等;按照土地市场地域可分为城镇土地市场和农村土地市场等;按照用地类型可分为住宅用地市场和工业用地市场等。

由于土地所有制的不同,土地市场模式也不尽相同。在完全市场模式中,土地交易客体是土地所有权以及派生的各项权利。以土地国家所有制为基础,以英国和英联邦国家和地区为代表的市场竞争模式,其土地交易客体是除了土地所有权以外的其他权利[91]。

我国的土地市场是社会主义公有制,可以划分为三级市场。一级市场是土地使用权出让市场,即国家以土地所有者的身份将土地使用权投放市场。表现为土地所有者国家与土地使用者或经营者之间的纵向交易行为,体现了土地的使用权价格。二级市场是土地使用权转让市场,即由获得土地使用权的经营者,直接将土地或通过建设商品房从而间接地将土地投入市场流通。表现为土地经营者与土地需求者之间的横向交易,体现了市场供需均衡价格。三级市场即土地使用权转租市场,通过土地使用者的房产交易,土地间接进入市场流通,表现为土地使用者之间的横向交易,体现了以效用为尺度的市场价格。狭义上的土地市场一般局限于一级市场和二级市场,因为在三级市场中土地交易往往依附于房产交易,实际上是房产交易市场。按照土地流转方式,城镇国有土地使用权市场包括土地使用权出让、转让、租赁和抵押市场;农村集体土地使用权市场分为农用地承包经营权流转市场、农村集体建设用地使用权市场和农村集体四荒地使用权市场等。

4.5　土地利用管理

土地国家管理制是国家政权以社会代表的身份,在宏观层面上对全国土地进行管理、监督和调控的制度、机制和手段的集合。土地的国家管理由中央政府和地方政府来实施。国家政权应当保证土地在不同群体之间的管理分配、在不同部门之间的合理配置,通过消除或减少土地利用中的外部性或市场失灵以维持生态环境、实现土地可持续利用。土地国家管理制度的手段主要分为四类:①法律手段,通过制定完备的土地法律法规对土地所有者和使用者以及其他相关人的行为采取强制规范措施;②经济手段,对土地采用有偿使用、征收税费等手段;③行政手段,采取土地登记、土地利用计划等直接管理土地;④技术手段,采用各种先进的技术手段为土地管理提供土地基本信息。其中,土地利用决策是通过土地利用规划或空间规划等手段对土地资源进行配置,如确定土地用途、容积率、建筑密度、绿化率等土地利用条件。那么,土地利用的经济学逻辑是什么?土地利用决策应当如何做出呢?

4.5.1　土地利用的经济学逻辑

4.5.1.1　土地资源功能间的竞争

土地在经济活动中的基本角色和使用的多样性使得土地利用经济相对复杂。分析土地资源经济的系统方法是由 Hueting(1980)提出的功能方法。功能被定义为环境被人类利用的可能用途,具有满足人们需求的能力。功能可以满足人的效用,换句话说,功能可以增加个体效用。但 Hueting 指出,一些关键的环境功能没有被纳入个体效用函数,因为人们并没有意识到这种功能的重要性。因此,这些功能与效用并不完全吻合[90]。传统上土地多种功能可以同时满足,不存在彼此的竞争。但随着人口增加,土地利用冲突和竞争加剧,尤其是在生产功能与生态和文化功能之间。土地的稀缺性导致了功能的竞争。功能的竞争发生在三个维度:空间、数量和质量。土地的功能不是由土地本身决定的,而是由与土地相关的特性和环境资源决定的。只要特定功能没有产生会影响所需环境资源数量和质量的外部性,或并没有在空间上干扰到其他功能,则不存在经济问题。一旦功能间发生竞争,从社会福利角度最好的情况是在不同功能间优化和有效配置土地。不同功能优化配置的决定需要土地利用规划决策者深入了解土地利用经济学的相关知识。

4.5.1.2　经济学在土地利用决策中的角色

如何有效率地配置稀缺资源是经济学的根本问题之一。经济学提供了独特的工具和土地利用研究视角。传统经济学采用事后干预的庇古逻辑和事前干预的科斯逻辑两种方式来解决市场失灵的问题。但什么是经济学引导土地利用保护和开发政策的恰当角色呢?

经济学对政策的贡献可能在于意识到个体决策者和土地使用者决策的角色。强调定量化经济激励是经济学与其他学科不同的地方。土地利用是由个体和群体的选择决定的,这些决定受各种因素影响。经济学对土地利用政策争论的一个主要贡献是意识到激励的重要性。如经济模型会寻找政策或制度激励,然后评价这些激励对个体选择的含义和对土地利用的结果。基于政策或税收对农场、森林和开放空间的激励有据可查。激励视现状——包括法律制度和收入分配等情况而定。受收益和成本影响的激励多由新古典经济学的工具测度,依赖于现存的财产权利配置[98]。

研究和决策的一个主要挑战在于缺乏有效渠道确保科学研究前沿受益于决策和利益相关者。虽然众多研究提供了有益的借鉴,但由于很多发表在期刊文章中,一线的管理者很少阅读,所以无法有效服务于决策。经济学家的土地利用视角受社会福利、均衡、效率等的驱动,可能与决策者和利益相关者不同,从而导致三者观念的冲突。现实决策更多考虑公平、公正、政治可行性以及政治制度操作性,而这些并不是经济学家关注的主要问题。决策者同时面临制度约束和激励系统。因此,即使研究者提出明确的改进建议,这些建议也并不一定会被整合到决策过程中。

4.5.2　土地资源配置的政府干预

土地资源配置是土地利用规划的核心问题[99],其配置的效率与公平对国民经济发展和社会稳定意义重大。目前,通过土地利用规划进行土地资源的配置与管理已成为各国通例。区划和诸多其他城市发展的政策如增长管理等也是城市经济学家关注的核心问题[12]。

4.5.2.1　土地利用管控

国际上已经初步形成了包括区划和增长控制等多种方式在内的土地用途管制类型。区划构成了第一代土地利用控制。1922年美国标准州的区划法案(standard state zoning enabling act)通过,多数州宣称了地方政府的权利。20世纪60年代末70年代初,许多社区抱怨不受控制的郊区增长的后果。沙利文认为区划可用于修正居住和工业土地利用外部性导致的无效率;当土地使用者上缴的税收超过政府提供的公共服务成本时,可产生财政盈余。20世纪80和90年代,第二代土地利用控制-增长管理(growth management programs)用于应对城市蔓延、管理城市增长,保护开敞空间等。

政府部门有权行使区划或其他土地利用控制,通过限制负外部性影响,增加税基,排除特定社会或人口群体,达到促进社区或公众的健康、安全和福利的目标,也认为这些措施会改善环境质量或维持社区质量。如果增长控制确实降低了负外部性或拥堵成本,则这些益处将被资本化到土地价值当中。

诸多研究发现土地利用控制也存在一些问题。首先,土地利用控制会影响控制区内外的土地供给和需求,从而影响住房市场和人口密度。增长控制降低了住房供给,供给减少导致房价提高,也影响社区增长的轨迹。增长控制限定了开发范围,鼓励其他地方蛙跳式开发,促使向相邻城市或控制不严格的乡村迁移。其次,土地利用控制不满足代内公平的标准。代内公平探讨特定政策的社会成本和社会收益。区域上来说,代内公平包括儿童也包括相对于常住居民的新移民的公平。现有土地所有者受益于高的土地价格,但却牺牲了未来消费者的利益。对现有物业的使用者,提高租金只在出售土地或房屋时,现有业主会受益。在此之前,他们面临的是更高的房地产税。另外,土地利用控制影响周边没有控制的城市居民福利。空间公平认为不同城市或区域的业主应该被同等地对待。无法进入受土地利用控制区域的居民会在周边地区居住,从而提高了那里的土地需求和价格,增加了那些住在周边到该地区上班的出行者的交通拥堵成本[7]。因此,土地利用控制有违空间公平。

理论上来说,土地利用控制对土地需求的结果存在不确定性。如增长控制降低了负外部性、创造了良好的设施,或减少了拥堵成本,则该控制提升了地方对土地的需求。如果人们认为区划是武断和无效的,则可能降低人们对土地的需求。但由于限制市场中买者和卖者之间自由的交易,区划降低了房地产市场的效率。这些物业不能再用于提供较高回报率的活动,导致资源使用的次优配置。

4.5.2.2 土地用途管制

在我国,通过土地用途管制的方式确定土地用途分区和使用限制条件,实行土地用途变更许可是空间规划的核心工具。我国原有土地利用规划主要是通过土地用途分区管制的方式干预土地资源配置。如原土地利用总体规划将用地划分为农用地、建设用地、未利用地,实施以耕地保护为核心的农用地转用制度。在土地利用功能分区基础上进行建设用地管制分区,通过允许建设区、有条件建设区、限制建设区、禁止建设区等四区对建设用地进行空间管制。除此之外,原有规划体系中的主体功能区规定优化、重点、限制和禁止开发区四类。《城乡规划法》(2019 修订)第十七条明确规定:城市总体规划、镇总体规划内容包括禁止、限制和适宜建设的地域范围的内容。《城市规划编制办法》在市域城镇体系规划空间管制原则,提出禁建区、限建区、适建区三类范围,并制定各分区差异化管制原则。另外,自然生态空间采取功能分区、用途分区、管控分级等措施。

2019 年国土空间规划将主体功能区规划、土地利用规划、城乡规划等空间规划融合为统一的空间规划体系,统筹布局生态、农业、城镇等功能空间。按照"一级政府、一级事权、一级规划"的基本格局,分国家、省、市、县、乡镇五级,分类建立国土空间规划,包括总体规划、详细规划和相关专项规划三类。逐步建立"多规合一"的规划编制审批体系、实施监督体系、法规政策体系和技术标准体系。初步形成了五级三类四体系的国土空间规划框架。在资源环境承载能力和国土空间开发适宜性评价的基础上,科学有序统筹布局生态、农业、城镇等功能空间,划定生态保护红线、永久基本农田、城镇开发边界等空间管控边界以及各类海域保护线,强化底线约束。

土地用途的多样性表现为土地可用于多种用途,除分区管控外,空间规划针对土地利用类型进行土地用途管控。我国土地用途管控将土地利用划分为不同类型,分别提出使用限制条件等。如《土地利用现状分类》(GB/T 21010—2017)将土地利用类型分为 12 个一级类和 73 个二级类。一级类包括耕地、园地、林地、草地、商服用地、工矿仓储用地、住宅用地、公共管理与公共服务用地、特殊用地、交通运输用地、水域及水利设施用地、其他用地等。《城市用地分类与规划建设用地标准》(GB 50137—2011)包括城乡用地分类、城市建设用地分类两部分,采用三级分类标准,其中城乡用地分 2 大类(建设用地 H、非建设用地 E)、9 中类、14 小类;城市建设用地分 8 大类、35 中类、42 小类。《市县国土空间规划分区与用途分类指南》(2019 试行)将土地利用分为 28 种一级类、102 种二级类、24 种三级类。《国土空间调查、规划、用途管制用地用海分类指南》(2020 试行)采用三级分类体系,划分为 24 种一级类、106 种二级类、39 种三级类。

4.5.3 土地利用规划干预的经济学分析

土地市场中土地资源的价格和数量是经济学家关注的两个重要方面。土地资源可以通过市场实现资源的优化配置,也可以通过土地规划用途分区的政府干预方式实现。以数量为基础的土地资源配置公共干预和以价格为基础的市场干预两者的配置效率是经济学家关注的一个方面。

4.5.3.1 不考虑外部性的配置效率

如图 4-12 所示,假设某地土地市场内一定数量的土地可用于农业和工业两种用途。横坐标的长度为固定的土地面积 S,其上的任意点代表两种竞争性土地用途特定的土地配置方案。纵坐标左边表示农用地的价格 P_a,右边是工业用地的价格 P_m。D_a 和 D_m 分别表示农用地和工业用地的需求曲线。土地资源市场配置的均衡点即两条需求曲线相交处。Z' 所在的位置表示土地利用分区确定的两种用途的土地数量。P_a 和 P_m 分别代表两种用途土地在市场中实现供给与需求平衡时的市场出清价格。P'_a 和 P'_m 分别代表两种用途土地在规划分区后的价格。

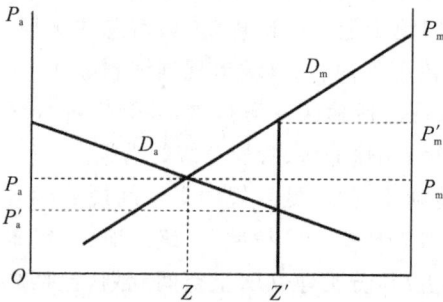

图 4-12 规划分区与市场配置方案
图片来源:臧俊梅等,2005

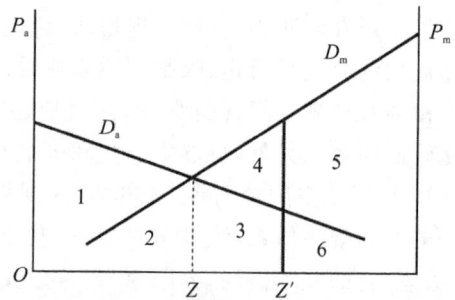

图 4-13 不考虑外部性的规划分区与市场配置效率
图片来源:臧俊梅等,2005

规划分区对土地资源数量进行调控,影响了各种用途土地的数量和市场价格。由于规划用途分区增加了农用地的配置数量,导致农用地价格下降;同时降低了工业用地的数量,导致工业用地价格上升。两种方案配置效率孰优孰劣可通过不同的评价标准进行判断。从经济学的角度,一个常用的标准为土地总经济价值最大化。边际收益的大小可以用边际收益曲线下的面积表示。在不考虑外部性的情况下(图 4-13),市场配置方案中,农用地的土地总价值为 1+2 的部分,工业用地的土地总价值为 3+4+5+6 的部分;分区配置方案中,农用地的土地总价值为 1+2+3 的部分,工业用地的土地总价值为 5+6 的部分。因此,在不考虑外部性的条件下,市场配置优于分区,实现了总经济效益最大化。第 4 部分是土地利用分区方案所造成的土地总价值的损失,被称为无效三角区[99]。

4.5.3.2 外部性条件下的配置效率

土地利用的外部性往往导致市场失灵,土地利用规划是政府干预市场的重要方式。图 4-14 中,D_m^* 是考虑负外部性以后的工业用地边际收益曲线。D_m 与 D_m^* 两条曲线之间的垂直距离体现了负外部性成本。在考虑外部性的情况下,分区配置方案中,农用地的土地总价值为 1+2+E+3' 的部分,工业用地的土地总价值为 5'+6' 的部分。因此,在考虑外部性的条件下,分区配置优于市场,实现经济效益最大化的同时,也实现了社会效益的最大化。第 E 部分是总价值上的收益,是土地利用分区优于市场方案的部分[99]。

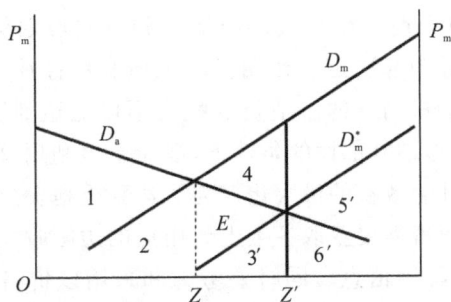

图 4-14　外部性条件下规划分区与市场配置效率
图片来源:臧俊梅等,2005

4.6　小结

本章主要分析了土地的供给和需求,在均衡、非均衡和变异条件下土地价格的实现方式,地租地价、土地制度和土地利用等几方面的问题。首先,土地的自然特性、法律特性与经济特性是理解土地经济的前提。土地供给可分为土地的自然供给和经济供给两种类型,土地自然供给是土地经济供给的物质基础。城市土地经济供给在短期内可能是刚性的,中长期是动态有弹性的。

其次,土地需求是一种引致需求。土地需求者在获得土地时考虑的因素不同。土地市场的供给与需求共同决定土地价格,需求曲线与供给曲线相交的点为价格均衡点。但非均衡的市场会出现超额供给或超额需求,而变异型市场会出现不符合供给或需求规律的均衡价格。

地租是土地使用权的价格,可为绝对地租、级差地租和垄断地租。级差地租又可划分为级差地租Ⅰ和级差地租Ⅱ两种类型。土地价格是指在正常市场条件下,土地在未来一定年期内所能提供的地租收益的折现值。土地总收入是转移收入与经济租金之和,经济租金占要素总收入的比重取决于土地供给的弹性。土地价格受到宏观因素、区域因素和宗地自身条件的影响,可表现为多种形式,如基准地价、标定地价、交易地价等。目前常用的土地价格评估方法有市场比较法、收益还原法、成本法、基准地价修正系数法等。市场比较法考虑现实交易的多种影响因素,但其准确性依赖于比较样本选取的代表性和准确性。收益还原法和成本法仅侧重土地收益或成本等影响因素,对其他影响要素缺乏综合考量,不能全面地反映土地实际价格。基准地价修正系数法考虑较广泛的土地价格影响因素,但指标权重的选择往往较为主观[100]。在传统评估方法的基础上,众多新的评估方法陆续出现,如模型法、回归分析、灰色关联度分析、模糊数学、神经网络等定量方法。

最后,随着对土地功能认识的不断深入,土地逐步被细化为资源、资产和资本三大属性。产权是在判例基础上发展起来的英美财产法中的概念;英美法系并不着力区分土地权利的物权与债权。物权是大陆法系中的概念,物权与债权为欧洲大陆国家财产法的两大支柱。土地产权是以土地作为财产客体的各种权利的总和,包括土地的所有权,以及占有权、使用权、收益权、处分权、租赁权、抵押权、继承权等权能,是一组权利组成的"权利束"。按照交易权利、交易方式、土地区位和用地类型等,土地市场可划分为不同的类型。如何合理有效地利用土地资源是城市经济学和空间规划等学科研究的重要命题。一般而言,市场在资源配置中起决定性作用。但土地利用存在的外部性问题导致"看不见的手"的市场失灵。市场机制下的土地资源配置不可能达到所谓的最优状态,因而土地利用需要政府干预。在考虑外部性的条件下,政府土地利用分区管控在实现经济效益最大化的同时,也实现了社会效益的最大化。为了达到土地资源的社会效益最大化的最优配置目标,规划师与决策者需要获取各类土地用途的边际收益曲线以及由于外部性导致需求曲线产生的垂直位移等信息。同时要考虑和采用以价格为基础的土地利用公共干预方式来实现土地资源的最优配置。

5　城市住房

以契约和财产为视角的分析揭示了住房的经济含义。英国政治哲学家霍布斯（Thomas Hobbes）的《利维坦》（*Leviathan*）是早期关于社会契约的论著[101]。其认为个人自由是现代政治秩序理论的起点和终点。其中权力被交给绝对的主权者，以换取某种形式的保护。英国哲学家洛克（John Locke）在《政府论》（*Two Treatises of Government*）中重点关注自然权利和契约理论[102]。关于财产，洛克认为公民社会是为保护生命、自由和财产等而创建的。对财产的保护服务于其组成成员的私人和非政治利益。因此财产可以早于政府存在。基于立法和道德等动机设定契约进行财产保护对经济也很重要。边沁（Jeremy Bentham,1789）认为，当人们的动机是获得更多的效用、满足感或今天人们认为的"幸福"时，道德和立法的原则是功利主义的。因此，边沁对财产的社会动机和意图提出了新的法律思考，在这种情况下，更多的财产所有权可以被视为带来更大的快乐或幸福[3]。

住房不仅具有经济含义，而且具有社会意义。住房提供了庇护所和生产生活的空间环境，是消费者购买的最重要的商品之一，也是一种很好的投资品。因此，对住房的分析应考虑其作为社会商品、消费品以及投资品的多面性，即住房可以确保需求得到满足，住房让人们通过购买和居住来获得满足感，购买住房以换取某种形式的财务回报——例如租金收入或资产增长。另外，住房不仅是生产生活的基础，而且是政府征税或补贴的重要商品。由于住房市场中的正或负的外部性可能导致住房市场失灵，需要广泛的政府干预。

本章将应用经济学市场供给与需求原理，分析作为消费品和投资品等住房供需的特性和影响因素，并探讨在均衡、非均衡和变异条件下住房价格的实现方式；探讨城市居民住宅选择的区位均衡，讨论住宅物业和资本市场相互影响的住房传导机制，并将租金控制置于住房负担能力的背景下研究住房的政府干预。

5.1　住房需求

5.1.1　住房需求及影响因素

任何人都需要住房。根据马斯洛（Maslow,1943）的需求层次理论，只有人们满足了基本的物质需要，才会有更高层次的社会需要，如安全、爱和自我价值的实现。住房是人类最基本的物质需要之一，其昂贵性、耐久性、异质性和固定性等特征使其有别于其他商品。

与住房的"需要"不同,对住房的需求是经济学家所说的"有效需求",即有资金支持的消费或投资需求。住房需求是在特定时间、一定价格水平下人们愿意而且能够购买的住房商品数量。住房需求曲线(图5-1)是住房需求数量和住房价格之间的相互关系的曲线。住房需求曲线一般是向下倾斜的,斜率为负,即住房需求量与房价呈现反比变动。当房价上涨,住房需求量减少;房价下降,住房需求量增加。

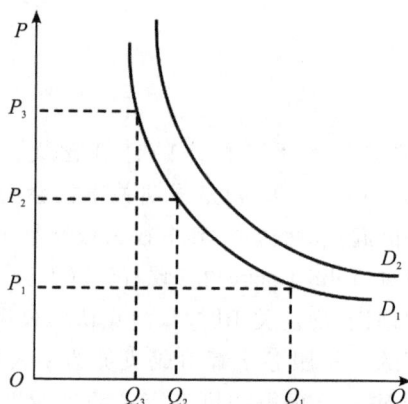

图 5-1 住房需求曲线

需求量的变动是当房价变动而其他因素不发生变动时,住房需求量沿着需求曲线的移动,如价格由 P_1 提高到 P_3,需求量由 Q_1 减少到 Q_3;而当除了住房价格之外的其他因素发生变化时,需求曲线会发生平移或旋转,如需求曲线从 D_1 向 D_2 移动。诸多因素影响住房需求,如住房价格、收入、其他商品价格、人口数量和结构、生活质量、人们对未来的预期、利息率等。例如,根据生命周期假说,不同年龄的人群对住房需求不同,住房需求的增加来源于移民和本地住户等。

5.1.2 住房需求弹性

住房需求弹性一般包括住房需求价格弹性、住房需求收入弹性和住房需求交叉弹性。根据相关研究,我国目前总体的住房需求价格弹性在 $0.5 \sim 0.6$,我国的居民住房消费仍以刚性需求为主[103,104,105]。

就住房需求收入弹性而言,一般家庭收入与住房需求正相关,即家庭收入水平增加则住房需求也会相应增加。一般来说,住房收入弹性的大小与家庭收入的高低有较大的关系。当家庭收入处在较低水平时,住房需求主要是一种生存需求,此时人们对住房没有额外的需求,这时住房需求收入弹性小于1;而当家庭收入水平较高时,住房除了满足生存需求外,还会扩展至享受需求甚至发展需求,这时住房需求收入弹性可能会大于1。同时租房者的收入弹性会低于购房者的收入弹性,当租房者的收入显著增加时,对住房消费的冲动会明显小于购房者。根据相关研究,我国总住房收入弹性在 1.1 左右,不同省份之间的收入弹性相差较大[103,104]。

就住房需求交叉弹性而言,由于住房这种特殊商品满足的是人们的基本生存需要,没有什么商品可以替代住房的独特作用,同时由于住房的昂贵性,日常生活中其他商品或服务的价格变动只会对其产生可以忽略不计的调节作用,即其他商品和服务对住房需求的交叉弹性近似于零。如将住房视为商品大类,其可以分为不同品种的住房,即普通住房、高档住房和低收入住房等,这些住房之间存在一定的可替代性,其需求交叉弹性必然不等于零。另外最具实质意义的需求交叉弹性是出售住房与出租住房需求之间的交叉弹性。当市场上住房的租金较低时,人们倾向于租房而不是购买住房,即过低的房租会抑制商品房的购买意愿,此时租金在低水平下的变动对出售住房的需求促动不大,处于缺乏弹性的状态。而当租金较高,即租金与售价处在某种平衡状态时,租金提高会促使居民购买住房,处于弹性状态。

5.2　住房供给

5.2.1　住房存量与住房服务

住房存量(housing stock)指特定时间点上有形的住房实物资产数量;住房服务(housing services)是一定区位内由住房建筑的各种属性所构成的特定质量给住房消费者带来的效用或满足。住房存量不提供效用,只有住房服务提供效用。但住房存量是住房服务的基础。基于该分类,住房市场存在住房存量市场和住房服务市场。对住房存量和住房服务两种市场的需求要区别对待。住房存量的需求者可能是投资者也可能是自住者,而住房服务的需求者是消费者,包括自住者和租户。

住房价格存在两个概念,住房存量价格和住房服务价格,分别针对住房存量和流量两种市场。住房存量价格是住宅支付的平均金额,即住房的购买价格。住房服务价格是很难测度的。两种方法可用来测度住房服务价格或解释住房存量价格:重复销售价格指数和享乐回归方法/特征价格模型。

5.2.2　住房供给及影响因素

住房供给是指生产者愿意而且能够提供的住宅的数量。住房供给曲线是住房供给量与住房价格之间的相互关系的曲线。住房供给曲线上的每一个点都是住房开发商或是拥有者愿意并且能够提供的住房数量与价格的组合,也是在一定时期内市场向住房投资者和住房消费者提供其所需的住房存量与住房服务流量的过程,包含了存量的供给和流量的供给。其中存量供给是指增加住房存量的数量,是一种显性的供给方式;流量供给是指使住房在质量上或数量上得到提升,是一种隐性的供给方式。

从宏观上看,城市经济发展水平、金融货币政策、技术水平等是影响住房价格的重要因素。政府行为、公共政策(土地使用政策、住房政策、税收政策)和立法等也是影响住房供给的重要因素。如 Glaeser[2] 认为土地使用规定而不是建筑成本或土地密度,解释了空间中住房供应的大部分差异。税收和补贴等政府行为可能会导致供给价格和供给量发生变化;政府的直接立法也可以限制或释放市场供应,其形式可以是关于建筑、规划、健康和安全的法律法规。

从长期供给趋势来看,住房供给一般受到住房价格、土地价格、建造成本、未开发土地供给等的影响。另外,对未来价格(或经济前景)的预期会影响生产商当前的供应意愿。如果开发商预计未来价格会上涨,他们可能会从市场上扣留他们最近建造的部分库存。

多种因素将导致住房供给量和供给的变动(表5-1),这些变化可以绘制在包含价格 P、数量 Q 和供给变量的图上(图5-2)。沿着水平轴,向右移动代表了每个价格下供应量的增加。例如,技术先进的预制房屋生产将降低生产成本,从而提供更多的商品或服务,导致住房供应量增加,供给曲线向右移动。在价格 P 下,供给量从 Q 增加到 Q_1。反之,如果生产成本上升,供应量将在每个价格下减少,相关的供应曲线将向左移动。

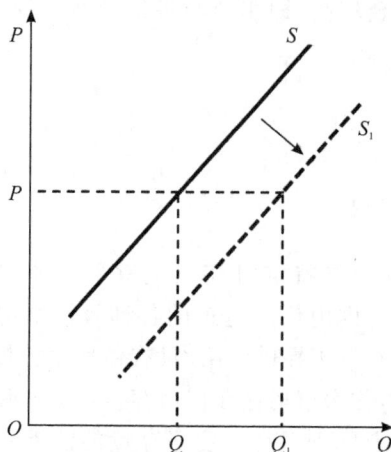

图5-2 住房供给曲线的移动

表5-1 住房供给影响因素及其影响路径

指标	影响路径基本分析
GDP	国内生产总值较高意味着整个宏观经济环境比较好,能够增强投资者和开发商的信心;国内生产总值水平可能会使得房地产建筑成本上升或下降,影响住房供给增量
CPI	物价水平上涨会使大多数商品的价格也相应上涨,造成住房生产成本的上升
货币供应量	当实体经济比较稳定时,货币供应量的变化会影响房地产企业资金获取能力
利率	短期利率提高会增加开发商的资金压力,从而使其降价销售;长期利率提高会增加借贷资金成本,住房供给可能减少
汇率	人民币升值会降低进口建筑材料价格,促进住房供给
贷款价值比	指贷款金额和抵押品价值的比例,反映风险预期,从而改变住房供给规模
债券收益率	投资替代效应
政策因素	土地政策、税收政策、金融政策等
空置率	与新增供给形成竞争
建造周期	建造周期越长,短期住房供给能力越弱
技术进步	影响住房建设成本和开发速度,从而导致住房供给量变化
住房供给和价格的上期水平	住房供给上期水平会影响住房存量,住房价格上期水平对当期住房价格的影响主要是由于对市场未来的预期
住房价格	根据经济学理论,住房价格与住房供给成正比
土地成本	土地成本是住房开发成本构成的主要部分,成本上升抑制住房供给
建安税费成本	建安税费成本是住房开发成本构成的主要部分,成本上升抑制住房供给

5.2.3 住房供给体系

住房供给体系是指住房供给的系统结构,包括住房供给来源、住房供给对象、住房供给机制和住房供给的方式方法等。

5.2.3.1 住房供给主体与供给方式

住房供给由不同供给者以一定的价格和数量提供。住房供给来源于三类经济主体:新建住房的开发商(最大化利润)、现有出租或出售房屋的个人和公司(最大化收入或效用)以及公共机构如地方政府[7]。从住房供给市场的角度来看,提供给住房投资者或消费者的住房供给量主要由住房存量和住房增量两部分构成:住房存量是指在这个时期之前已经建成,能够提供住房服务的基本单元;住房增量则是指在这个时期之内新开发建设的住房基本单元,扣除拆迁和折旧等原因导致的损失后的数量。

一般来说,住房供给的方式主要包括住房生产、住房改进与住房维护三种途径。住房生产是指通过新建、改建或扩建等手段增加住房存量的过程,其中住房新建是市场中最常见、最主要的形式。住房改进则是指通过对住房进行结构和平面的改造、场地的整治、环境的美化、设备的添置以及室内外装饰装修标准的提高等手段以增加住宅服务流量的过程,住房改进仅仅是提高了住房供给流量的质量,并未发生数量的变化。住房维护则是指对住房采取不涉及面积和基本结构变化的修缮、装修以及设备更新和清理等使得住房流量得以持续的过程。

5.2.3.2 住房供给机制

住房供给体系的类型取决于国家经济体制,主要可以分为市场供给型、计划供给型、市场供给和政府干预相结合型[106]。市场供给型是以土地私有制为基础,主要通过市场化方式提供住房,即开发商获取私人土地用以开发和建设商品性住房,消费者根据自身的购买能力,在市场上选购合适的住房。这种供给方式的优点在于有利于提高住房供给效率,而缺点在于难以解决低收入群体尤其是弱势群体的住房需求。计划供给型则是将住房视为社会福利事业,由政府向居民提供免费或低价的住房。而市场供给与政府干预相结合型的供给机制则是一种以市场供给住房为主,同时通过政府干预向低收入者提供廉价住房的供给方式,兼顾了住房的商品属性和福利属性。

5.2.3.3 我国住房供给体系

自新中国成立以来,我国住房供应体系建设从单一由政府承担的供应机制发展到依赖市场机制的供应,并进一步发展为市场调节和政府干预并存的"双轨制"。具体可以划分为三个发展阶段,分别是低租金的福利分房制度、商品房供给制度、商品住房与公共住房供给制度。

新中国成立之后,我国实行传统计划经济体制下的福利分房制度。住房由政府和单位共同投资建设,并作为福利品分配给单位职工和家庭使用,仅收取低廉的租金以维持房屋的维修和维护,居民仅拥有住房的使用权。这种完全依赖政府和单位投入的住房供应体系建立起了一个不分层的全覆盖住房保障体系[107]。

随着改革开放的实施,我国开始逐步实行住房制度改革,改变原有政府投资的单一住房供给模式,允许企业自行投资建房,并提高住房的租金。20世纪90年代中期,我国政府在全国范围内实行了住房出售制度,将原来分配给职工的住房通过工龄补贴、折旧的措施出售给原有的租住家庭,使得大量居民拥有了房屋的产权[108]。

1998年7月国务院发布《关于进一步深化城镇住房制度改革加快住房建设的通知》,正式废除了住房实物分配制度,实行了住房分配货币化和房地产市场化改革。自此商品房市场快速发展并促使建筑业和房地产业成为国民经济支柱产业之一。

自2007年后,国务院明确将保障性住房纳入政府公共服务的职责范围,要求各级政府把保障性住房建设作为工作的中心,保障性住房建设进入快速发展阶段。目前我国已经形成了对不同收入家庭实施不同住房供应政策的多元住房供应体系[108,109]。住房分类供应体系的建立和实施完善了我国的现行住房供给体系,如图5-3所示。

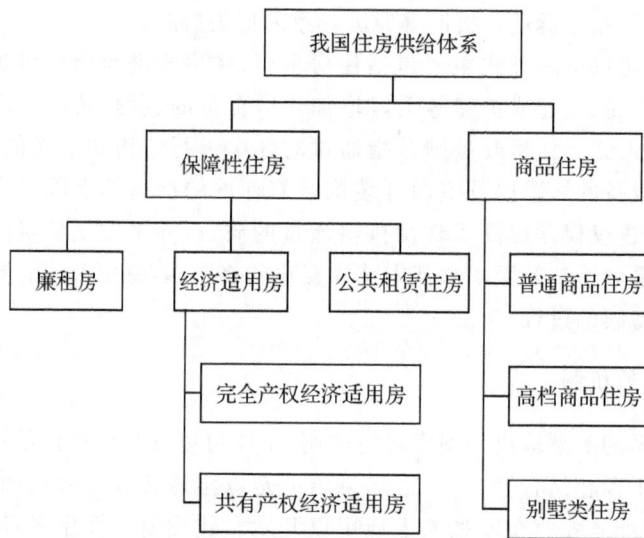

图5-3　我国住房供给体系

图片来源:马光红等,2017

5.2.4　住房供给弹性

5.2.4.1　住房供给的价格弹性

住房供给价格弹性是指住房价格变动百分比的变化导致住房供给量变动的百分比,衡量的是住房供给量对住房价格变动的反应程度。住房供给弹性越大,住房供给量对价格变化的反应程度越大。本章所讨论的是供给曲线斜率都为正的情况,即价格提高导致供给量增加。由于供给量和价格同方向变动,所以这样的供给曲线弹性都为正值。这里要注意的是,即使在一条斜率相同的供给曲线上,供给弹性在不同位置也可能是不同的。图5-4显示了线性供给曲线弹性测度的例子。A 和 B 两点之间的弹性可表示为:

$$E_{AB} = \frac{\dfrac{Q_B - Q_A}{\overline{Q}}}{\dfrac{P_B - P_A}{\overline{P}}} = \frac{\dfrac{\Delta Q}{\overline{Q}}}{\dfrac{\Delta P}{\overline{P}}} = \frac{\Delta Q}{\Delta P} \cdot \frac{\overline{P}}{\overline{Q}}$$

经济学家使用三个指标作为价格弹性的参考点。①当供给价格弹性小于 1 时,供给被称为"缺乏弹性"。例如,如果价格上涨 10％ 导致供给量增加 1％,则供给价格弹性为 0.1。这是一个非常小的回应。②当价格弹性数值大于 1 时,称为"富有弹性"。例如,如果价格上涨 10％ 导致供给量增加 30％,则供给价格弹性为 3。价格的微小变化会引起供给的较大反应。③单位弹性描述了价格百分比变化导致供给百分比变化相同的情况。这将始终产生 1 的系数值。

可以通过绘图的方式提高对供给弹性的理解。如图 5-5 所示,如果供给曲线垂直于 x 轴,则意味着价格的变化将对所提供的商品或服务的数量不产生影响,供给弹性为零。如果供给曲线平行于 x 轴,供给弹性无穷大。介于供给无弹性(inelastic)和完全弹性(elastic)之间的供给曲线的弹性随着供给曲线的形状而变化。缺乏弹性更接近于垂直直线,富有弹性更接近于水平直线。价格以与供应量几乎一致的速度变化的供给曲线的弹性称为正常弹性(normal)。正常弹性供应的商品和服务如基本消费品。作为商品的住房是缺乏供给弹性的典型例子。理论上,无论价格如何变化,地球上特定位置可投放市场的土地供给将是一定的,因为没有其他可替代的土地供给[3]。

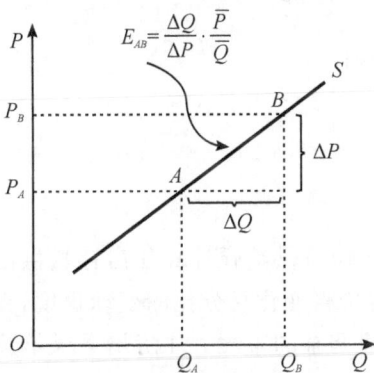

图 5-4 供给的价格弹性

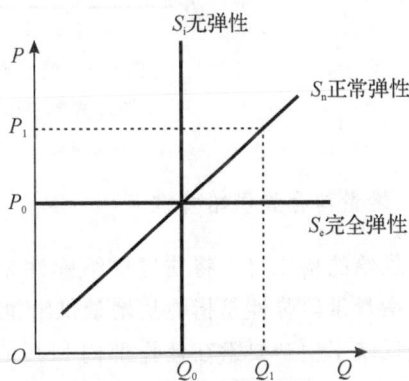

图 5-5 代表性的供给弹性

图片来源:Squires,2022

5.2.4.2 长期与短期供给弹性

对于房地产实体开发项目,通常会谈论短期和长期供给。基于时间的划分可以将住房供给弹性划分为长期住房供给弹性和短期住房供给弹性。短期的定义是全面的价格调整尚未发生的时间段。长期是企业能够完全适应价格变化的时间段。

供给缺乏弹性的这一特征在房地产市场尤为明显。因为土地不可能移动且供给没有弹性,除非付出巨大的工程努力——例如开发人造岛屿。再者,任何实体开发商品或服务的供给增加都需要时间,房地产开发商需要数月或数年才能向市场供应新建房屋。住房供给对价格的反应存在时滞性,短期内无法迅速调整房地产供应。在短期内,不动产价格变动往往不会影响供给,住房供给变动总会滞后于住房需求的变动,房价是由需求决定的。因此,短期内住房开发市场的供给是缺乏弹性的[7]。正是这种相对于需求的缺乏弹性的供应导致房地产市场不稳定并以价格波动为特征。

图 5-6 显示,在短期内,建筑物的供给或者基础设施是固定的,对于价格的任何百分

比变化,供应量保持不变或缺乏弹性。因此,短期住房供给缺乏弹性(S_S)。从中、长期来看,现有的土地可随着土地的开发和房地产的建设改变用途和性质[3]。开发商会根据市场情况的变化新增住房供给,住房供给量会随着住房价格的变动发生调整;时间越长时,供给弹性越大。因此,中期、长期住房供给更加富有弹性(S_M、S_L)。有些学者将半年以内的住房弹性视为短期弹性,而一年以上的弹性则视为中长期弹性[110,111]。相关研究表明,我国住房存量供给弹性总体在 0.4 左右,流量供给弹性总体在 1.2 左右[110]。

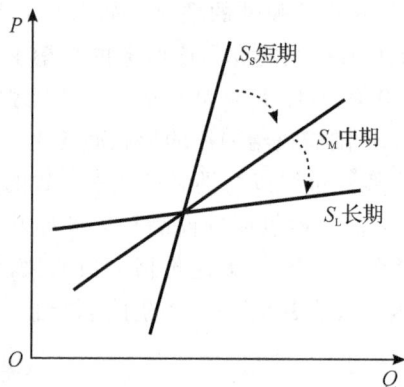

图 5-6　短期与长期供给弹性

图片来源:Squires,2022

5.2.4.3　增量与存量供给弹性

基于供给的构成可以将住房供给弹性划分为住房增量供给弹性和住房存量供给弹性。住房增量供给弹性是指住房增量供给量随着住房价格变化百分比的变动程度,在一定程度上反映了生产要素在建设部门和其他部门之间调整的难度。住房增量供给弹性越大,价格变动会使得生产要素更多流入房地产领域。相应地,住房存量供给弹性反映的是住房存量供给对价格变动的敏感程度。基于住房存量的概念可以进一步细分为住房广义存量供给弹性和狭义存量供给弹性。广义存量供给弹性衡量的是某一时点上住房数量累积的总和,包括了狭义住房存量和增量住房,而狭义存量供给弹性衡量的是在某一段时间内已经交易完成或自建的进入使用阶段的住房,一般是指二手房。

5.3　住房市场供需均衡

供给需求及其变化在市场价格形成中起重要作用,是经济学分析供需均衡问题的重要方式。特别是当非价格决定因素发生变化时,将改变价格和数量,从而改变需求和供给曲线,进而影响均衡价格。通过稀缺的房产来满足住房需要和需求可能会产生环境和社会方面的资源分配问题,尤其是供需的不均衡。不均衡可以分为:①静态不均衡,如在特定时间,经济体住房供给数量不足以满足家庭住房需求的问题;②动态不均衡,即供需赤字或盈余随着时间的推移而发生变化;③空间不均衡,即特定地方的住房短缺或过剩;④质量不均衡,即没有达到社会可接受的生活标准或质量——例如具有可接受的大小、条件以及特定便利设施。本部分将关注静态和动态的不均衡问题,探讨静态供求价格模型和动态供求价格模型。

5.3.1　静态供需均衡

5.3.1.1　供需均衡及影响因素

依据古典经济学的供需均衡理论,完全竞争的市场均衡会在市场需求量与市场供给量相等时出现,此时需求曲线与供给曲线相交的点即为均衡点,均衡点上的价格和商品数量即为均衡价格和均衡数量。从理论上来说,当住房市场的需求量与供给量相等时,住房市场呈现均衡状态。静态供求价格模型认为均衡价格是供求双方在竞争过程中自发形成的,在市场机制的作用下,由房价的短期波动所引起的供求不均衡都会最终消失,即恢复至最初的市场均衡状态。这是一种完全理想化的市场状态,但是可以为我们提供一个研究住房市场均衡的视角。

静态供求价格模型假定住房的需求函数和供给函数都是一次函数,模型设定具体如下:

$$\begin{cases} Q_D = a - bP \\ Q_S = c + dP \\ Q_D = Q_S \end{cases}$$

其中,Q_D、Q_S 分别是住房的需求量和供给量,P 为住房价格。b、$d > 0$,表明当住房价格上升时,住房需求下降而住房供给增加。$Q_D = Q_S$ 则表明在市场均衡状态下住房供需量相等。由此可以得到住房市场的静态均衡价格,即

$$P^* = \frac{a-c}{b+d}$$

同时也可以得到住房市场的静态均衡供求量,即 $Q^* = \dfrac{ad+bc}{b+d}$。

从图 5-7 中可以看到,需求曲线 D 代表的是住房市场的需求状况。图中 S_L 表现为住房市场的长期供给曲线,与需求曲线相交于 E 点,长期均衡价格为 P_0,均衡数量为 Q_0。在长期均衡中,短期供给曲线 S_S 与中期供给曲线 S_M 都会相交于 E 点,并具有同样的均衡价格与均衡数量。

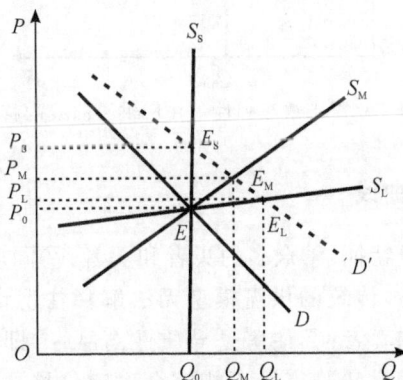

图 5-7　住房市场静态供求价格模型

影响住房供给与需求的非价格因素会使供需曲线发生移动,如消费者收入增加、生产技术的进步、生产要素价格的变化等。假设在短期内消费者的收入普遍提高,由于住宅的需求收入弹性为正,需求曲线会从 D 向右上方移动到 D'。曲线移动的幅度取决于收入提高的水平以及收入弹性的大小。一般而言,低价格下的需求量增加会高于高价格下的需求量增加,即移动后的需求曲线更平缓。当消费者收入增加时,在短期内由于供给曲线处于完全非弹性状态,短期均衡价格会上升至 P_S;房价的高涨会刺激住房供给侧投入更多的资源以增加住房服务数量。随着市场上住房数量从 Q_0 依次增长至 Q_M 和 Q_L,市场均衡价格会逐步降低至 P_M 和 P_L,最终长期市场均衡发生在 E_L 点上,均衡价格和均衡数量变化至 P_L 和 Q_L。在收入变动的情况下,住房价格最终变动的规模取决于收入的增长规模、需求与供给的弹性以及家庭的预期等。

住房的未来价值是复杂的,因为它是一种可用于购买和出售的消费品、一种作为人类基本需求的社会产品和一种影响财务状况的投资品。因此,对住房均衡价格的影响因素众多。这里分析一个需求缺乏弹性下技术进步导致供给曲线移动的例子(图 5-8)。假设对新建筑的需求量保持不变。某地住房市场的初始均衡是价格 P_0 和数量 Q_0。就市场而言,与旧的技术方法相比,技术水平的提高使在所有价格点上可能建造更多的房屋(不一定实际供应)。将技术先进的住房产品投放市场的成本更低。这时供给曲线向右移动,从原始时间点(P_0 和 Q_0)产生一个新的平衡点(P_1 和 Q_0)。在住房需求缺乏弹性和由于技术进步导致住房供应发生变化的情况下,住房建筑成本降低,住房市场价格大幅下降,从而导致市场上住房供给者收入和利润减少(收入从 P_0Q_0 变为 P_1Q_0)[3]。因此,技术进步这个非价格决定因素增加了供应潜力。这在市场上表现为整体市场供给曲线的移动。

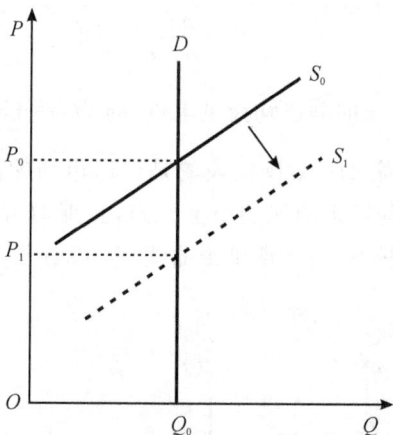

图 5-8 需求缺乏弹性下住房供给曲线的移动

5.3.1.2 加粗的供给需求曲线

有效率的市场具备三个特征:①众多的买者和卖者;②同质商品;③对商品质量的完备信息。因此一些学者认为,传统的供需模型无法解释住房市场。因为:①特定时期和特定市场只有有限的买者和卖者;②住房是异质性商品;③即使是卖者也不总是意识到房屋存在的隐患。无效市场意味着市场不能完全决定价格。买卖双方心理、寻找策略、买者和卖者的谈判能力等都非常重要。为降低搜索成本,卖者雇佣中介,中介可帮助决定价,因为他们有众多可比销售案例价格的信息。

即使可能存在以上市场无效率,经济学家仍然可用供给-需求来解释价格的波动。一种方式是采用加粗的供给需求曲线(图 5-9)。住房价格是一系列价格的分布,分布均值代表特定住房的均衡价格。在每一个数量上有一个可能的价格分布。分布的中点是物业的评估价格,边缘是可能的出售价格,取决于买者和卖者的谈判技能[7]。

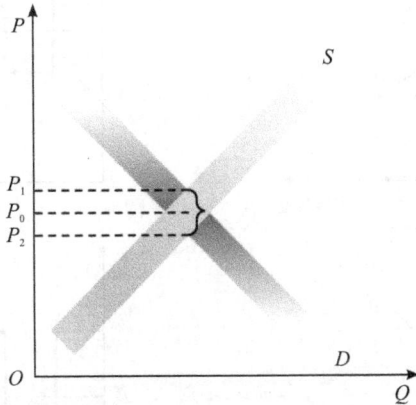

图 5-9　加粗的住房供给需求曲线

图片来源:Edwards,2007

5.3.2　动态供需均衡

5.3.2.1　蛛网模型

蛛网模型是将时间因素纳入住房市场均衡分析中,并运用弹性原理解释住房这一生产周期较长的商品在失去均衡时发生的不同波动情况的一种动态分析理论。蛛网模型的前提假设条件包括:①住房市场是一个完全自由竞争市场;②住房供给存在较长的滞后期;③住房市场信息不对称,供给者缺乏对住房价格的预见能力;④需求变动取决于当前的价格;⑤市场出清。由于住房的生产需要一个较长的周期,若将住房的需求 D、供给 S 以及价格 P 都看作是时间 t 的函数,t 为整数离散值,那么动态供求价格模型即蛛网模型可以表示为

$$\begin{cases} D_t = a + bP_t \\ S_t = c + dP_{t-1} \\ D_t = S_t \end{cases}$$

其中,D_t 表明当期需求依赖于当期价格,S_t 表明当期供给取决于上一期的价格,即住房供给量滞后于价格一个周期。

当住宅需求价格弹性大于供给弹性,即 $|b| > |d|$ 时,住房价格会逐渐趋向稳定,并最终达到均衡价格水平,市场呈现出收敛的趋势,如图 5-10 所示;当 $|b| = |d|$ 时,此时每期的住房价格是循环往复波动的,呈现出封闭的趋势;当 $|b| < |d|$ 时,此时每期住房价格会偏离均衡价格 P_e,市场呈现出发散的趋势。对于住房市场来说,如果住房的供给弹性小于需求弹性,则属于收敛型蛛网模型,市场在供需弹性的平衡和拉动作用下会自发回归

于平衡状态;而如果住房的供给弹性大于需求弹性,则属于发散型蛛网模型,此时市场在资源配置方面是失效的,需要依靠政府的政策干预使市场恢复平衡状态[111]。

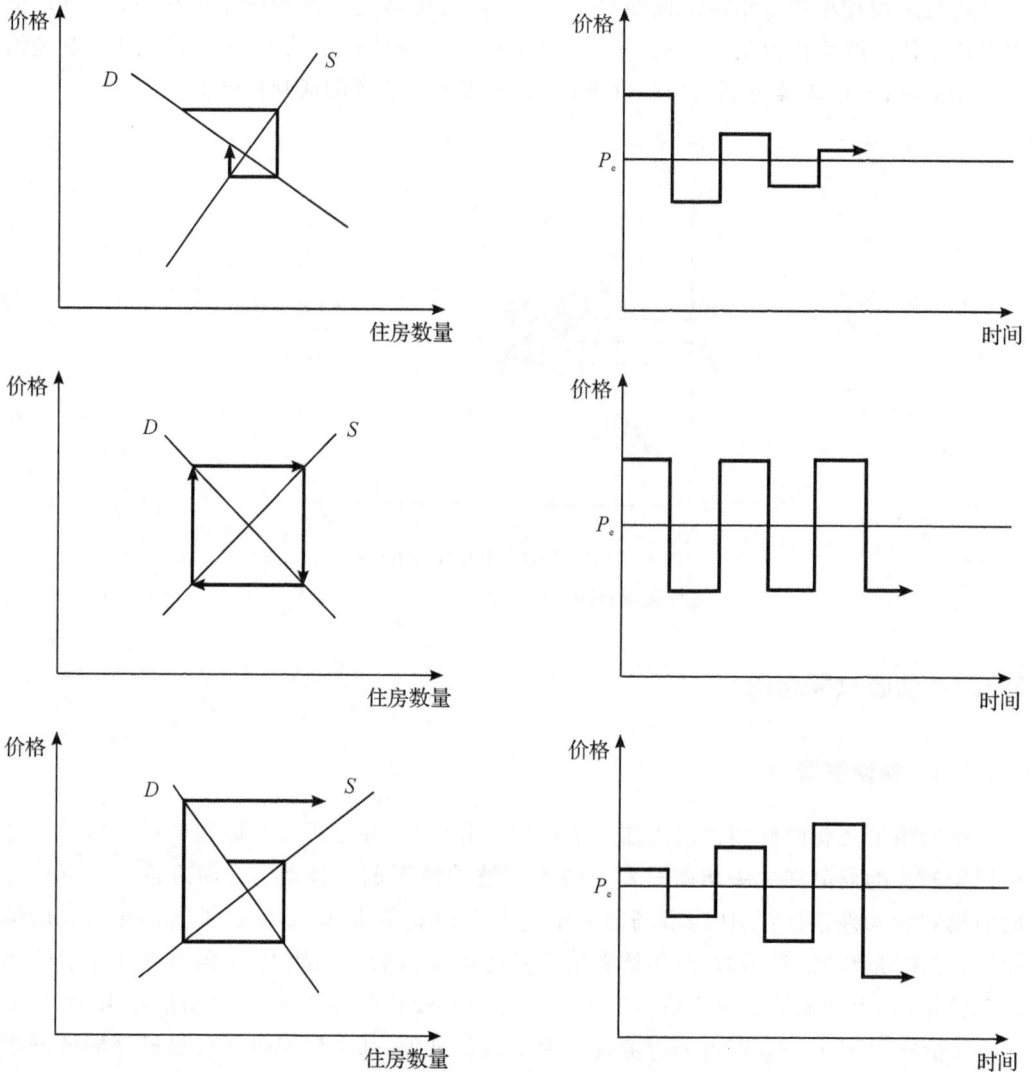

图 5-10　收敛型蛛网、封闭型蛛网、发散型蛛网

图片来源:刘圣欢,2011

5.3.2.2　四象限模型

　　四象限模型是由美国学者迪帕斯奎尔和惠顿(Denise DiPasquale 和 William C. Wheaton)于 1996 年提出的,该模型是一个从动态视角分析住房市场供需长期均衡过程和机制的经典模型[112]。模型研究住房存量市场和住房服务市场的动态均衡,也可称为住房市场的传导机制。

　　四象限模型将住房市场划分为物业市场和资产市场,其中住房物业市场是指为了自用而承租或者购置住房的市场,住房资产市场则是指为了投资进行买卖交易的市场(图

5-11)。在划分住房市场的基础上,选取住房存量、租金水平、房地产价格和新开发建设量四个变量作为坐标的四个方向。通过对住房资产市场和物业市场相互作用过程的解剖,能够全面分析住房市场达到均衡的过程。

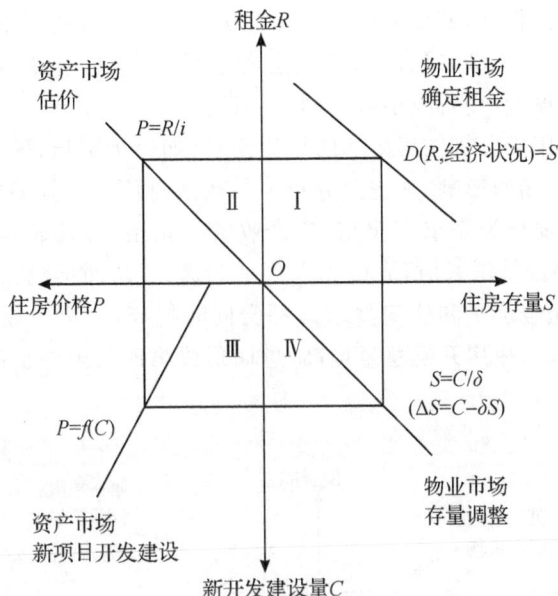

图 5-11　四象限模型

图片来源:周伟林等,2012

　　第一象限是四象限模型分析的起点,代表的是物业市场,其中横坐标为住房存量,纵坐标为租金水平,斜线 D 表示物业需求曲线,即物业需求是租金 R 和经济状况的函数,而物业市场的供给量是由住宅存量所决定的,物业市场的供给与需求共同决定了均衡的租金水平,即 D(R,经济状况)$=S$。在其他条件不变的情况下,给定一定的住房存量水平,通过需求曲线可以确定均衡条件下的租金水平。

　　第二象限代表的是资产市场的一部分,其中横坐标为住房价格,纵坐标为租金水平,给定一条通过原点的射线表示住房价格和租金水平的关系,射线的斜率为租金和价格的比值,代表住房的资本化率 i。根据第一象限确定的租金水平利用资本化率可以计算住房价格,即 $P=R/i$。

　　第三象限也是住房资产市场,两坐标轴分别代表住房价格和新开发建设量,设定一条不经过原点的射线 $f(C)$ 代表住房的重置成本,射线与横坐标的交点位于原点左侧,代表了开发建设的最低成本,即固定成本。当给定一定的住房价格时,会得到一个市场均衡条件下的开发建设量。

　　第四象限是物业市场,其中横坐标表示住房存量,纵坐标表示新开发建设量,表示了住房流量和住房存量之间的转换关系。在某一给定时期内,存量变化 ΔS 等于新建住宅量 C 减去存量房屋的折旧损失,即 $\Delta S=C-\delta S$,其中 δ 表示存量房屋的折旧率。当市场处于均衡时,住房存量将保持稳定,不发生变化,这时 $S=C/\delta$,得到一条从原点出发的射线。

四象限模型描述了住房资产市场和物业市场的长期均衡，而对模型的分析一般按照逆时针顺序对各个象限进行解释，从住房的某个确定存量值出发，在物业市场确定了租金水平，然后通过资产市场的资本化率转换成住房资产价格，并形成了新的开发建设量，最终转化为新的住房存量水平。当初始存量与最终存量相同时，住房市场达到了均衡水平。综合上述分析可以得知，四象限模型会在住房增量为 0 时达到市场均衡。当住房增量发生变化时，住房物业市场和资产市场就会发生联动变化，通过租金水平和房价水平的变化调整新开发建设量，使得模型最终回归均衡。

四象限模型可以用于分析住房市场的外生变量（如经济增长、税收优惠政策、空间规划等）的变化对住房市场的影响，并进而分析公共政策对住房市场的影响[113]。外生变量对住房市场的影响主要分为需求变化型、资产收益变化型、开发成本变化型。需求变化型如图 5-12 所示。当经济增长时，居民收入水平会提高，从而推动第一象限的需求曲线向右上方平移，此时租金水平和住房需求量都会同时提高，而第二象限的住房价格相应会上升，导致第三象限的住房开发总量提高，进而形成第四象限中更高的住房存量，直到形成新的均衡状态。

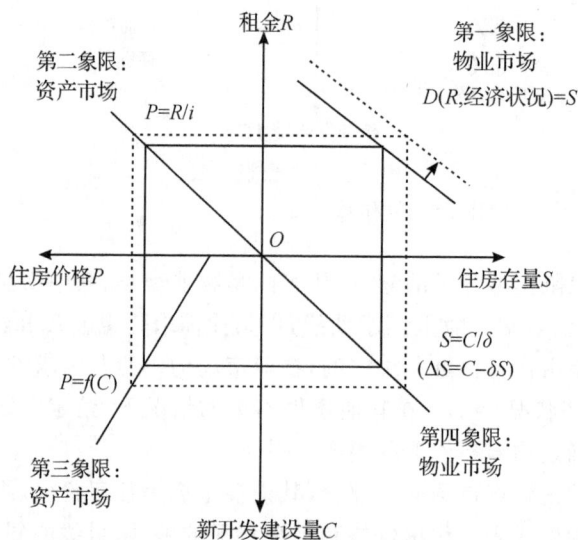

图 5-12　需求变化型引起的扩散式发展

图片来源：钱瑛瑛 & 唐代中，2015

资产收益变化型如图 5-13 所示。当政府制定一系列如税收优惠政策时，会导致投资者对住房投资收益要求的降低，使得第二象限反映资本化率的价格-租金曲线逆时针旋转。在相同的租金水平下，住房投资收益率的降低会使得住房价格上升，引起住房新开发量的增加，并最终导致住房存量的增加和租金水平的下降，并循环往复达到新的平衡。

开发成本变化型如图 5-14 所示。城市规划对于土地利用条件的管制会使得项目开发建设的成本上升，降低项目开发的获利能力，使得第三象限的开发成本曲线向左侧移动。在住房价格不变的情况下，新开发建设量会减少，使得住房市场的存量水平降低，推动租金水平和价格的上涨，并最终达成新的平衡。

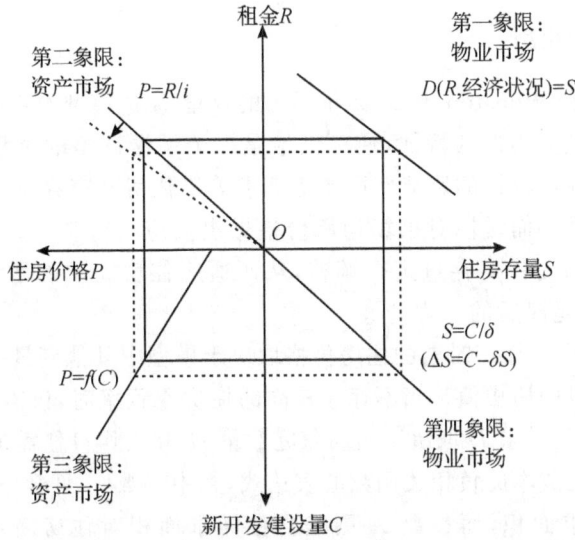

图 5-13 资产收益变化型引起的不完全扩散式发展

图片来源：钱瑛瑛 & 唐代中，2015

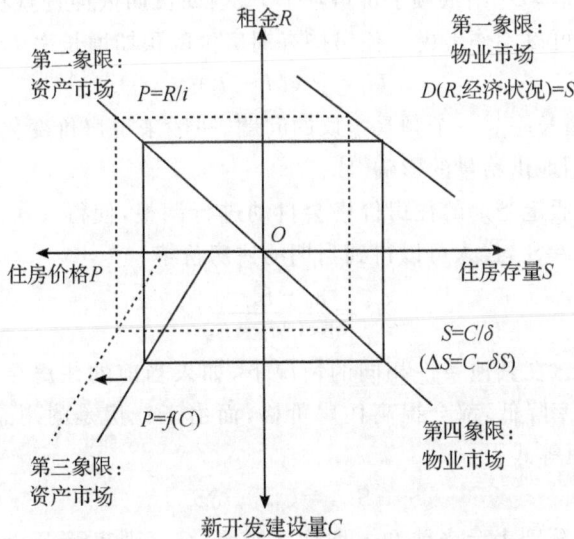

图 5-14 开发成本变化型引起的平移式发展

图片来源：钱瑛瑛 & 唐代中，2015

四象限模型可以对住房市场进行规范的经济学分析，在研究市场长期均衡上有较大的优势。然而四象限模型也有一定的局限性，首先是在进行以上影响住房市场运行的因素分析时，均默认采用了其他市场因素不变的假定，然而由于现实社会经济的复杂性，影响住房市场的因素往往是多方面的，且是同时起作用的，这种多因素混合变化并不是简单的叠加，因此要找到住房市场的实际平衡点是困难的。同时四象限模型对分析住房市场的短期动态变化并不适用，该模型无法同步分析市场实现均衡的瞬时变化[114,115]。

5.3.2.3 存量-流量模型

由 DiPasquale 和 Wheaton 于 2002 年提出的存量-流量模型的主要思想是：由于房地产建造周期较长及其耐用性的特征，住房供给是一个缓慢调整的过程。在短期内，住房市场能够迅速通过住房价格的调节使得住房需求等于住房现有存量。而长期内，住房存量仅会随着时间的推移而缓慢对市场均衡价格做出反应与调整。新建住房供给是为了将现有住房存量向均衡住房存量进行调整，从而适应住房需求的增加和存量住房的折旧，且这种调整经常是滞后的[111,116,117]。

存量-流量模型设定任一时期的住房价格取决于模型中其他变量的当期值，而住房存量则依赖于这些变量的历史值。当不存在较高的住房空置率时，仅需考虑住房的自住需求，假定当前住房自住需求 D 取决于当前家庭数量 H 和人均自住需求面积，而人均自住需求面积是住房使用成本的负相关函数的表达式，其中参数 α_0 可看作是住房使用成本为 0 时的人均自住需求面积，而参数 α_1 则是自住需求面积对住房使用成本的变动的反映，即：

$$D_t = H_t(\alpha_0 - \alpha_1 U_t)$$

而住房使用年成本 U_t 则依赖于价格水平 P、当期长期抵押贷款利率 M、房屋折旧率 δ（通常是一个常数，可以不作考虑）、住房持有期房价的预期增长率 I，即：

$$U_t = P_t(M_t - I_t)$$

其中房价预期增长率是一个颇具争议的问题，一般来说房价变化主要受前期房价变动率以及近期居住用地供给量的影响[117]。

存量-流量模型假定当期的住房价格会自动进行调整，使得住房当期需求 D 等于住房现有存量 S，即 $D_t = S_t$，代入可以得到当期的住房价格：

$$P_t = \frac{\alpha_0 - S_t/H_t}{\alpha_1(M_t - I_t)}$$

从上式可以看出，在其他条件相同的情况下，如果当前的住房存量与家庭数量的比率减小，长期贷款利率降低，都会提高住房价格，而由于住房是耐用品，存量与新增供应量需要满足下面的恒等式：

$$S_t - S_{t-1} = C_{t-1} - \delta S_{t-1}$$

其中，S_t 和 S_{t-1} 分别表示当前和上期住房存量，C_{t-1} 则表示上期住房投资建设量，δ 表示住房的折旧率。只要投资建设量超过住房折旧量，存量就会增加，反之，存量就会下降。

很明显的是，新住房的建设量取决于当期住房价格水平，同时也依赖于当期住房存量，这意味着家庭数量的变动、抵押贷款利率的变动都会通过影响当期住房价格从而间接影响住房投资与建设量。

设 ES 为反映长期均衡的存量，它为当期房价的函数：

$$ES_t = -\eta + \gamma_1 P_t$$

除了新建住房弥补折旧量外，房地产新开发建设的需要即住房流量还由长期均衡存量与实际存量之差额决定：

$$C_t = \lambda(ES_t - S_t)$$

其中,λ 为开发建设速度。将长期均衡存量的函数 ES 代入上式中,得到:

$$C_t = \lambda(-\eta + \gamma_1 P_t - S_t)$$

将住房流量的函数代入存量-流量方程,得到:

$$S_t = S_{t-1} + \lambda(-\eta + \gamma_1 P_{t-1} - S_{t-1}) - \delta S_{t-1}$$

如果外生影响需求的变量保持不变,即 $\alpha_t = \alpha$,则在均衡条件下,折旧量等于住房新开发数量,此时房地产存量保持不变,从而房价也保持不变,即:

$$C_{t-1}/S_t = \delta, P_t = p$$

令 $S_t = S_{t-1}$,此时求得稳态条件下的存量水平为:

$$S^* = -\lambda(\eta - \gamma_1 P_{t-1})/(\lambda + \delta)$$

对于住房投资的动态调整变化过程,可以通过四象限模型来解释如利率变化、收入变动、人口增加对住房投资的影响。存量-流量模型认为住房价格的改变主要来自基本面的变动,但实际上,住房市场还是一个投资市场。很多时候,住房价格往往在基本面因素尚未发生改变时也会发生重大变化,从而影响住房投资;抑或是即使基本面因素发生了改变,但价格也会对这种基本面因素的变动产生过度反应,从而刺激住房投资的过度反应,这些都是存量-流量模型无法解释的[116]。在实际应用过程中,还应针对不同地区市场进行调整[117]。

5.4　住房特征价格

5.4.1　住房价格

住房价格是决定城市住房市场交易量的关键因素。住房存量模型分析特定类型住房市场的总住房量销售价格等。由于住房市场内在的异质性,住房服务市场使用住房服务作为研究对象[7]。住宅的特定要素可用特定价格衡量,一系列要素(或变量)可以解释住房的价格。

5.4.2　特征价格模型

特征价格模型(hedonic price model,HPM)又称享乐价格模型。特征价格理论认为,商品价格并不是依赖于商品本身,而是取决于商品中所包含的各种特征属性,消费者将这些特征转化为特定的效用,商品中所包含各种特征属性的数量可以决定效用水平的高低。特征价格理论对商品中包含的多个特征属性进行定价,称之为特征价格。

5.4.2.1　理论基础

特征价格模型的理论基础主要由美国学者 Lancaster 于 1966 年提出的新消费者理论以及美国经济学家 Rosen 于 1974 年提出的供需均衡模型组成。Lancaster 认为人们对商品的需求并不是基于商品本身,而应该用一系列决定商品效用和需求的不同特征价格来表示商品的价值[118]。而 Rosen 则提出了基于商品特征的供需均衡模型,以消费者效用最大化和生产者利润最大化为目标,构建了异质类商品市场的短期和长期均衡模型,证明了异质性商品的价值取决于各个特征的效用集合。Rosen 认为在完全竞争市场下,市场中无数的供给方与需求方之间的出价与需求决定了异质性商品的市场价格。特征价格函数即为所有供应方与需求方在切点所组成的一系列值所对应的包络函数[119]。如图 5-15 所示,当供给曲线与消费者出价曲线相切于一点时,市场达到了均衡状态,此时所有消费者和供应方均采用了理性行为,并得到了效用最大化和利润最大化,切点所对应的价格即是该商品特征的均衡价格。

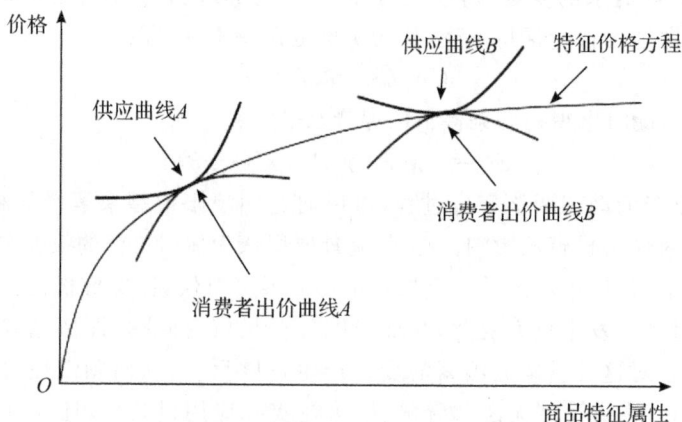

图 5-15   商品特征属性的价格方程曲线
图片来源:施雅娟,2013

5.4.2.2   模型建构

构建特征价格模型首先需要有效识别影响住宅使用效用并决定住宅价格的各种特征属性;其次是根据实际情况选择合适的特征价格模型函数形式;最后则是利用收集到的住宅特征数据通过计量经济软件对函数的参数进行估计[120]。

5.4.2.2.1   变量

因变量是交易价格或其他估计的市场价格。传统的住宅特征价格模型主要将住宅价格表示为由建筑特征、邻里特征和区位特征三大类特征所组成的函数。采用计量经济学的方式进行回归分析,进而确定各个参数的估计值,即各个特征属性的特征价格。

住宅价格的构成可以表示为:

$$P = f(S, N, L)$$

其中,P 表示住宅价格,S 表示建筑特征,N 表示邻里特征,L 表示区位特征。

建筑特征具体表现为住宅本身的特征属性,即住宅的户型、楼层、面积、房龄、外观、朝向等因素。邻里特征,具体表现为周边配套设施的特征属性,即周边学校质量、医疗水平、环境质量等因素。区位特征,具体表现为住宅的地理区位属性,即到中央商务区(CBD)的距离、交通可达性与交通易达性等因素。

在科学研究之外,家庭显然不会考虑所有这些因素。更现实地,人们意识到,家庭的偏好和收入水平等的差异决定了不同家庭对住房的某一特征会有不同的估价。家庭在住房单元中指定了一组所需的特征和价格范围,房地产经纪人确定了符合这些标准的单元。如果房屋符合基本标准,则该家庭将查看被认为最重要的社区特征(例如学校的质量和商店的便利性)。

Brueckner 等[60]总结了三种设施对住房价格产生影响：①自然设施，如绿色空间和水体的接近性；②历史街区；③内生性的设施，如教育质量和其他公共服务、公交接近性、餐厅或其他设施等。自然设施对房价的影响结论基本一致[7]。如果地区具有更好的公共服务，则租房者将愿意支付更高的租金。公共物品的水平与房租或房价的特征价格模型的实证研究表明，住房价格可反映公共服务水平。

5.4.2.2.2　函数形式

特征价格模型有多种函数形式，包括线性形式（Linear）、对数形式（Log-Log）、对数线性形式（Log-Linear）、半对数形式（Semi-Log）。不同函数形式的特征价格模型中估计参数的含义也不同，特征价格模型的函数形式如表 6-2 所示。

表 6-2　特征价格模型的函数形式

函数形式	模型设置	估计参数 β 的含义
线性形式	$P = \alpha_0 + \beta_1 S + \beta_2 N + \beta_3 L + \varepsilon$	各属性变动一单位导致住宅价格平均变动的程度
对数形式	$\ln P = \alpha_0 + \beta_1 \ln S + \beta_2 \ln N + \beta_3 \ln L + \varepsilon$	特征的价格弹性，即当属性变动 1%，住宅价格变动的百分比
对数线性形式	$\ln P = \alpha_0 + \beta_1 S + \beta_2 N + \beta_3 L + \varepsilon$	当属性变动一单位时，住宅价格的增长率
半对数形式	$P = \alpha_0 + \beta_1 \ln S + \beta_2 \ln N + \beta_3 \ln L + \varepsilon$	当属性变动 1%，住宅价格变动的程度

目前还未形成一套强有力的理论方法来确定特征价格模型回归的函数形式，大部分学者主要凭借模型比选[121]或者 Box-Cox 转换选择其中一种合适的函数形式。Box-Cox 转换可以通过求取变换参数 λ 来确定模型的变换形式，这一变换特别适用于单峰斜分布的数据，目标是保证线性模型呈正态分布，且要求变换的数值必须均为正数，若不全为正数，则在变换过程中可以添加一个具体的数值进行改进，但此时的判定的因子仍然只有一个即 λ[122]。由于变换过程完全基于数据本身而不需要任何先验信息，可以明显改善数据的正态性、对称性以及方差相等性。Box-Cox 转换的一般形式为：

$$y(\lambda) = \begin{cases} \dfrac{y^\lambda - 1}{\lambda}, \lambda \neq 0, \\ \ln y, \lambda = 0. \end{cases}$$

其中，$y(\lambda)$ 是经过 Box-Cox 变换后得到的新变量，y 为原始连续因变量，λ 为变换参数。对于不同的 λ 选择的变换也不同，当 $\lambda = 0$ 时，变换为对数变换，当 $\lambda = -1$ 时为倒数变换，而在 $\lambda = 0.5$ 时为平方根变换。变换参数的估计可以采用最大似然估计或是贝叶斯方法。

5.5　住房消费者区位均衡

区位均衡是消费者在所有的区位都可以获得相同的效用水平。住房包含诸多特性，模型中一般用面积代表其特性。消费者的预算用于支付其他商品 a 和住房 b 的消费和通勤成本，可表示为：

$$Q_a + p Q_b = I - cd$$

其中,单位住房面积价格 p 相当于单位住房面积的租金,Q_b 代表住房消费面积,住房租金是 pQ_b。Q_a 代表其他商品的消费(这里假设其他商品的单位价格被标准化为1),I 代表收入,c 为单位距离的通勤成本,d 为到市中心的距离。

消费者的效用方程,即消费一定数量的 (Q_a,Q_b) 的组合可表示为 $u(Q_a,Q_b)$。消费者选择 a 与 b 的消费以最大化预算约束下的效用。无差异曲线和预算线的切点就是消费者的均衡点,即消费者花费既定的支出所能获得的最大效用水平。

消费者区位均衡的状况是不论住在什么地方,消费者在所有的区位都可以获得相同的效用。如果该状况没有满足,消费者将从低效用的地方搬迁到高效用的地方。搬迁说明还没有实现区位均衡,直到效用函数值相等则搬迁停止,即达到区位均衡。图 5-16 中纵轴表示其他商品消费量 Q_a,横轴表示住房消费量 Q_b。陡峭的预算线靠近市中心,平缓的靠近郊区。郊区的最优消费组合是郊区预算线和无差异曲线相切的点,居民将更多的金钱用在住房消费上,更少的金钱花在其他商品上。而城市居民选择将更多的金钱花在其他商品上,更少花在住房消费上。

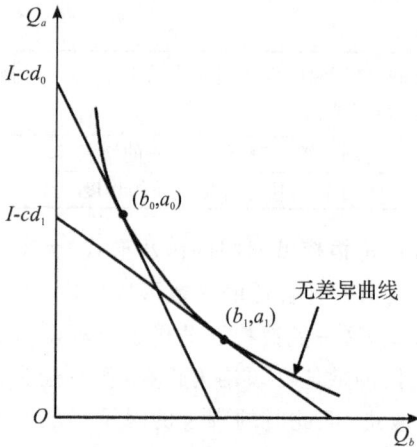

图 5-16　住房消费者区位选择
图片来源:Brueckner,2001

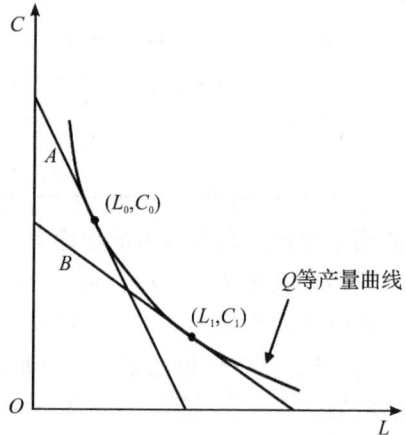

图 5-17　住房开发的等产量与等成本曲线
图片来源:Brueckner,2001

以住房生产为例(图 5-17),假设住房建设需投入土地和资本(建筑材料),纵轴代表资本投入 C,横轴代表土地投入 L。住房等产量曲线 Q 表明土地和资本的组合可能产生的一定数量的楼板面积。靠近市中心的等成本曲线与远离市中心的等成本曲线的斜率不同。靠近城市中心的开发商成本最小化的投入组合位于 (L_0,C_0) 点,该点具有更少的土地投入和更多的资本投入。不同于靠近市中心的较高的建筑,远离市中心的开发商可能会建设较低的住房,具有更高的土地投入和更低的资本投入[60]。

5.6　住房市场过滤

住房过滤现象指的是在市场经济背景下,原本由高收入人群居住的住房随着时间推移出现了老化等质量下降的现象,住房功能及其外部服务已经无法满足高收入住户的需求,这些高收入住户为了追求条件更好的住房,选择出售现有住房购买新住房,而该住房被较低收入人群购买并使用的过程。住房过滤模型假设住房质量和数量都是正常品[7]。

住房过滤机制的存在是由于住房的耐久性,这是一种常见的经济活动形式。

住房过滤理论最早是伯吉斯(E. W. Burgess)于1925年在研究芝加哥土地利用空间结构时提出。1960年,经济学家劳瑞[123]首次对过滤现象进行了概念性的解释,他认为住房过滤就是统一价格指数下,某一已存在住房的实际价值的变化。住房过滤是均衡住房市场普遍存在的一种自然现象,收入提高、房屋老化和新建住房的增多都是住房过滤的主要原因[123]。住房过滤现象是普遍存在的,而且不同层次的住房都会经历多次的过滤,并一直过滤到市场的最底层,这是一种住房本身向下过滤的过程。

斯威尼·詹姆斯(Sweeney James)于1964年提出了把过滤论定量化的最为经典的住房过滤模型,并得出三个基本结论:①若是政府想要减少低档住房的数量同时降低中低收入人群的房价,可以对中低收入人群提供住房补贴或是推动居民收入结构的变化;②政府对某一些特定收入人群提供住房补贴的行为会影响那些没有享受住房补贴的人群,使得这些人群的住房质量会相对降低;③若想要降低住房市场的租金水平,可以通过新建住房计划而不是对开发商进行补偿[124,125]。詹姆斯的模型假设了多个层次人群以及不同档次住房的供需关系,较好地从微观机理上反映了住房市场运行的内在规律。

基于詹姆斯的住房过滤模型,许多学者对此加以发展和完善,如欧赫尔斯(Ohls)1975年模型、ADP模型、布莱德(Braid)模型等[126,127]。下面将简单介绍一下麦克唐纳德(McDonald)的三市场过滤模型(图5-18)。

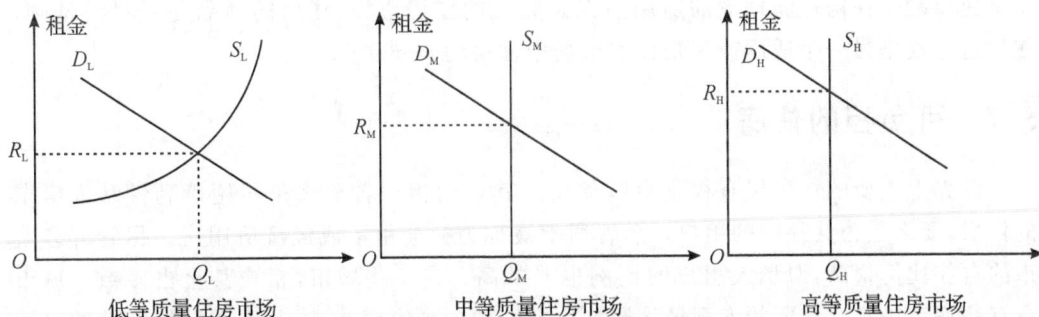

图5-18　三市场过滤模型

图片来源:参考乐仁贵,2011;刁文浩,2021

三市场过滤模型将住房市场简单地归纳为低等质量、中等质量和高等质量三个等级市场,通过研究住房在三个子市场之间的过滤过程以及各个子市场的住房供需关系,可以用来分析各种住房政策的实施效果。

由于中等、高等质量的住房利润较高,开发商的建设积极性较高,因此这两个等级的住房供给是充足的。在中、高等质量住房的向下过滤机制以及开发商新建的共同作用下,两种质量住房的总供给量保持在一个相对稳定的水平。故而中、高等质量住房的供给曲线偏向于垂直于横轴,即缺乏弹性。若政府实施了住房保障政策,如兴建公房、提供住房补贴等,则会引起三个住房子市场的联动变化[126,127,128]。

下面简单介绍政府建造公共住房这一政策的影响(图5-19)。最初住房市场的供求均衡,公共住房建造会将部分低收入人群的需求从市场中抽离,此时低收入者的需求曲线 D_L 向左平移至 D_L^*,住房租金水平降低至 R_L^*,而供给量也会下降至 Q_L^*。而原本租金

为 R_M 的中等质量住房会延迟过滤并留置在中等住房市场中。延迟过滤的住房与新建住房使得住房供给量增加，同时中等收入阶层由于旧房的过滤滞后对新房的需求减少，导致中等住房市场的均衡价格水平会降低至 R_M^*。同理，高等质量住房的租金水平也会因此下降，由此可见，该政策在短期内可以较好地解决低质量人群的住房问题，但是长期来看，降低了中高等住房的建造积极性，破坏了住房过滤供应链的连续性，不利于住房市场的运行效率。政府提供住房补贴的政策影响也可以同理解释。

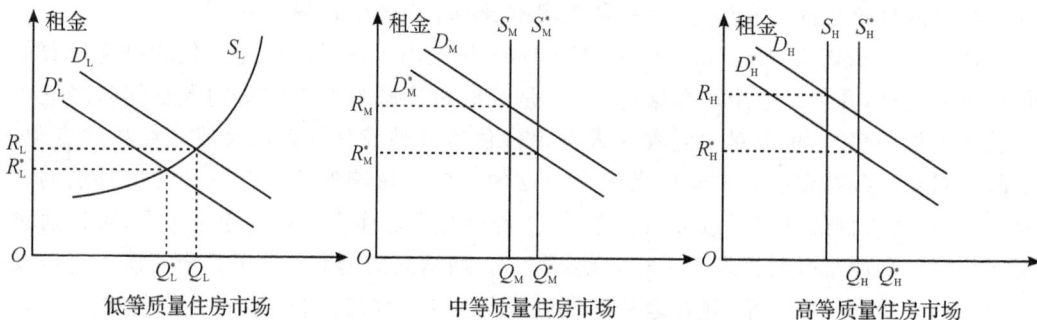

图 5-19　公共住房建造对住房市场的影响

图片来源：乐仁贵，2011；刁文浩，2021

　　住房保障政策可以以过滤理论为指导，对于保障性住房建设具有一定的参考价值。需要注意的是住房过滤理论的适用前提是完备的住房市场，住房的商品化是过滤基础；住房过滤模型另一个适用前提是住房市场中住房的非同质性[129]。

5.7　可负担的住房

　　世界上主要的住房保有权是自有住房。其余的租房者要么是租用营利性私人房东的住房，要么是公共补贴的租户。后者通常被称为社会租赁或经济适用房。尽管许多城市的自住比例很高，但私人租户的比例也非常高。在一些城市，租户甚至占多数。城市自有住房市场具有重要的宏观经济影响。预期的未来家庭收入、利率和抵押贷款的可用性是房地产市场和价格周期最重要的短期驱动因素。对房价的长期影响因素包括人口增长趋势、移民和规划的作用等。近几十年来，许多西方国家的保有权模式也发生了变化。住房市场使年轻人负担不起房屋所有权，而是选择租房。可负担的住房这个概念涵盖了从家庭是否能买得起住房到特定社会群体获得不同类型的住房等方面[8]。

5.7.1　住房负担能力

　　住房负担能力是全球越来越多的人共同关心的问题。社会赋予拥有住房而不是租房的人更大的自尊，这鼓励人们将拥有自有住房作为保有权的选择。有强有力的论据表明，负担能力正在导致不同空间尺度上的个人和群体之间的不平等。低收入人群往往更多地受住房负担能力的影响。鉴于房价难以承受，租房通常成为年轻人、残疾人、老年人、流动性强的专业部门人员和低工资工薪家庭的唯一选择（至少在短期内）。租房负担能力已成为一个越来越受争议的领域。租房和自有住房之间的收入差距越来越大，而低收入家庭越来越无法拥有住房。许多年轻人经常将自己视为一代租客而不是业主。"租房一代"(generation rent)这个词本身就意味着,拥有住房的理想对于大多数年轻人来说实际上是无法实现的[3]。

就特征而言,住房负担能力可以被理解为规范性的,即个人和家庭应该能够负担购买或租赁房屋的能力;或者实证性的,即用经验证据——通常从定量的角度来说明负担能力的情况。测量住房负担能力不平等的基尼系数可以说明少数族裔和弱势群体之间存在更明显的负担。为了衡量住房负担能力,一些研究采用负担能力比率进行分析,如房价与工资的比率(即房价负担能力)和租金与工资的比率(即房屋租金负担能力)。其他可负担性衡量指标包括差值(例如从总收入中减去住房成本后的剩余可支配收入)和成本(例如总住房成本)。工资水平是衡量负担能力的有用起点,但由于租金负担能力和购买负担能力之间存在差异,因此应谨慎对待。

5.7.2　政府限价

政府政策经常被用来鼓励业主自住,分配住房存量并缓解住房负担能力问题。如果大多数低收入者和弱势群体是租房者,那么政策制定者应关注租金负担能力。

5.7.2.1　市场交易量

政府对住房价格的控制试图使价格保持在非均衡价格水平。任何自愿的市场交易是基于买者和卖者的意愿。那么在政府对住房价格进行控制的情况下,是什么决定了市场上交易的商品数量呢? 通常情况下,如果需求量小于供给量,则需求量将决定市场上实际交易的商品数量。反之,如果供给量小于需求量,则供给量将决定市场上实际交易的商品数量。简言之,在任何非均衡价格水平下,供给量或需求量中较低的那个将决定市场交易量[5]。

5.7.2.2　最低限价与最高限价

政府在某些情况下会限制商品的最低价格(price floors),另一些情况下可能会限制商品的最高价格(price ceilings)。最低价格即特定商品或服务被允许的最低出售价格。如果最低限价低于均衡价格将起不到任何作用,因为自由市场的均衡价格就可以达到这个要求。如果最低限价高于市场均衡价格,将会人为地提高价格。该举措可以通过规定或法令等措施保障实施,即可以规定如果售价低于该价格将属于违法行为等,如设定最低工资标准以保障劳动力的最低价格。该举措也可以通过政府承诺对未售出的商品以一定的价格进行购买的方式保障实施,如农业支持政策当中对特定农产品限制最低价格。

最低限价可能会导致超额供给,其结果因不同的商品或服务而异。如对于劳动力而言,最低工资限价导致超额供给时,超额供给的结果将转移给失业的人群。如果这种商品是粮食,那些过剩的粮食要么将滞留在没有成功交易的卖者手中,要么特定机构,通常是政府,必须进入市场并购买超额供给的部分。

最高限价是特定商品或服务可以出售的最高价格,即所谓的价格天花板。如果最高限价高于均衡价格将起不到任何作用,因为自由市场的均衡价格就可以达到这个要求。如果最高限价低于市场均衡价格,将会人为地降低价格。最高限价可能会导致超额需求,那些过剩的需求则表现为潜在消费者的需求未被满足[5]。

5.7.2.3 政府限价对社会福利的影响

政府限价的不同类型会对社会福利(经济)产生不同的影响。如图 5-20(a),最低限价带来消费者剩余的变化为 $\Delta C_s = -A-B$,生产者剩余的变化 $\Delta C_s = A-C$,带来社会总剩余的减少($-A-B+A-C=-B-C<0$)。最低限价总体上有利于生产者,导致社会福利的无谓损失,降低社会资源的配置效率。如图 5-20(b),最高限价带来消费者剩余的变化 $\Delta C_s = A-B$;生产者剩余的变化 $\Delta C_s = -A-C$,社会总剩余的变化 $A-B-A-C=-B-C$;最高限价总体上有利于消费者,也会导致资源配置效率下降。

政府限价使得买者或卖者某一方的福利增加,其并不仅仅是经济剩余在生产者和消费者之间转移,而且导致了生产交易量的减少和社会总剩余的降低。既然政府限价会降低资源的配置效率,那政府为何要对特定商品或服务实施限价呢?因为与市场均衡的价格相比,最低限价商品的卖者的福利将有所提高,最高限价商品的买者的福利将有所提高。通过某种规范的判断,政府通过限价可以保护或促进特定行业或特定人群的利益。在其看来,为实现某种社会目标这种代价是值得的。如最低工资提高了低收入人群的收入,而强加在公司或社会的成本可以看作是一种收入再分配的形式。至于这些政策是否有效,需要经济学家进行实证研究和分析,对决策效果进行评价或将分析的结果纳入政府决策。

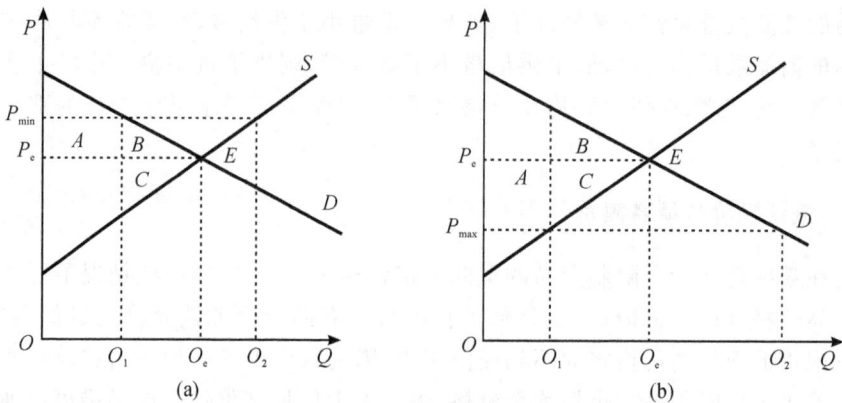

图 5-20 政府限价对经济的影响

5.7.3 租金控制

租金控制是政策可以直接干预住房市场的一种较为普遍的方式,以满足那些无法负担高额租金的人的需求。租金控制代表了一种低成本的住房可负担性解决方案,在许多地方政府中较为普遍采用。如在纽约和温哥华等城市都可以找到。

5.7.3.1 租金控制类型

二战后,美国纽约和欧洲许多国家有两代租金控制。第一代是硬租金控制(hard rent controls),即采用图 5-20(b)中的最高限价的价格天花板方式,在控制地区导致了需求的增加和周边没有控制地区房租上涨。第二代软租金控制(soft rent controls)具有系统性的差别,其仅仅控制年租金增长,要求房东维护住房,但该成本可能会转移到租客身上。第二代租金控制对市场来说相对友好,因为房东可以收回住房维护费用。

5.7.3.2 租金控制及其结果

第一代租金控制通常采用价格上限,通过设定价格天花板,要求房东向租户收取的租金低于市场租金,如法规规定每种物业类型的最高租金或每间客房的最高租金。图5-21显示最高租金低于市场价格。S_1 为短期供给曲线,S_2 为长期供给曲线。最高限价导致该特定价格点的出租物业数量在短期内减少,因此租金收入从 $P_1 \times Q_1$ 减少到较低的 $P_{max} \times Q_3$。实际上,房东由于租金回报不理想而长期离开市场。该非价格决定因素使得短期供给曲线 S_1 向左移动到 S_2。短期数量短缺 $Q_2 - Q_3$,长期短缺数量 $Q_2 - Q_4$。因此,在最高租金控制的价格下,将导致长期的住房短缺。

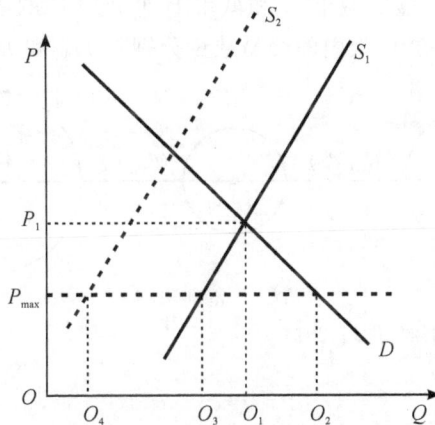

图 5-21 租金控制及影响

尽管租金控制的良好意图是在社会上创造一个更加公平的住房市场,但租金控制并不一定是解决可负担性问题的良好方式。研究认为,租金控制经济学的新古典供需方法将产生以下结果:①出租物业供应从房东手中撤出,导致住房短缺。租金控制可能会导致市场上某些价格点的房产短缺,供应给市场的出租总存量和质量都可能会受到影响,因而增加了无家可归者。政府可通过对住房生产补贴、直接建设公共住房或补贴低收入者购买住房等方式解决这种短缺问题。②在短期内减少房东的租金回报,房东可花在维护上的资金更少,由于维护不善,对周围的房产也会产生外部成本。③影子"黑市"有可能弥补向房东支付的任何租金短缺。④可能存在公平和公正的问题,即希望搬入租金上限地区的人受到抑制和限制,因为现有的居民不太可能搬出受管制的租金住宅。一些租金受控公寓的居民可能会从其他地方的第二套住房投资中受益,而富裕和高收入的租房者可能会从低于市场的租金中受益。⑤另外,租金控制减弱了投资,导致武断的再配置,是管理的噩梦。总体而言,我们需要牢记,住房确实不仅仅是一种消费产品,还是一种投资产品和一种社会产品。

5.8 非住房市场理论

商业房地产与住房在经营过程以及物质形态上有一定的相似性,但是在使用目的、开发以及产品设计等方面，又有其自身特点。在这里简单介绍商圈理论中的两个模型，即雷利法则和哈夫模型，后续许多有关的研究是两者的延伸、演化或者改进。

5.8.1 雷利法则

雷利法则又称吸引力法则，是由美国学者威廉·雷利（W.J. Reilly）基于牛顿力学万有引力理论于 1931 年提出的[130]。该法则的原理是，对于两个具有零售中心地功能的城镇而言，各自对位于其中间的一个城镇的零售吸引力与两个城镇的人口规模成正比，与两个城镇到中间城镇的距离成反比。简单来说，人口越多的城镇，吸引顾客的能力越强，而距离越远时，吸引顾客的能力下降。

假设存在两个城市 A、B，两个城市之间有一个城镇 C，其中城市 A 和城市 B 之间的距离为 L_{AB}，而城市 A 和城市 B 到城镇 C 之间的距离分别是 L_A 和 L_B。城市 A、B、C 的人口分别为 P_A、P_B 和 P_C。假定城市 A 和城市 B 对城镇 C 的零售吸引力分别是 F_{AC} 和 F_{BC}，城市 A 和城市 B 从城镇 C 吸引的交易数量分别是 D_{AC} 和 D_{BC}，如图 5-22 所示。

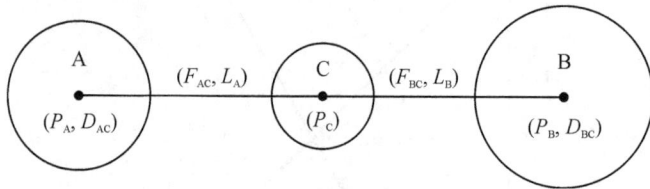

图 5-22　雷利法则

图片来源：焦玥，2014

雷利法则表达式如下：

$$\frac{F_{AC}}{F_{BC}} = \frac{D_{AC}}{D_{BC}} = \frac{P_A}{P_B} \times \left(\frac{L_B}{L_A}\right)^2$$

康帕斯修订了雷利法则，并确定了两个城市交易区域的分界线，通过满足两个城市之间的断裂点条件，即 $\frac{D_{AC}}{D_{BC}} = 1$ 来确定两个城镇的边界：

$$L_B = \frac{L_{AB}}{1 + \sqrt{\frac{P_A}{P_B}}}$$

$$L_A = \frac{L_{AB}}{1 + \sqrt{\frac{P_B}{P_A}}}$$

雷利法则的使用依赖两个假设：一是中间城镇到两个城市的交通工具、交通状态大体一致，顾客的交通可达性相同；二是两个城市中零售商的经营能力相同，经营绩效不受其他微观因素影响[131]。雷利法则运算方式简单，特别适合投资企业在决策早期无法获得相关资料的情况下使用。然而雷利法则在具体选址应用中也存在一定的局限性。首先雷利法则仅考虑了直线距离因素，未考虑现实生活中实际的交通状况；其次人口数量不能反映真实的购买量，同时仅考虑了综合类型的商铺吸引力，商铺的经营业态较为复杂，对不同商店范围的界定应当综合考虑商店的特点[132,133]。

5.8.2　哈夫模型

基于万有引力原理,美国加利福尼亚大学经济学家戴维·哈夫(David L. Huff)于1963年提出用于预测区域内商圈规模和选址的哈夫模型(Haff Model)[134]。模型假设消费者具有前往零售商业设施购物动机,前往概率因零售商业设施面积而变化,消费者前往某一零售商业设施的概率受其他竞争商业设施的影响。商圈规模大小与该商业设施的吸引力成正比,与消费者到该商业设施的距离阻力成反比。

哈夫模型将消费者访问商业设施的各种概率纳入模型,认为消费者前往某一商业设施的概率取决于商业设施的吸引力(如面积、规模等)和距离阻力(如时间)。模型公式如下:

$$P_{ij} = \frac{\dfrac{S_j^{\mu}}{T_{ij}^{\mu}}}{\sum\limits_{j=1}^{n} \dfrac{S_j^{\mu}}{T_{ij}^{\lambda}}}$$

其中:P_{ij} 为 i 地消费者在商业设施 j 购物的概率,S_j 为商业设施 j 的吸引力,T_{ij} 为 i 地消费者到商业设施 j 的阻力距离,μ 为商业设施吸引力对消费者选择影响的参数,λ 为距离衰减系数,n 为该地区互相竞争的零售商业设施数目。

5.9　小结

供给需求及其变化在住房市场价格形成中起重要作用,是经济学分析住房供需均衡问题的重要方式。特别是当非价格决定因素发生变化时,住房价格和数量将发生改变,从而改变需求和供给曲线,进而影响住房均衡价格。本章首先探讨了影响住房需求和供给的因素,进而对住房需求弹性和供给弹性进行分析。住宅房地产开发市场的供给在短期内是缺乏弹性的,但长期内供给弹性随着时间的推移而增加。在住房市场的静态和动态均衡部分,探讨了以蛛网模型为代表的动态供求价格模型,以及用于分析住宅物业和资本市场相互影响的住房传导机制的四象限模型。

其次,住房的多重异质性、消费者区位均衡和居住演替等也是住房经济关注的问题。特征价格模型为住房估价和家庭对住房特征的选择提供了理论依据。这些模型(通过统计回归技术)计算作为因变量的房价如何取决于作为房屋和社区特征的其他变量的变化。无差异曲线和预算线、等产量曲线和等成本曲线等方法可用于分析住房消费者的区位均衡问题。住房市场过滤模型可用于分析住房单元的所有者如何从某一收入人群或人口类型过渡到其他类型的居住演替过程。

再者,将租金控制置于住房负担能力的背景下分析了住房的政府干预等问题。租金控制是政策可以直接干预住房市场的一种较为普遍的方式,代表了一种低成本的住房可负担性解决方案。政府限价导致生产交易量的减少和社会总剩余的降低。但与市场均衡的价格相比,通过某种规范的判断,政府通过限价可以保护或促进特定行业或特定人群的利益。商业房地产在经营过程以及物质形态上有一定特殊性。本章最后部分简单介绍了商圈理论中的雷利法则以及哈夫模型。近年来,这些模型已经从传统的零售业向更多的领域扩展,如绿地可达性、医疗服务设施布局优化等。

6 城市交通

作为经济学的分支,交通经济学强调交通设施等的资源配置和交通行为原则。首先,为了更好地规划交通设施并进行有效的资源配置,有必要对交通的需求和供给进行预测。通过预测相互作用的经济参与者对政策或外生事件的行为转变及其结果,以确定效率和其他目标之间的权衡。其次,交通出行通常会产生负外部性。如何从经济学的角度理解和解释这些现象,如何将外部性内在化等内容可为研究人员提供一种通用语言,让相关学科了解交通影响的复杂方式。另外,交通也会影响城市本身的特征。对这种影响的研究与空间和交通政策等密切相关。如果交通是没有成本的,那么,经济参与者将没有彼此靠近的经济理由。

本章选择非常鲜明地探讨某些主题,以说明如何从经济学的角度理解交通供给和需求,对交通拥堵现象进行经济学解释,并说明如何将分析用于实际应用,提出解决交通拥堵负外部性的方法。

6.1 城市交通

城市交通是通过一定工具和方式,城市中的人或物从一地到另一地的空间位置移动。在工业革命之前,步行是城市内最常见的出行方式,人们在接近工作地点居住。城市通常围绕经济活动中心组织,其周边距离范围不会超过几公里。马车略微提高了出行速度,有轨电车是一种成本较低但有效的通勤方式。随着铁路和地铁的出现,人们开始搬到郊区并通勤于市中心的工作地点。因此,就业和居住变得越来越隔离。汽车和卡车对世界各地城市的内部组织产生了持久影响。机动车和道路设施扩展了企业在城市内的位置选择,导致副中心的出现;20 世纪 50 年代开始新建的城市高速公路导致通勤成本显著降低。随着人们向郊区迁移,城市扩张进一步加剧[12]。

城市交通工具和交通设施日渐多样化。从构成上,城市交通包括交通设施和交通工具;按照交通运输客体可分为客运交通和货运交通;按照交通方式和空间范围,可分为道路交通、轨道交通、空中交通、水上交通、地下交通等[135]。城市交通是城市发展的重要基础,交通运输网络是城市形成和发展的必要条件。现代城市的道路交通设施一般是由政府公共部门投资建设,具有公共物品的属性。

6.2 交通需求

6.2.1 引致需求

马歇尔(1890)在其《经济学原理》一书中首次提出引致需求(derived demand)的经济概念,即对某种生产要素的需求是由该要素参与生产产品的需求派生出来的,又称"派生需求"。交通需求是一种引致需求或称派生需求,来源于从一地到另一地移动所产生的益处。因为出行通常不是为了出行本身,而是为了促进一系列空间变化的活动,如工作、娱乐、购物和家庭生活。如坐公交或开车本身并不是目的,不带来效用,到目的地才是目的,才带来效用。当然有些司机出行没有目的地,只是喜欢驾驶。这种出行随机性很大,很难精确模拟。交通研究主要针对引致出行需求。汽油需求也是一种引致需求,因为它是交通服务产品的中间投入品。消费者并不直接需要汽油,汽油也不能直接带来效用[7]。

6.2.2 出行要素

出行需求发生在多维环境中。许多大都市交通规划机构使用的传统框架考虑了四个选择维度:出行生成(从一个区域出发的出行总数)、出行目的地(出行目的地的位置)、出行方式选择(如汽车、公共汽车、火车、自行车或步行)和行程分配(使用的确切路线)。最近,研究人员更加关注其他方面的选择,例如住宅和工作地点、家庭汽车拥有量、一天中的出行时间、停车地点以及出行活动的持续时间。居住区位、家庭生命周期、性别和成本等导致不同的交通需求。如郊区缺乏公共交通因此更多人依赖小汽车。处于不同生命周期的家庭具有不同的交通需求,如"足球妈妈"(soccer mom)需要开车而非乘坐公共交通去接送孩子参加各种课外活动。交通需求关注从有关出行的汇总数据中可以得到什么信息,以及如何将传统的经济需求理论应用于这些数据,并将这些数据纳入描述个体决策的交通模型。

从调查数据表中可以得到很多信息。以美国为例,有两个非常有用的数据来源。一是涵盖所有出行的全国个人交通调查(national personal transportation survey, NPTS),大约每六年收集一次;在 2001 年,它被纳入一项更广泛的调查,称为全国家庭出行调查(national household travel survey, NHTS)。另一个有用的来源是美国人口普查中的工作出行部分,每 10 年进行一次。这包括对人口普查"长表格"中有关工作出行的问题的回答,该表格针对大约 17% 的家庭进行调查[136]。

6.2.3 交通需求模型

交通需求分析包括通过了解用户对价格和服务特性的反应以合理定价并确定最佳运营政策;或通过衡量项目的收益而评估一个项目的有效性。交通经济学倾向于概念模型,而不是设施的实际设计模型。因此,它的模型通常是粗略的而不是精细的地理尺度,有助于对交通系统的广泛特征进行研究。Small 等[136]将交通需求模型概括为整合需求模型与离散需求模型。

（1）整合需求模型

在整合需求模型中，交通出行需求可被解释为产品或其消费者变量的函数。例如，一个城市的总公交需求可能与住宅和工业发展的数量、平均公交票价、替代模式的成本、服务质量衡量标准和平均收入有关。由于无法精确预测行为，因此添加了一个"误差项"来表示至少对研究人员而言似乎是随机的行为。因此，需求函数可以表示为：

$$x = f(Z) + \varepsilon$$

其中，x 是交通需求量，Z 是商品及其潜在消费者的所有相关特征值的向量，$f(\ )$ 是某个数学函数，ε 是随机误差项。x 和 Z 的统计数据可用于估计函数 f 和 ε 的概率分布。

需求函数的非随机部分通常基于消费者选择理论。为确定和估计需求函数，这样的理论不是必需的，但有助于函数可能的形式选择，并且有助于对结果的解释。最常见的此类理论假设消费者或消费者群体最大化效用函数 $u(x,y)$；这个函数表达了对所考虑的商品 x 的数量和所有其他商品 y 的偏好。消费者受到预算约束 I 的限制，可用 x 的价格 P_x 和由所有其他商品 y 的价格组成的价格向量 $\boldsymbol{P}_y$ 表示。消费被确定为以下约束最大化问题的解决方案：

$$\text{Max } u(x,y) \qquad \text{subject to：} P_x x + \boldsymbol{P}_y y = I$$

（2）离散模型

与整合模型相对的另一种方法，被称为离散模型或行为出行需求模型。由于微观数据（个人决策单元的数据）获取成为可能，目前在出行需求研究中更为普遍。这种方法通过直接在个人、家庭或公司层面解释决策行为。大多数此类模型分析离散而不是连续备选方案之间的选择，因此被称为离散选择模型。

基本的离散选择模型使用最广泛的理论基础是 McFadden[137] 的随机效用模型。假设决策者 n 面临离散的备选方案 $j=1,\cdots,J$。选择最大化效用的备选方案，如下所示：

$$U_{jn} = V(z_{jn}, s_n; \beta) + \varepsilon_{jn}$$

其中，$V(\ )$ 是一个称为系统效用的函数，z_{jn} 是适用于该决策者的备选方案的属性向量，s_n 是决策者的特征向量，β 是未知参数的向量，ε_{jn} 是捕获特殊偏好的无法观察的部分。U_{jn} 和 V 被称为有条件的间接效用函数，可能取决于收入和价格，因此隐含地包含预算约束。测量变量并不包括与个人决策相关的所有内容，因此其他变量由随机项 ε_{jn} 表示。

6.3　交通需求弹性

供需定律可以预测由于各种因素导致的供给和需求曲线以及均衡价格的变动情况。但有些时候仅仅知道需求量和价格等的变动是不够的，变动的程度也至关重要。经济学家通常对供给或需求对价格和其他多种因素变化的反应程度感兴趣。能够反映需求量或供给量随价格或收入变动程度的重要参数是弹性。利用弹性的概念可以分析不同的因素对交通需求和供给的影响，有助于对交通问题的解释和对交通政策效果进行分析。

6.3.1　交通需求弹性及测度

交通需求弹性测度交通需求量对价格或其他影响因素变化的敏感程度，一般包括需求的价格弹性、收入弹性和交叉弹性。

6.3.1.1 交通需求的价格弹性

价格是影响需求量和供给量的重要因素。交通需求的价格弹性是在其他变量保持不变的情况下,交通需求量对它的价格变化反应的敏感程度。因此,它也是需求量变化与价格变化的比率。

(1)弹性测度

可以采取弧弹性和点弹性两种方式进行计算。其中,弧弹性是需求曲线上两点之间的需求量的变动对于价格变动的反应程度。Q 和 P 采用变化前后的均值。如图 6-1 所示,假设最初的价格为 P_0,最初的需求量为 Q_0。当价格和需求量变化到 P_1 和 Q_1 时(价格和需求量的组合均位于需求曲线上),需求曲线的弧弹性 E_D 可以表示为:

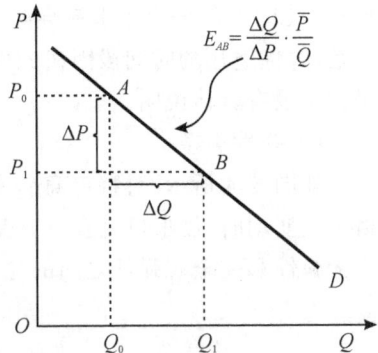

图 6-1 需求的价格(弧)弹性

$$E_D = \frac{\dfrac{Q_1 - Q_0}{\overline{Q}}}{\dfrac{P_1 - P_0}{\overline{P}}} = \frac{\dfrac{\Delta Q}{\overline{Q}}}{\dfrac{\Delta P}{\overline{P}}} = \frac{\Delta Q}{\Delta P} \cdot \frac{\overline{P}}{\overline{Q}}$$

当需求曲线上两点之间的变化量趋近于无穷小时,可用点弹性来测度需求曲线上某一点的弹性。需求曲线的点弹性 E_D 可以表示为:

$$E_D = \lim_{\Delta P \to 0} \frac{dQ}{dP} \cdot \frac{P}{Q}$$

一般情况下,交通需求曲线从左上方向右下方倾斜,价格变动百分比与需求量变动百分比具有相反的符号,所以需求的价格弹性是负数。但是通常我们忽略符号,或采取绝对值的方式。因此,需求的价格弹性值是从零到无穷大的数字。但也有文献会保留需求弹性的负号。

交通需求曲线上的弹性一般并不相同,即使斜率相同,需求曲线也具有不同的弹性。如图 6-2 所示,对于一条斜率相同的正常弹性的交通需求曲线,沿需求曲线由下而上,点弹性逐渐增大。线性的需求曲线只有在图 6-3 所示的三种情况下才具有相同的弹性,即水平的需求曲线 D_2、垂直的需求曲线 D_1 和具有相同弹性的非线性需求曲线 D_3。

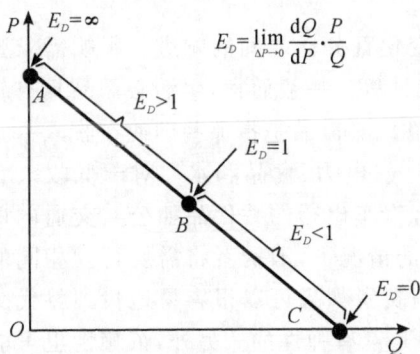

图 6-2 需求的价格(点)弹性

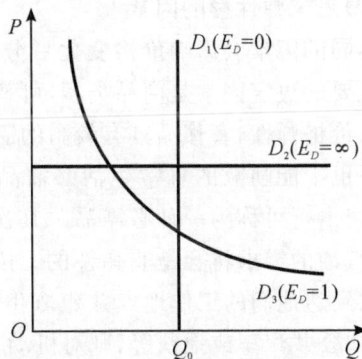

图 6-3 具有相同弹性的需求曲线

图片来源:Ragan et al.,2011

不同国家的机动车出行需求弹性不同,多数国家机动车出行需求是缺乏弹性的。私人机动车出行的价格可用出行时间和汽油价格等表征,服务质量通常以每年的车辆里程或车辆服务小时数来衡量。一些文献针对成本和服务质量,对汽车或公共交通需求的自身弹性进行了估计。出行需求的价格弹性从公共交通的-0.41到铁路出行的-0.79。Goodwin[138]和Pratt[139]进行了较为全面的综述,发现作为一个粗略的经验法则,公交票价每增加10%,公交需求就会减少4%,也就是说,公交自身的价格弹性平均约为-0.4。但是,弹性适用的时间段因研究而异,通常使用几个月到大约两年的数据来衡量弹性,或研究中没有具体说明。

(2)弹性类型

如图6-4所示,对特定商品或服务的完全无弹性的需求(D_1)是一条铅直的线,当价格发生变动时,需求量完全没有变化。完全有弹性的需求(D_2)是一条水平的线。介于完全无弹性和完全有弹性之间的是正常弹性(D_0)。

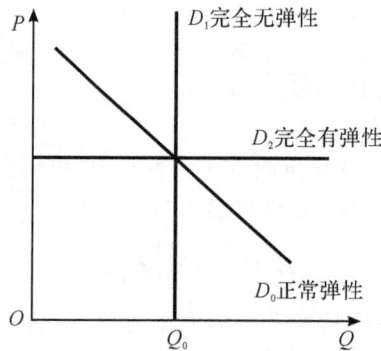

图6-4　代表性的需求弹性
图片来源:Squires,2022

在正常弹性中,如果价格变动一个单位引起需求量的变动大于一个单位,则$|E_D|>1$,即需求富有弹性;如果价格变动一个单位引起需求量的变动小于一个单位,则$|E_D|<1$,为缺乏弹性。通常,缺乏弹性的商品是那些无论价格如何变化都需要购买的商品。如果需求量的任何变化都会导致需求价格发生等比例的变化,则$|E_D|=1$,为单位弹性。

(3)需求弹性影响因素

不同的因素会影响价格变化百分比和数量变化百分比之间的响应。影响需求弹性的最主要的决定因素是商品类型、可替代性、依赖性等。一般而言,生活必需品具有较低的需求价格弹性,奢侈品具有较高的需求价格弹性。必需品是指那些即使在收入紧张的情况下也不能削减的日常生活必需品,例如天然气、电力、食品和水。对于低收入者而言,公交出行可称为一种必需品。其次,如在没有汽车出行的替代品如公共交通的情况下,对汽油的需求将会是非弹性的。因为在通勤的情况下,消费者将需要行驶相同的距离才能到达他们的工作地点并赚取生活收入。消费者如果可以很容易地找到替代交通工具,如公共汽车或地铁等,则对机动车的需求将是富有弹性的。另外,依赖性也可能是需求价格弹性的决定因素。因为如果消费者依赖某项商品,某些商品和服务将变得更加缺乏弹性。持有商品或服务的持续时间也将决定弹性,因为一个人在价格上涨后对转换的商品和服务消费时间越长,他们就越有可能消费更多数量的这些商品或服务。以汽油和交通为例,如果汽油出现短期上涨,消费者不会立即决定使用地铁、公共汽车、骑自行车或拼车等替代交通方式。但是,如果汽油价格长期持续上涨,则转向公共交通出行的方式将更加持久,长期内汽油也会变得更具弹性。

6.3.1.2 需求收入弹性

需求收入弹性是需求量变化的百分比与收入变化的百分比的比值,测度需求量变动对收入变动的敏感程度。假设最初收入为 I_0,最初需求量为 Q_0。当收入和需求量变化到 I_1 和 Q_1 时,需求的收入弧弹性 E_I 可以表示为:

$$E_I = \frac{\dfrac{Q_1 - Q_0}{\overline{Q}}}{\dfrac{I_1 - I_0}{\overline{I}}} = \frac{\dfrac{\Delta Q}{\overline{Q}}}{\dfrac{\Delta P}{\overline{I}}} = \frac{\Delta Q}{\Delta I} \cdot \frac{\overline{I}}{\overline{Q}}$$

收入增加需求量也增加的商品,其需求弹性为正值,该种商品我们称其为正常品(normal good)。其中,如果需求的收入弹性为正且大于 1,可称其为奢侈品;如果需求的收入弹性为正且小于 1,可称其为必需品。收入增加需求量减少的商品,其需求弹性为负值,该种商品我们称其为次等品(inferior good)。私家车出行是一种典型的正常品,即收入增加需求量也增加的商品。但随着收入的增加,公交出行的需求量会降低,所以公共交通是次等品较为典型的例子。

6.3.1.3 需求交叉弹性

需求交叉弹性测度的是一种商品需求量的变化对另一种商品价格变化的敏感程度。假设商品 x 最初的需求量为 Q_{x0},其他商品 y 最初的价格为 P_{y0}。当商品 x 的需求量和商品 y 的价格变化到 Q_{x1} 和 P_{y1} 和时,需求的交叉弹性(弧弹性)E_{xy} 可以表示为:

$$E_{XY} = \frac{\dfrac{Q_{x1} - Q_{x0}}{\overline{Q}_x}}{\dfrac{P_{y1} - P_{y0}}{\overline{P}_y}} = \frac{\dfrac{\Delta Q_x}{\overline{Q}_x}}{\dfrac{\Delta P_y}{\overline{P}_y}} = \frac{\Delta Q_x}{\Delta P_y} \cdot \frac{\overline{P}_y}{\overline{Q}_x}$$

交叉弹性的正负可用于判别两种商品是替代品还是补足品。替代品价格的提高导致商品需求量的增加,其需求的交叉弹性为正。补足品价格的提高将导致商品需求量的降低,其需求的交叉弹性为负。出行的汽油价格弹性(交叉弹性)一般是 -0.48[138]。高收入阶层对汽油价格的反应与低收入阶层不同。汽油价格提高对郊区居民的影响大于对城市居民的影响,因为后者更多使用公共交通[7]。个人车辆出行的总体需求更多的是燃料价格和/或单位长度燃料成本的函数;研究结果显示,其弹性在 -0.1 和 -0.3 之间。短期弹性通常小于(绝对值)长期弹性,燃料价格变化对机动车出行的影响大于其对使用量的影响[136]。汽车工作出行的需求对服务质量比对成本更敏感。例如,在波士顿,时间弹性和成本弹性分别为 -0.8 和 -0.5;肯塔基州路易斯维尔为 -0.4 和 -0.1[140]。

6.4 交通与土地利用

交通是针对特定位置定义的。自然地,这些地点的土地利用方式——建筑物的类型和密度以及在那里发生的活动——是影响出行决策的最重要因素之一。例如,研究人员发现,与任何其他因素相比,城市中的公共交通乘车率受市中心工作岗位数量的影响更大[141]。此外,交通和土地利用之间存在显著的相互影响,并且对附近居民的生活质量有显著的溢出效应,因此,会引发诸多政策争议。在这里,我们只考虑双向之一的土地利用对出行的影响。

理解这种影响的一种方法是研究土地利用和出行方式之间的关系,通常是在大都市地区层面进行分析。人们需要明确谁影响了谁及其影响因素。在研究过程中,必须控制收入和燃料价格等与土地利用特征相关的变量。相关实证研究结果表明,在大都市区的层面上,土地利用对出行需求存在一定的影响。Keyes[142]对美国 49 个大城市的横截面数据分析表明,人均汽油消费量随着城市总人口和位于中央商务区的工作比例的增加而上升,而随着生活在高密度地区的人口比例的增加而下降。如果交通基础设施和服务因内生而被忽略,这些影响估计会更大。Gordon 等[143]研究了 1980 年美国个人交通的平均通勤时间。通勤时间随着居住密度的增加而增加;这反映了更长或更拥挤的通勤时间。但通勤时间随着居住在中心城市以外人口比例的提高而下降,这表明,多中心或分散的土地使用模式使人们能够绕过中心拥堵[136]。

土地利用模式不是外生的,相反它们对交通系统反应强烈。由于相互作用是双向的,因此,试图用土地利用模式来解释出行决策可能会混淆因果关系。即使正确衡量了交通和土地利用之间因果关系的两个方向,它们也会产生令人惊讶的政策悖论。例如,为缓解拥堵而扩建高速公路可能会吸引更多的开发,破坏了预期的目标。扩大公共交通甚至会加剧高速公路的拥堵。因为即使是相对以公共交通为导向的发展,仍然会产生许多汽车出行。例如,旧金山湾区快速交通系统使外围车站发展成为主要的办公就业中心,但 95% 的到该中心的通勤采用汽车而非快速交通系统[144]。

另一个问题是土地利用模式难以被法令修改,极高的更新成本阻碍了土地利用模式的改变。因此,即使可以确定某种类型的土地利用模式对出行产生有利影响,也可能无法实现或以较低的成本实现预期的变化。即使在拥有强大土地使用权的国家,例如荷兰,土地使用政策也并不总能带来预期的变化[145]。在其他国家,例如美国,可以通过政策实现的土地利用变化非常有限。俄勒冈州波特兰市的城市化地区尽管实施了三年来旨在提高城市密度的严格政策,但人口密度仍然相对较低;原因之一是波特兰的政策显然将城市发展转移到了其无法控制的更偏远的司法管辖区[136]。在中国,政府对城市建设和土地利用拥有较大的权力,但在目前存量规划背景下土地利用的更新成本极高。

6.5　城市交通拥堵及经济学解释

6.5.1　城市交通问题

人、交通工具、交通设施相互作用、相互影响形成静态或动态的交通环境。城市交通问题的实质是以上三种要素的矛盾在城市时空中的表现,这种矛盾体现为在有限资源约束条件下如何满足交通需求以及提高交通服务水平。交通拥堵、交通混行、交通污染、交通事故以及交通管理等诸多问题可能引发交通环境的恶化。交通政策往往多考虑机动车出行的便利,在一定程度上牺牲了行人和自行车通行者的利益。交通工具排放了大量的有机化合物从而会引发呼吸系统疾病并导致温室气体的增加,产生空气污染和温室效应等环境外部性。交通环境的恶化和其他诸多原因会引发交通事故,从而产生交通拥堵并危害驾驶员、行人和骑车者的人身安全。

6.5.2 交通拥堵及经济学成因

城市道路属于准公共物品,不具有排他性,但在拥挤的情况下具有竞争性。交通拥堵是一个非常普遍的问题。城市交通环境的优劣可以通过交通拥堵程度等指标来衡量。交通拥挤是交通需求(一定时间内想要通过某道路的车辆数)超过某道路的交通容量(一定时间内该道路通过的最大车辆数)时,超过部分滞留在道路上的交通现象。

城市交通拥堵的原因很多,可以从工程设计和经济学的视角进行分析。首先,从空间规划的视角出发,城市空间蔓延、城市高密度发展和规划功能分区会导致交通拥堵。需要从城市形态和空间结构的角度出发减少不必要的交通出行,通过空间规划促进交通可持续发展。其次,从交通工程的视角出发,公共交通和私人交通等交通结构不合理以及交通规划布局和管理等方面存在的问题是造成拥堵的重要原因。道路设计中断头路、瓶颈路、路网结构、停车设施等问题也会造成交通拥堵[146]。交通设施规划设计与管理可以在一定程度上缓解交通拥堵问题,但当斯定律也发现工程建设并不能完全解决拥堵问题。本部分将着重从经济学的视角出发探讨城市交通拥堵的成因。

6.5.2.1 交通拥挤的度量

道路是时间和空间的资源,根据不同车辆对时空资源的占用来进行汽车的当量换算。出行当量是标准定量化测度,是单位时间的出行量,以汽车当量/当量车(passenger car equivalents,PCE)表示[7]。经济学中把由社会出行成本决定的交通量视为最优交通量,超出社会最优交通量的均衡被认为出现了交通拥堵。一般可采用两种指标来度量交通拥挤的程度:①特定路段单位时间内的车流量与道路容量的比值。②驾驶员边际时间成本与平均时间成本的比值。

6.5.2.2 私人成本与社会成本

交通涉及正和负的外部性。正外部性如城市道路带来沿线土地的增值或出行速度提高节省的交通时间等。负外部性包括由于拥堵耽误其他人的时间、交通污染成本、道路环境恶化以及交通事故增加。许多驾驶员都面临低速运行的交通问题,其时间和金钱都受到一定程度的损失。每辆车减缓了道路中车辆的运行速度,从而产生极大的社会成本。

交通成本可以概括为内在成本和外在成本。内在成本包括货币成本(如汽油成本)和时间成本(如损失时间的机会成本)等。有研究发现出行时间的价值占到估计内在成本的60%。短途司机出行时间的边际价值高于长途司机。货币成本和时间成本由驾驶员承担,称为私人成本或个人出行成本。

外在成本独立于市场机制,由企业以外的社会和公众共同承担。如交通造成的环境污染和噪声污染,以及道路拥堵带给他人的时间损失。即使每一个成本不高,但是加起来的总量却不容忽视。外部成本是社会成本中的主要研究对象。社会成本是包括造成外在成本的企业或个人在内的全社会和公众共同承担的成本,是私人成本和外部成本的加总。

6.5.2.3 平均成本与边际成本

个人出行成本是典型驾驶员产生的成本,也称为平均出行成本 AC(the average cost of travel)。社会出行成本表示与最后的或者边际的车辆相关联的社会成本,称为边际出行成本 MC(the marginal cost of travel)。边际出行成本是由于新增车辆带来的,是新增车辆自身的成本 AC 与其他车辆新增的成本(即外部损害)之和。因此,社会成本=私人成本+外部损害(或外部成本)=边际成本 MC。

假设 Q 代表道路上的车辆数,通勤的货币总成本为 m,D 为道路总长度。横坐标是交通量,纵坐标是速度 s。图 6-5(a)显示随着车辆增加导致速度的变化。由于交通不拥堵,速度 s 保持稳定。当交通量超过特定流量 Q',交通速度会逐渐降低。在道路上所用的时间为 $t=D/s$。如果通勤时间按照单位小时工资 w 计算,则时间成本为 wt。总的通勤成本 $c=m+wt=m+wD/s$,即时间和货币成本的总和。

图 6-5(b)显示了通勤成本 c 和交通量 Q 的关系,当道路不拥堵时,增加交通量对通勤速度没有影响。但当超过一定程度,更多的交通量导致交通速度的下降,从而导致通勤时间增加。因此,通勤成本曲线是通勤速度曲线的镜像。随着速度下降,通勤成本提高。$c=c(Q)$,即通勤成本是交通量的函数。当道路拥堵时,每增加一辆车,会导致总的交通成本提高。总交通成本为 $C=Q\times c(Q)$,即总的车辆数与每一辆车的成本的乘积。通过对 Q 求导,得到:

$$dC/dQ=c(Q)+Qc'(Q)$$

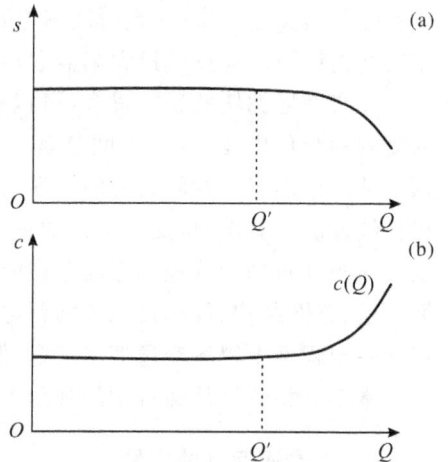

图 6-5 交通量与速度和成本
图片来源:Brueckner,2001

其包括两个部分:新增加的车辆本身导致的成本 $c(Q)$,以及该车导致道路上每辆车成本的增加 $c'(Q)$,所以,道路上所有车辆的新增成本为 $Qc'(Q)$,即新增加一辆车的外部性损害。

新增车辆的边际成本为 $MC=c(Q)+Qc'(Q)$,平均成本 $AC=Qc(Q)/Q=c(Q)$,即总成本/车辆数,是每一辆车的平均成本。因此,$MC=AC+Qc'(Q)$,也就是边际成本等于平均成本与新增一辆车导致的外部损害之和。如图 6-6 所示,如果道路不拥堵,新增一辆车的外部损害为零,AC 和 MC 两条曲线重叠。当道路拥堵时,MC 曲线位于 AC 曲线上方,两条曲线的垂直距离为新增加一辆车带来的外部损害[60]。

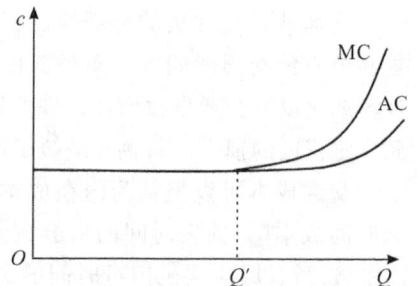

图 6-6 平均成本与边际成本
图片来源:Brueckner,2001

6.5.2.4 交通拥堵的经济学解释

微观经济学通常对商品或服务的需求与供给结构及两者的均衡进行分析。交通拥堵问题也可采用传统的供给需求分析方法来研究,但交通的性质使得需求和供给两者之间的边界较为模糊。例如,出行所需的时间是影响需求的因素,还是成本的一部分?但只要需求和成本的定义一致,这两种观点都是有效的。需求和供给结构是复杂的,涉及多种类型的人、模式、地点和时间。出于这个原因,找到一个一致的解决方案——经济学术语中的均衡——需要相当复杂的分析。另外,对于每一道路进行成本测算是困难的,整合所有成本更有难度。但是这些成本确实存在。

以图 6-7 为例,说明高峰和非高峰期道路空间的供给(边际成本)和需求(边际收益)。横轴 Q 表示车流量,纵轴 C 表示出行成本。在同一条道路中,当出行车流量较低道路不拥挤时,道路的需求曲线为 D_1,个人成本与社会边际成本相等,即 MC=AC,A 为市场均衡点。

当道路中车流量增加时,需求曲线由 D_1 变为 D_2。需求曲线与 AC 和 MC 的交点至关重要,因为它们显示了均衡交通量和社会最优的交通量。均衡交通量是 AC 与 D_2 的交点,相应的交通量为 Q_2。社会最优的交通量是 MC 与 D_2 的交点,相应的交通量为 Q^*,$Q_2 > Q^*$。社会成本 MC 是高于私人成本 AC 的一条曲线。随着外部性的增大,社会行车成本越来越高于私人行车成本。个人通勤均衡点位于 C 点,出行的私人边际收益与边际成本相等的出行量为 Q_2[7],该出行量是根据个人自身收益最大化而形成的,从每一个出行者来说是最优的,但从社会角度出发则不然。由于外部成本的存在,此时社会最优的出行量为 Q^*。因为驾驶员不需要支付驾驶的所有成本,所以社会最优的道路使用者数量低于私人最优的选择。

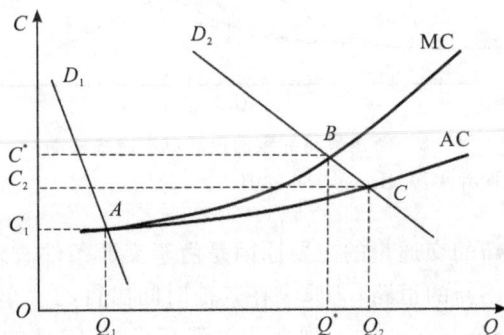

图 6-7　交通拥堵成本

6.6　交通拥堵的解决方式

6.6.1　交通供给及影响因素

城市交通供给表现为通过道路新建、改建和停车场等相关设施的建设所提供的道路网等硬件层面的供给和交通管理等软件层面的供给。基于经济学的视角,交通供给不足并不完全是交通拥堵的根本原因,还由于交通的免费使用、供给需求在时间上的错位等原因。例如道路的供给如果满足高峰时的需求,在低谷时就会出现闲置。因此,交通供给规模、供给方式以及与需求的关系是交通运输效率的重要影响因素之一,是探讨如何最有效地使用交通资源以满足人们出行的愿望和需求问题的关键。

6.6.2 当斯定理

对于交通工程师来说,解决交通拥堵的方法非常简单,就是增加道路容量。但这只是短期的解决方法。当斯(Downs,1962)将"资源需求的提高以满足供给"的帕金森第二定律(Parkinson's second law)变为"在城市通勤道路上,高峰时段交通拥堵上升以满足最大容量"。

新的道路设施会诱发新的交通量的产生,称为诱发交通,使得改善的效果全部被抵消,甚至导致交通需求超过交通供给,如图 6-8 所示,原有道路社会边际成本曲线是 MC_1,个人出行的边际成本曲线是 AC_1。增加更多的道路里程使得边际成本曲线向外移动,暂时地降低了私人交通成本,从而增加了需求量。与新建道路相关的社会边际成本曲线是 MC_2,私人边际成本曲线为 AC_2。随着道路容量的提高,最优出行量从 Q_1^* 提高到 Q_2^*。

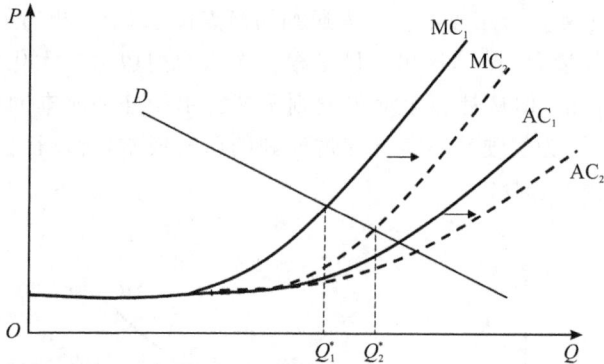

图 6-8 新建道路导致的边际成本曲线移动

图片来源:Brueckner,2001

交通条件改善诱发新的交通量的主要原因是由于交通条件改善:①原来使用其他道路的汽车驾驶者现在使用新的道路;②原来在其他时间出行的汽车驾驶者现在集中在特定时间出行;③原来乘坐公共交通的人现在改为驾车出行;④新的道路建设促进周围地区土地增值和沿线经济和社会事业的发展,产生更多的交通需求。例如,高铁的通车使得原本不必出行或不想出行的人有了更快捷的出行方式选择,导致出行人数的增加,沿线的开发建设使得更多的人在那里工作、生活和娱乐,出发地和目的地的增加导致了更多的出行需求。因此,通过道路的建设不可能完全解决交通拥堵问题。

当然,对交通基础设施新增加一个单位里程的边际成本和边际收益的估算是困难的。因为交通需求是引致需求,交通基础设施供给的收益无法单独分离出来。它与整个经济系统相互联系。

6.6.3 拥挤定价

长期来看,新道路的建设是必要的。但短期内,经济学家倾向其他的解决方案。人们出于自身利益做决定的结果,并不一定是总体最优的。交通经济学需要提供工具来理解和量化这些差异,并设计解决这些差异的政策。拥堵定价一直是城市交通经济学的标志,受到极大关注。拥堵收费最初由 Pigou(1920) 和 Knight(1924) 提出。20 世纪 60 年代,Walters(1961) 等学者对该理论进行进一步扩展。拥堵费最初的广泛使用是在新加坡,后来在伦敦采用。如新加坡对进入市中心的人收费,斯德哥尔摩采用机器记录车牌而收费。

6.6.3.1 拥堵税——负外部性内在化

消费者出行只考虑私人成本。社会规划师或决策者希望将社会成本引入交通配置考虑中。为了使得社会做出正确的决策,可通过征收拥堵税的方法解决。为减少外部性,政府可以对每辆车都征收交通拥堵税,直到私人成本达到社会成本,新的私人成本曲线与社会成本曲线一致。收税的部分是外部性损害。所有通勤者支付相同的费用,因为他们同等地增加了外部性成本。拥堵税等于个人出行成本和社会出行成本的差额,在数量上等于其所产生的外部成本。拥堵税使得拥堵的外部成本内部化。通过收税使外部成本转化为内部成本。根据外部性大小计算的道路收税,使道路使用者改变出行路线或出行时间,可以缓解拥堵并减少交通密度到可以接受的水平[7],或使得交通降低到社会最优交通量。通常情况下,拥堵税的收入可用于支持公共交通的改善[8]。

如图 6-9 所示,私人行车成本和开车者的边际收益的均衡点在 B 点,这时的私人行车成本是 C_B。而社会行车成本和开车者的边际收益的均衡点在 A 点,这时的社会行车成本是 C_A。所以,如果将外部性的部分($C_A - C_D$)作为交通拥挤税收取的话,就会降低道路上开车的数目,将会有 $Q_1 - Q^*$ 辆车离开这条道路,从而降低道路的拥堵程度。城市中大部分人因为交通拥堵税而受益,也有一些人因为交通拥堵税而利益受损。但总的来说,受益方的收益大于受损方的成本。

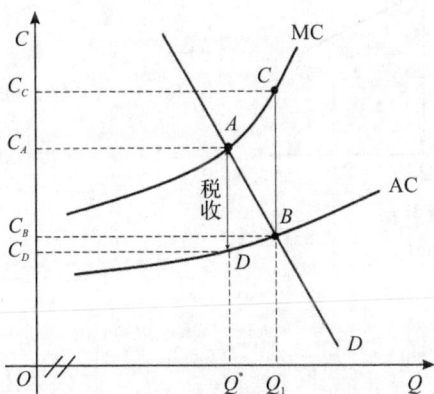

图 6-9 拥堵的外部性与拥堵税

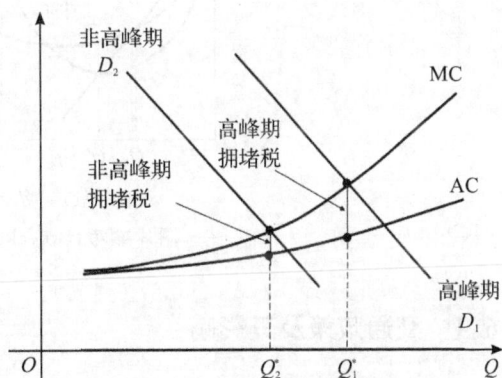

图 6-10 不同时段的交通拥堵税

个人出行成本和社会出行成本的差额随着时间和空间的不同而发生变化。为减少交通拥堵,经济学家倾向于可变通行费(图 6-10)。如在两者差额较大的高峰期,可以征收较高的拥堵税;在出行需求相对较低的非高峰时期,两者之间的差额逐渐缩小,可征收较低的拥堵税。驾驶员必须意识到通行费,并且当通行费过高时可以选择不同的交通线路。

拥堵税使使用者支付每次出行的社会成本,这样可使不需要在高峰小时出行或可以在非高峰小时上班的人受益。另外,高的交通拥堵税可以激励居民选择在城市中心居住,从而使得城市变得更加紧凑。拥堵税导致社会最优配置,至少与没有收税的情况比。但对拥堵税的不少反对意见认为,拥堵收费对富人有利但会加重穷人的负担,会导致社会不公。同时,高拥堵收费会加重邻近不收费道路的交通负担,甚至导致拥挤。有学者提出实时定价的收费比较公平,如晚上出行人数减少,拥堵不存在,也不存在外部损害,则不需要收费。但由于技术条件的限制或政府为提高收入,实际上在不同时间都会收费[60]。虽然对拥堵收费体制尚有争议,但通过其来缓解城市交通拥挤状况的基本认识已达成共识。

6.6.3.2　私人交通补贴

补贴不仅适用于公共交通,也可用于私人交通。就私家车出行而言,通常社会最优的交通量低于均衡交通量,但也会存在社会最优交通量大于均衡状态交通量的情况。当需求过低的时候,可对交通进行补贴,补贴的数量正好等于外部收益。如图 6-11,当 AC 和 MC 是 U 形曲线,两条需求曲线 D_0 和 D_1 与 MC 和 AC 分别相交。在交通量低的情况下,MC 曲线位于 AC 曲线的下方,说明社会成本低于私人成本,因为新增加的车辆将使得社会受益。

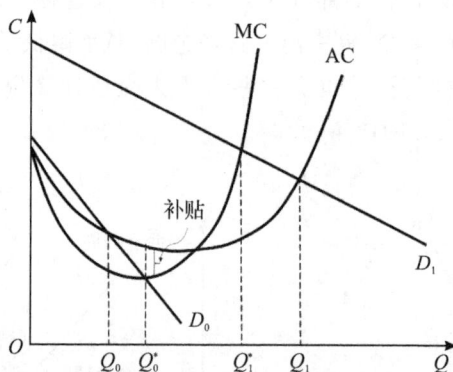

图 6-11　私人交通补贴

图片参考:Brueckner,2001

6.6.4　交通政策及其影响

在拥堵税不易实施的情况下,其他价格税可能更可行。拥堵的补救措施包括:停车费、汽油税和补贴公交等。但收取停车费的方法适用于在一天的任何时间出行的人,不论是否高峰小时都会减少交通量;无助于人们选择在一天的何时出行或哪条道路出行,也并不能改变人们在高峰期驾车的激励。同样,所有人都需要支付汽油税,无论是否高峰出行;即对在非高峰期非拥堵道路上出行的人和高峰期拥堵道路上出行的人一样。因此,两者都不是用来解决高峰交通拥堵问题的最有效方式。公共交通是解决交通拥堵问题的有效措施之一。

对出行方式的限制、对交通基础设施的改造以及增加或补贴不同的交通方式必然会对城市产生影响。在零售业,停车位的可用性和步行区决定了客户的需求水平和空间流动。交通政策会对商店的空间格局和租金的变化产生影响。如市中心停车收费等政策促使拥有大量免费停车场的郊区购物中心的兴起,从而改变了城市商业空间格局。对市中心办公出行的限制不太可能影响CBD的高端服务。然而,对于低阶服务,这些限制可能会加速这些公司向郊区位置(如办公园区)的长期分散趋势。因此,缓解拥堵的政策可能会减少对市中心办公空间的需求,出现郊区化、边缘城市或非边缘城市等城市空间结构。交通拥堵费也会对房地产市场产生一定影响,这取决于定价分区的位置。界线内侧的住房价格会相对较高。可能导致返回城市居住以避免交通拥堵的现象。这些影响将嵌入城市房价的空间结构中[8]。

6.7　城市公共交通

以上部分主要分析了私人交通出行拥堵和拥堵定价等问题。私人交通通常只能为一个或几个出行者服务。与私人交通相比,公共交通是通过公共汽车或地铁等大容量交通工具为大众提供出行服务的交通模式[147]。没有公共交通,很多城市就无法有效运转。

6.7.1　公共交通系统

公共交通是一种潜在地提高出行效率的方法。一般存在三种交通系统,自驾车、公共汽车和轨道交通系统。自行车道或步道也是一种类似的方法,可以让汽车的替代品更具吸引力,并说服人们改变出行方式。交通规划与设计会对私人交通量和公共交通乘客量产生影响,因此,修建哪一类交通系统是规划师和决策者关注的问题[148]。一般来说,公交系统的效率要高于私人交通系统。三种交通系统的成本也存在差异。如图6-12所示,横轴表示单位时间内通过的通勤者数量,纵轴表示通勤长期平均成本。

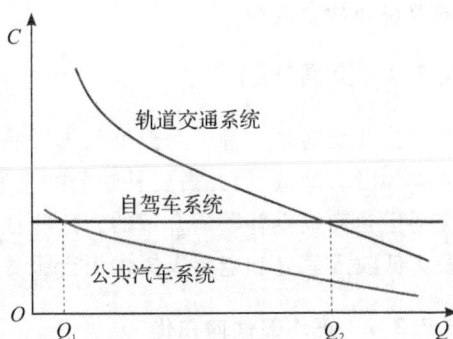

图6-12　交通系统成本
图片来源:冯云廷,2018

公共汽车系统的成本低于轨道交通系统。三条成本曲线具有不同斜率。假设自驾车平均成本与交通量无关,公共汽车和轨道交通系统的平均成本曲线斜率为负,即随交通量的增加成本降低。可用前面章节的规模经济理论解释该现象。如果交通量超过一定规模,公共交通系统的成本将低于私人交通系统。

提高服务质量、降低时间成本可提高公共交通的乘客量。许多城市通过缩短公交发车时间、增加公交站点、增加公交专用道等方式提高公共汽车系统的效率。同时做好私家车、步行骑车等交通出行方式与公共汽车、轨道交通之间的接驳,也可以提高公共交通系统的效率,从而吸引更多的乘客。

6.7.2 弹性与总收益

公共交通可由私人企业也可由公共部门提供。在决定公交票价是否上涨、判断上涨会如何影响公交企业收益的决策、公交补贴等问题时,可运用需求弹性与总收益的关系进行分析。当公交价格降低时,需求量增加。此时该公交运营总收益依赖于需求的价格弹性。需求曲线上任意一点的总收益是该点价格与需求量的乘积。由于价格与需求量呈反方向移动,所以两者的乘积存在一定的不确定性。图 6-13 显示了总收益与需求弹性之间的关系。当需求量大于单位弹性,即需求弹性大于 1 时,需求量的变动大于价格的变动。在该范围内,价格降低导致总收益 TR 提高。当需求量小于单位弹性,即需求弹性小于 1 时,需求量的变动小于价格的变动。在该范围内,价格降低导致总收益 TR 降低。当需求弹性等于 1 时,总收益最大[5]。基于不同类型的公交需求弹性,有针对性地进行公交价格的调整和公交补贴,将有助于提高公交企业的效益和社会效益。

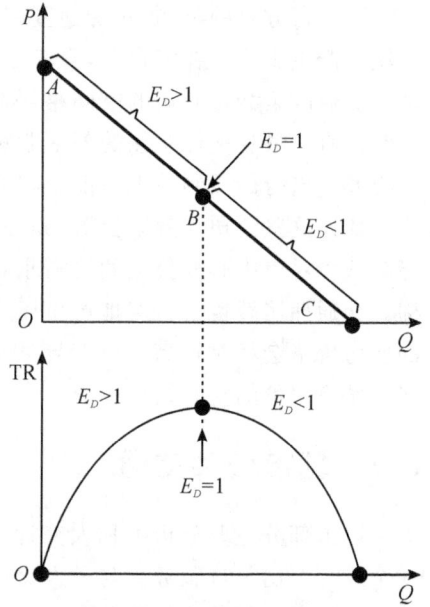

图 6-13 总收益与需求弹性
图片来源:Ragan et al.,2011

6.7.3 交通补贴

公共交通是一种较为典型的劣等品。随着人们收入的增加,乘客数量减少而服务和成本却没有降低,因此需要补贴公共交通来解决这个问题。公共交通的社会效益证明向交通运营商提供补贴是合理的。这些社会效益体现在减少污染、减少对停车位的需求以及为低收入家庭和老年人提供出行服务等方面。

6.7.3.1 正外部性内在化

正外部性是指在私人或市场利益之外,商品或服务带来的额外社会效益,即私人行为的收益小于社会总收益。当正外部性存在时,自由市场不能最大限度地提高社会福利。需求曲线体现了商品或服务的私人边际收益,正外部性可以以需求曲线上移的形式纳入市场供需的经济学分析之中。图 6-14 中的需求曲线反映了每一单位的产品或服务的社会边际效益。由图可见原来的市场均衡(Q_1,P_1)下并未达到社会经济效率最大化,供给量从 Q_1 增加到 Q^* 的过程中社会边际收益大于私人边际成本,新的均衡点$(Q^*,$

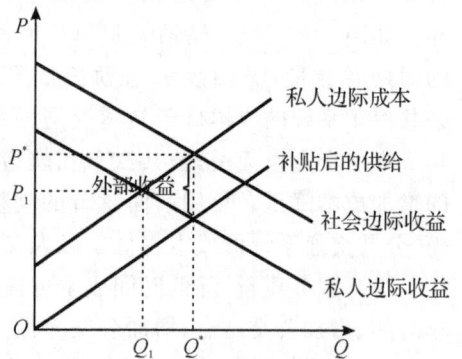

图 6-14 正外部性及补贴

P^*)是社会最优均衡。因此,有正外部性的情形下,供给水平会低于社会最优水平,不受监管的市场无法实现社会福利最大化。将产生正外部性活动的社会效益内部化,可提高社会整体经济效率。纠正这一市场低效的最常见政策是补贴,即对生产者进行支付以激励他们生产更多的商品或服务,或者对消费者进行支付以鼓励他们购买特定的商品或服务。

6.7.3.2 公交补贴

公交补贴是众多国家普遍采用的一种方式。公交尤其是轨道交通初始投资较大,新增乘客的边际成本微乎其微,容易形成自然垄断。由于规模经济的存在,长期社会边际成本 LMC 和长期私人平均成本 LAC 曲线均向右下方倾斜,如图 6-15 所示。LMC 与需求曲线 D 相交的点的乘客数量 Q^* 是社会最优的乘客数量。由于 LAC 曲线高于 LMC 曲线,LAC 与 D 相交的乘客数量为 Q_0,此时 $Q_0 < Q^*$。如果没补贴,公交系统运载量为 Q_0,就会出现亏损。为维持最优社会乘客数量、保持收支平衡,就需要政府补贴。对公交部门的补贴降低了公交企业成本,使得企业平均成本降低到 LAC',鼓励它们提供更多的服务。

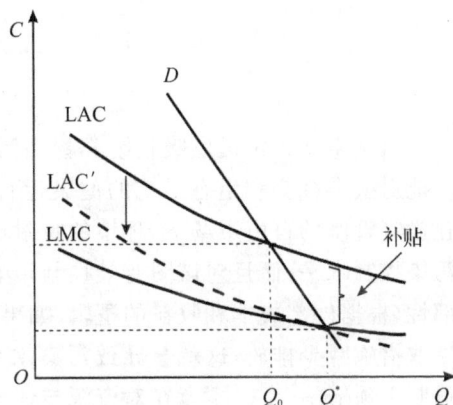

图 6-15　公共交通补贴
图片来源:冯云廷,2018

对乘客的补贴降低了公交价格,鼓励他们更多地乘坐公交,同时也改善了低收入者的福利,体现了转移支付的原则[148]。

6.8　小结

交通需求是一种引致需求或称派生需求,来源于从一地到另一地移动所产生的益处。传统框架一般考虑出行生成、出行目的地、出行方式选择和行程分配四个选择维度。交通需求模型可概括为整合需求模型与离散需求模型。需求弹性测度交通需求量对价格或其他影响因素变化的敏感程度。影响交通需求弹性的最主要的决定因素是可替代性、商品类型和依赖性等。交通拥堵是较为普遍的现象。拥堵主要是由于私人出行没有考虑负外部性带来的社会成本,导致社会边际成本高于私人平均成本。基于私人成本的出行量高于社会最优出行量,从而产生交通拥堵。当斯定理指出通过增加道路容量来解决交通拥堵的方法并不一定有效,通过道路的建设不可能完全解决交通拥堵问题。经济学家提出征收拥堵税的方式,将负外部性内在化,从而使得交通量降低到社会最优的水平。对于具有正外部性的公共交通而言,通过交通补贴的方式,将正外部性内在化,从而使乘客数量增加到社会最优水平。

7 城市资源与环境

自然生态系统提供吸收废弃物和污染的服务,又称吸附功能(sink function)。这一功能对人类社会和生态系统的健康运行都至关重要[149]。由于负外部性和产权等问题,在没有管制的自由市场下,环境的吸附功能极易被滥用。自由市场不仅不能产生有效的污染控制水平,而且对试图有效控制污染的企业提供了负向激励。环境污染是一种负外部性,根据外部成本和收益的逻辑,如果不采取措施对污染进行管控,污染者将没有动力采取措施减少排放,这就会导致污染水平过高。因此,在污染控制中需要政府采取某些强制干预措施[150]。本章在对资源与环境经济学的主要理论——外部性、资源产权、科斯定理等进行分析的基础上,描述经济学家用来比较污染控制方法的标准,并分析不同污染控制方法的特性。最后,对环境价值评估及绿色国民经济核算进行阐述,并进一步探讨两者的评价与核算方法。

7.1 资源与环境

7.1.1 资源与资源类型

资源是一个国家或特定地区所拥有的人力、物力和财力等的总称。与城市地区相关的资源类型包括自然资源、人力资源和资本资源。自然资源是自然界提供的原材料,例如森林、淡水和岩石。人力资源是提供商品和服务的人,例如建筑工程师。资本资源是用于为未来生产商品和服务的工具、设备和建筑物,例如用于开发住宅物业的起重机和卡车。

作为生产要素的土地,其上可用于开采的自然资源等可分为可再生资源和不可再生资源。不可再生资源(nonrenewable resources)有时也称可耗竭资源(exhaustible resources),指类似石油、煤或矿物等供给有限的资源。虽然从更长的历史时期如地质期的视角来看,这些资源是再生很缓慢的资源,但从对人类社会经济决策有价值的时间维度考虑,这些资源不能再生。相比之下,可再生资源(renewable resources)或称不可耗竭资源(non-exhaustible resources)是指有自然生长功能的生物资源,在捕获或收割后还能再产生。

不可再生资源的经济供给和实物供给不同。尽管位于地壳中的不可再生资源的实物供应有限,但确切的供应数量通常难以获知。经济可采储量提供了最常用的方法,可以计算资源的利用年限。但是三个因素会导致计算结果随时间改变:①随着时间推移,资源被开采利用,储量减少;②随着时间推移,新的资源被发现,资源储量增加;③价格和技术条件的变化可能会增加或减少现有的经济可采储量。这些因素都会增加预测资源使用年限的不确定性[149]。通过地质方法和经济方法相结合可以将矿产资源进行分类,如表7-1所示。其中,在表格水平方向上,确定性储量是已经知道数量和质量的资源,其中一部分是在20%的边际误差内测量得到的;另一部分是基于一定的地质原理预测或推断得到的。在尚未发掘的资源中,假定的数量是尚未被发现但在一定的地质条件下可能存在的资源。在表格垂直方向上体现了经济因素的影响。资源开发利用在经济上可行是左上角区域。品质较高且适合开采的资源是经济储量。因开采成本过高而难以产生生产价值的资源是非经济资源;随着价格上涨或者开采技术水平的提高,开采这些资源也可能产生经济利润。

表 7-1　不可再生资源的分类

	资源总量			
	确定性储量			尚未发掘
	证明已存在		推断存在	假定的	推测的
	测量	预测			
经济可行	资源储量				
经济不可行					

来源:美国地质调查局(USGS)的分类体系(Tietenberg & Lewis,2018)

7.1.2　环境

在经济学中,环境被视为能够提供一系列服务的综合资产。环境为经济活动提供了原材料和能量。原材料通过生产过程转化为消费品,而能量使这一转化过程得以进行。这些原材料和能量最终又以废物的形式返回到环境中(如图7-1所示)。环境也直接为消费者提供产品和服务,其中很重要的一部分称为生态系统服务[150]。环境是一种非常特殊的资产,为社会提供了维持生存的生命保障系统。与其他资产一样,我们希望环境资产增值或至少避免不当的贬值,使其可以持续地为社会提供维持生命的服务和美学上的愉悦。

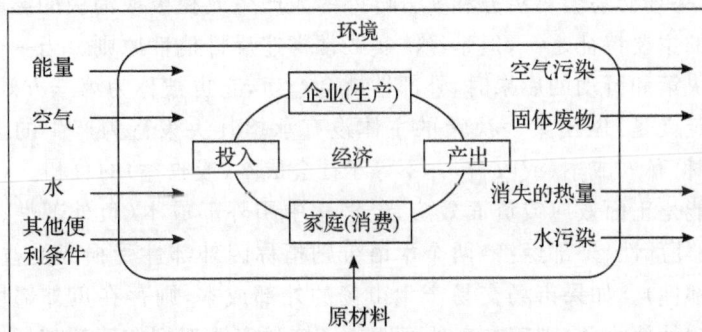

图 7-1　经济系统与环境

图片来源:Tietenberg & Lewis,2018

7.1.3　资源与环境经济学

经济学研究的是稀缺物品的配置。如果某种物品的数量不足以满足所有人的需求，就需要特定的程序决定每个人能够获得的数量，如市场配置、政府法令甚至战争。经济学特别关注市场机制作为稀缺资源分配的手段。由于市场无法内在化所有结果，环境经济学应运而生[151]。环境经济学倾向于考虑替代环境政策的成本和收益，以应对空气污染、水质、有毒物质、固体废物和全球变暖等问题[152]。

自然资源经济学（natural resource economics）倾向于更多地处理效率思想，特别是那些将外部福利成本内部化到整个市场体系中的思想，或者提供帕累托效率的解释，即不能进一步改进分配以使一个人的状况变得更好而不使另一个人变得更糟。另一种选择是一种低效的情况，个人和团体都可以通过额外的资源变得更好，主要是因为所使用的资源尚未达到其极限[3]。资源经济学从农业用地向更广泛的土地分类转变，包括所有自然的益处[151]。

资源与环境物品具有稀缺性。人类从自然界获取清洁的空气、水、森林、矿藏、金属及动植物等各种资源；同时人类行为也极大地影响自然生态系统的运转，导致污染、栖息地被破坏、物种灭绝和气候变化等环境退化问题，产生各种冲突和矛盾。环境与资源经济学旨在利用经济学工具分析环境和资源问题，如人们对资源的利用和滥用行为[6]，以及环境问题出现的原因和治理手段等，为资源管理和合理利用提供指导。

7.2　外部性理论

环境物品是市场失灵的一个典型案例。很多环境物品不能在市场上交易，在这种情况下，生产者或消费者无法根据市场信号改变自身决策。当个体行为导致环境污染和资源滥用等社会问题时，在市场缺失的情况下没有市场信号引导个体改变危害环境的行为，使环境问题愈演愈烈[6]。

市场失灵的一个主要原因是由于外部性问题的存在。环境外部性问题是环境经济学的核心理论之一。自18世纪亚当·斯密时代以来的经济学家一直主张，买卖双方自愿进行的市场交易能够使交易双方的境况比未进行交易时更好，从而带来整体社会福祉的提升。然而，市场交易会对买方和卖方以外的人产生或积极或消极的影响。排他性是有效产权结构的主要特征之一，但是经济实践常常违反排他性原则。当一个主体没有完全承担其经济决策和行动的后果时，外部性就会产生，它也被称为第三方效应[149]。对外部性较宽泛的定义是：做出某一决策的主体没有承担其决策行为产生的全部影响[150]。当外部性存在时，私人成本（或收益）并不等于社会成本（或收益）的总和。

外部性可能是正面效应或负面效应，经济学中用外部成本（负外部性、外部不经济）和外部收益（正外部性、外部经济）两个术语分别指称因外部性受损或受益的情况（此处不包括货币外部性）。如果市场交易产生市场的外部成本，则存在负外部性；反之，市场交易产生市场的外部收益，则存在正外部性。经济学家认识到在评估市场交易活动的社会整体成本和收益时，需要将这些对"第三方"的影响，也即"外部性"，也纳入考虑之中[149]。

环境污染是一种典型的负外部性问题。用市场经济分析中的需求和供给曲线简单阐释外部性问题,如图 7-2 所示。供给曲线反映了生产某种产品的私人边际成本,需求曲线反映了消费者消费该产品获得的边际收益。供给和需求曲线的交点(Q_1,P_1)反映了供需达到均衡状态,在这一点市场的经济效率最大,市场交易使生产者和消费者双方实现了最大化的总收益。但这是没有将外部性纳入考虑的情况。如果生产过程会对环境造成损害,将负外部性加入生产成本中得到社会边际成本曲线,这一曲线较先前的供给曲线向上移动,移动距离就是这一产品的外部成本。此时在供给为 Q^* 时实现的均衡将使社会利益最大化,产量超过 Q^* 后,生产每一单位产品产生的社会边际成本都高于边际收益。因此,在存在负外部性的情况下,先前的均衡(Q_1,P_1)不仅没有为社会带来最大利益,反而使社会的总经济效率低下。这是因为市场没有反映出产品对环境影响在内的真实成本,即经济学家所称的"外部社会成本"。

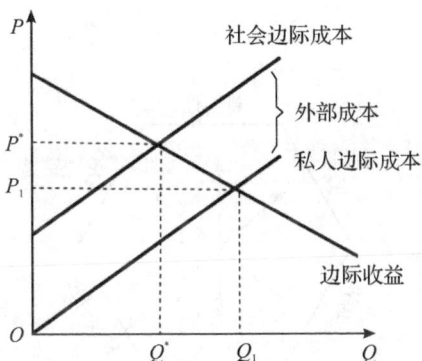

图 7-2　负外部性和外部社会成本

英国经济学家阿瑟·庇古(Arthur Pigou)在 1920 年出版的《福利经济学》一书中提出,如果污染产生者不将负外部性的成本内部化,就会出现生产过剩(Q_1-Q^* 就是过剩的部分),因此需要有将外部性成本内部化的机制,使社会外部成本进入消费者和生产者的市场决策中。最常见的方式是征税,这就是庇古税,也称污染者付费原则,即让排污者负担污染的社会成本。对污染者征税实质上增加了他们的边际生产成本,使供给曲线向上移动,如果税收被精确地设置为等于单位产品的边际外部性损害,那么新的边际生产成本曲线将与社会边际成本曲线重合。新的市场均衡(Q^*,P^*)状态下边际收益等于社会边际成本,实现了社会最优均衡。但这一做法面临的首要难题是确定环境损害的货币价值。如何将污染造成的众多环境影响简化为单一的货币价值,这一问题没有明确的答案。在某些情况下经济损失相对容易识别,如道路径流污染了城市的饮用水供给,水处理成本可以作为环境损害的货币估值,但是对河流湖泊等生态系统的破坏则更为无形和不易量化[149]。

7.3　资源产权理论

产权的基本问题是,权利的特征是什么? 谁拥有产权? 拥有哪些资产或资源? 这些问题有助于确定如何有效地使用权利,以及如何公平或公正地分配权利。产权得到明确界定的资源所有者会有强烈的动机去有效使用资源,因为资源价值的降低意味着个人的损失。明确界定的产权可以作为一种商品在竞争性的市场中进行交易。类比于市场经济分析中市场均衡和静态效率最大化的原理,产权的市场化交易能够提升整体经济效率,价格体系能够引导自利的生产者和消费者做出有利于社会整体福祉的经济决策。

7.3.1 产权及产权特征

生产者和消费者使用环境资源的方式取决于支配资源的产权。经济学中,产权指的是使用资源的权利束,用以明确所有者的权利、特许权和权利限制。产权研究的重点是理解权利的性质,谁拥有这些权利,以及与这些权利相关的结果。产权也可以用六个特征来描述:排他性、可转让性、期限、所有权质量、可分割性和灵活性[153]。图7-3用一个六边形描述这些特性,每条边代表一个特征,指向某个特征的箭头越长,该特征的维度就越大。在图中,就持续时间特征而言,产权具有完整的维度,但就所有权质量而言,产权具有相对较差的维度。

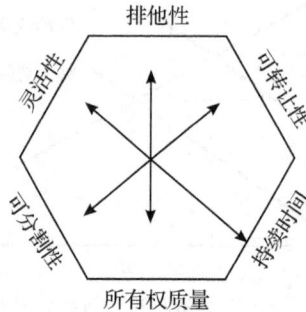

图 7-3　产权及其主要特征

图片来源:Devlin & Grafton, 1998

排他性是最重要的特征之一。如果不能排除他人使用或受益于资源或资产的收益流,就不存在产权。可转让性是指转让或让渡资产或资源或其收益流的能力。持续时间代表拥有权利的时间维度。例如,坐在公共汽车上的权利是非常有限的,相当于从上车到下车之间的车费有效期。相比之下,以简单收费和完全保有方式持有的土地的法定所有权实际上提供了无限的保有权。所有权质量是指权利在法律上或以正式方式得到承认的程度,如资产的所有权证书。可分割性表明权利持有人分割资产或资产收益流的能力。例如,房产的可分性较差,但从含水层抽取的水是高度可分的[154]。灵活性的概念指的是对其他特征未涵盖权利的使用的限制和义务。对权利灵活性的限制通常是对财产持有人施加义务的一种方式。例如,在许多城市,规划者规定业主可以做什么和不可以做什么来增加和翻新他们的财产。这种规定限制了所有者按照自己的意愿行事的灵活性。对于占自然资源和环境资产绝大部分的公共所有资源来说,在权利的灵活性方面主要有三个特征,包括访问或享用权、提取或收获权、管理权[155]。访问权指享用资产或资源的权利,但不包括从资产或资源中扣除的权利。例如,大多数进入保护区的游客只有进入的权利,不能以任何方式干扰或破坏动植物。如果持有人可以从资产或资源中收获或受益,则意味着具有更灵活的权利。例如,大多数有捕鱼许可证的渔民有权捕捞和消费鱼类,只要他们满足了这项权利的规定义务,如每日渔获量限制或最小尺寸规定。如果权利持有人能够协助资产或资源的管理决策,则存在更大的灵活性。例如,渔村社区成员通常会参与制定规则,规定村民可以在哪里、何时以及可以捕捞多少鱼。从这个意义上说,社区成员既有捕鱼权,也有对资源的共同管理权[154]。

7.3.2 产权制度

产权有许多不同的形式——由个人、代理人或企业等私人实体所有,社区所有,国家所有,或三种所有制度的混合。常见的产权类型有私人产权所有制度、国有产权制度、共有产权制度、无主物或开放获取制度(表7-2)。没有哪种产权结构比其他结构更受青睐,任何产权的相对优势都可能取决于资源的特点、制度结构和其他许多因素。

在产权私有制下,私人产权受法律保护,未经所有人允许使用或拿走这些资产的人会面临社会制裁和惩罚。在社会主义国家如中国,土地等自然资源是国家或集体所有的。在私有制为主的国家中也存在国有或集体所有的资源,如国家公园中的土地。此外,还有不受任何人直接控制的资源,如公海中的鱼、大气等。

在传统社会或部落社会中,资源产权的私有很少,更常见的是共同所有(如公共牧地)或开放获取(如捕猎的动物)。现代工业化国家将大部分资源、产品和服务的产权进行了清楚界定,但是仍存在很多很难用产权分类的资源、产品和服务。比如,对于一条自由流动的河流,社会或许可以清晰地制定取水、划船、游泳、垂钓等活动的产权规则,但是欣赏河岸景色的权利却很难由产权规定。在这种意义上,河流也是一种公共产权资源,因为它提供的河岸风景是一种非排他性的服务或商品[149]。

表 7-2 产权制度

类型	简介	案例
私人产权制度	私人拥有和支配产权	汽车
国有产权制度	政府拥有和支配产权。不仅存在于社会主义国家中,也不同程度地存在于世界上所有的国家中	国家公园和森林通常都由政府所有和管理
共有产权制度	共同所有者的一个专门小组共同拥有和管理产权。资源的使用授权规则,可以是受法律保护的正式规则,也可能是受传统或习俗保护的非正式规则。多种程度的效率和可持续性	瑞士阿尔卑斯牧场上的放牧权,限制牧场上可饲养的家畜数量,避免过度放牧导致牧场退化。权利和义务以家庭为单位代代相传
开放存取制度	无人拥有或行使资源的控制权。任何人或团体都没有法定的权利来限制其他人使用资源,人们依据先到先得的原则进行开发利用	海洋渔业、大气

产权的结构取决于许多因素,包括历史、界定产权的资产或资源,以及产权存在的制度和社会结构。我们通过考察私人、社区和国家权利的相对优点来探索这种多样性。在评价不同的产权制度时,应该强调的是,权利在空间和时间上有很大的不同,产权结构也有很大的差异。例如,在许多西方国家,个人或公司拥有大量土地。相比之下,在一些非洲国家,社区所有权占主导地位。即使在同一个管辖区内,产权也可能有很大的不同,例

如相邻的土地可能是公有的,由国家控制(在国家公园内),可能是私有的(附近的牧场),也可能是社区控制的(土著土地或土著土地保有权)。此外,一方的合法所有权可能不排除其他方参与资源的管理,或者根据土地收益的流向,存在所有三种权利制度的混合[154]。

7.3.3　产权排他性与资源收益

减轻或内化外部性的需要为产权如何随时间发展提供了解释。有些人认为,权利的变化是为了满足更好地将与消费或生产有关的外部性内部化的感知需求[156]。这种对产权发展的"进化"或"诱导性创新"的解释,意味着权利(产权)因以下两种原因之一而变得更具排他性:由于监督或执法成本的下降,或者由于权利人选择投入更多的时间和精力。例如,由于空中监控和其他手段,渔业的监控成本下降,使得国家能够对过去开放的资源进行控制。产权发展的第二种方式是资产或资源价值的增加。这种价值的增加可以为产权持有人提供更大的激励,使其投入更多的精力来确保更大的排他性。

对产权如何产生的演化解释是有见地的,但不应误解为产权必然会演化为更理想的制度。有许多例子表明,产权的改变减少了资源的总收益,尽管这种改变可能增加了某一群体或个人的收益。例如,贵族指定的专属私人狩猎林使皇室成员受益,而牺牲了农民的利益,因为他们以前将森林作为采集柴火、浆果和狩猎动物的场所。此外,由于产权有许多特征和层面,对目前的权利持有人来说,排他性的增加并不一定意味着所有特征的统一改善。例如,增加排他性的同时,可能会减少可分割性和灵活性,从而妨碍产权的互补性和非竞争性使用。因此,与更大的排他性相关的收益增加可能会被资源或资产的其他用途的损失所抵消。特征和产权制度的变化也几乎总是会导致社会中财富和收入的不同分配,而且可能不那么理想[154]。

7.3.4　资源产权效率

效率有许多定义,但判断产权制度效率的基准是帕累托效率(Pareto efficiency)的概念。简单地说,如果不可能在不使其他人变得更糟的情况下使一个人变得更好,那么这个结果就是帕累托有效的。因此,如果一个产权结构是有效率的,那就意味着从交易或交换中获得的所有收益都已耗尽。换句话说,如果商品和服务、资产和资源根据边际支付意愿和能力被分配到最高使用价值,那么结果就是有效的。

当私人行动对消费者的效用函数或生产者的生产函数有外部影响,并且影响不是通过价格体系传导时,就会产生无效率的结果。这种低效率是一种市场失灵,被称为技术外部性,可能是积极的(有利于他人,即正外部性)或消极的(损害他人,即负外部性)。技术外部性导致低效率,因为它们阻止资源被分配到其最高使用价值处。总的来说,交易成本的存在——与产权的谈判、交换和执行相关的成本——是外部性仍未解决的主要原因。事实上,技术外部性的存在意味着交易成本过高、产权规定不当或者存在某种其他市场失灵,如不完全竞争,这种市场失灵阻碍了互利交易取得有效结果。

当自然资本得到有效使用时,能够获得资源的人可以赚取长期的经济利润。这被称为资源租金。相比于房东由物业赚取的租金,资源租金源于对稀缺自然资源的所有权。公共所有资源处于开放获取状态时,私人使用者不会考虑自身行为产生的外部社会成本,往往导致过度开发。政府可以对获取和使用公共产权资源施加一定的限制,往往会为能够获得或使用公共财产的人带来资源租金或称长期经济利润。资源租金有时可以通过税收或者费用的方式收集,用于补偿在监管和限制使用中利益受到损害的人[157]。

7.3.5　开放获取问题

许多类型的自然资本都不是(且难以变成)私人产权。因此,完全的自由市场体系将会造成过度污染或资源退化。导致这一问题的原因有两个,一是开放获取问题,即对于没有使用管制的公共产权资源而言;二是公共物品问题。对于公共产权资源,如果人们仅根据私人收益和成本进行决策(不考虑私人行为的社会成本),就会对资源进行过度开发。

缺乏产权导致技术外部性的典型案例是开放资源,即任何人可以自由访问和提取的公共池塘资源。产权的缺失导致了"公地悲剧"[158],因为使用者只考虑私人成本,而不考虑他们的行为强加给其他资源使用者的成本。最终结果或"悲剧"是在经济意义上的过度开发或过度使用,因为较低的总体开发率有可能增加所有使用者的净收益。还有一种常见开放制度,称"有限使用者开放资源",其中资源使用者的数量受到限制,但使用或开采的速度不受限制。例如对地下水的开采权,使用者的人数一定,但在缺乏控制私人抽水活动的产权制度时,地下水会被过度抽取。

开放获取问题不仅可以解释牧场过度放牧、森林过度采伐、渔业过度捕捞等自然资源的退化问题,还能解释诸如空气、水体等环境污染排放源的污染问题[157]。

公地悲剧

开放资源问题在 20 世纪 60 年代后期哈丁(Garrett Hardin)提出的"公地悲剧"(tragedy of commons)问题中得到了最著名的阐述。他用在公共土地上放牧的案例来阐释这一点。对于一个牧人来说,在牧地上多放养一头牛的私人收益很大,私人成本却很小。因为,即便牧场因增加放牧量而退化,这些外部成本也是由所有牧民承担的。因此,追求个人利益最大化的牧人将会不断增加牧群的规模,直至牧场退化到不能供应牧群所需。因此,哈丁指出公共产权资源不可避免会被耗竭:在这样一个所有人都认为可以自由使用公共品,进而匆匆追逐并最大化个人利益的社会中,最终的结果就是毁灭[158]。事实上在很多传统社会中,牧业和渔业都是公共所有,并且在数个世纪中都得到比较可持续的使用和管理,在多数情况下这是通过非正式的社会制约因素以及防止过度开发的传统实现的。然而,现代化技术的发展、观念的变化和人口急剧增加带来的压力打破了这类传统,公地悲剧变成绝大多数开放获取资源的最终归宿。

7.4　科斯定理

7.4.1　科斯定理及其应用

科斯定理(Coase theorem)以诺贝尔经济学奖得主罗纳德·科斯(Ronald H. Coase)

的名字命名,他在 1960 年的文章《社会成本问题》(*The Problem of Social Cost*)中讨论了类似产权和外部性的问题[159]。科斯定理指出,如果产权界定明确且没有交易成本,即使存在外部性,资源的有效配置也会实现。交易成本是达成和执行协议所涉及的成本,包括获取信息的成本、谈判所花费的时间和精力,以及执行协议的成本。

可以通过产生外部性的经济活动的边际收益和边际成本来说明科斯定理。例如,假设一家工厂向一条河流排放污水,污染了下游社区的供水。这家工厂目前正在排放 80 吨污水。如果工厂被迫将排放物减少到零,它将不得不放弃一条有价值的生产线。因此工厂从排放污染中获得了边际收益,而社区由于供水受到损害而支付了边际成本。通过估算水处理的成本,可以对这些外部成本进行合理的定量估算。

如图 7-4 所示,当公司的边际收益等于社区的边际成本时,公司从生产中获得的额外收益正好平衡了因污染而强加给社区的额外成本。科斯定理指出,可以通过将污染权分配给公司或社区来实现。首先,假设社区有权决定公司可以排放多少污染。从图中可见,该公司愿意向社区支付大约 P_2 的价格来获得排放第一吨污染物的权利;而第一吨污染物对社区的损害是很小的。因此,这是一个成功达成协议的重要机会,公司将

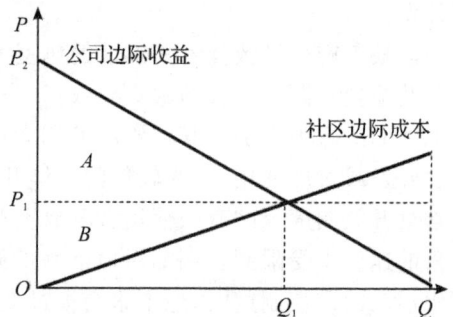

图 7-4 科斯定理的应用

向社区支付费用,以便能够排放第一吨污染物。只要公司的边际收益超过社区的边际损失,这个成功谈判的过程就会持续下去。随着污染物排放量增加,成功谈判的空间逐渐减小。最终,在达到 Q_1 的污染排放后,公司的边际收益与社区的边际成本都等于 P_1。公司不会愿意为第 Q_1+1 个污染单位支付任何高于 P_1 的价格,社区也不会愿意接受任何更低的价格。

科斯定理的论证表明,不管治理污染的产权如何分配,都可以得到有效的解决方案。如果这一权利得到明确界定,最重视这一权利的一方将获得这一权利,结果是污染的外部成本和生产的经济利益通过市场得到平衡。但要注意的是,谁获得初始权利对双方的利益分配有很大影响。在这两种情况下,生产的净社会效益是相同的,等于区域($A+B$)面积。但当社区有权决定污染排放量时,利益在社区和公司之间分配;当公司有权决定排放量时,社区有净损失,而公司有很大的净收益。通过重新分配污染或控制污染的权利,使一方的收入增加,另一方的收入减少。就效率而言,不同的权利分配是等价的,因为最终结果平衡了边际收益和边际成本,但就公平或社会正义而言,二者明显不同[149]。

7.4.2 科斯定理的限制

7.4.2.1 交易成本

根据科斯定理,产权的明确分配似乎有望为涉及外部性的问题提供有效的解决方案。在明确谁有"污染权"或"免受污染的权利"后,个人和企业将在他们之间协商所有污染控制和其他环境问题。通过这一过程,可以充分有效地解决外部性问题。从理论上讲,就不需要政府的进一步干预。这是自由市场环境主义背后的理论基础。实际上,通

过建立环境产权制度,这种方法寻求将环境引入市场,允许自由市场处理资源使用和污染监管问题,因为利益相关方可以在没有政府监管的情况下协商自己的解决方案。

这种方法在特定情况下可能有潜力,特别是在水权等领域。但是它也有严重的局限性。简单地分配产权并让不受监管的市场来解决环境和资源问题存在哪些问题?科斯定理假设不存在阻止有效谈判的交易成本。上例只有两方在谈判。如果 50 个下游社区受到工厂废水污染的影响,会如何?协商污水排放限制的过程将会非常烦琐,甚至是不可能的。如果有几个工厂而不是一个,这个问题会更严重。因此,由于存在巨大的交易成本,有效率的结果可能无法产生[149]。

7.4.2.2　搭便车效应和抵制效应

大量受影响的社区可能会出现另一个问题。假设赋予工厂污染的权利,然后社区可以为减少污染付费。但是每个社区将支付什么份额呢?除非得到全部社区的一致同意,否则可能无法向公司提出具体报价。没有一个社区或一群社区会挺身而出支付全部费用。事实上,每个社区都有动机等待其他社区付费,从而免费获得污染控制的好处。这种成功谈判的障碍被称为搭便车效应,即不支付自己应承担的费用但仍试图获得利益的倾向。

如果社区被赋予"免受污染的权利",工厂必须对它们排放的任何污染进行补偿,也会出现类似的问题。谁来决定哪个社区获得多少补偿?因为所有社区都位于同一条河上,任何一个社区都可以行使某种否决权。假设 49 个社区与该公司就允许的污染水平和赔偿达成了协议。第 50 个社区可以要求更高的补偿率,因为如果它拒绝同意,整个协议将失败,公司将被限制为零污染(即被迫关闭)。这种与搭便车效应类似的现象被称为抵制效应。

因此,科斯定理一般不适用于大量当事方受到影响的情形。此时就需要某种形式的政府干预,如监管或庇古税。政府可以为污染物排放量设定一个标准,或者对每单位污水征税。这不是一个纯粹的基于市场的解决方案(尽管税收确实通过市场过程产生影响),因为政府官员必须决定监管的严格程度或税收水平。

7.4.2.3　环境公平和正义

对科斯定理的其他批评涉及它对公平的影响。假设在上述污水排放的案例中,遭受污染的社区是一个低收入社区。即使水污染造成了严重的健康影响,社区也可能根本无法向污染者付费使其减排。在这种情况下,产权的初始分配就至关重要。如果污染权被分配给公司,污染水平将会显著提高。即使权利分配给了社区,贫困社区也会因为迫切需要补偿资金而接受有毒废物堆放场和其他污染设施选址。尽管这显然符合科斯定理(这是一项自愿交易),但许多人认为社区不应该被迫用居民的健康来换取所需的资金。对自由市场环境主义的一个重要批评是,在纯粹的市场体系下,较贫困的社区和个人通常将承担最沉重的环境成本负担[149]。

在考虑科斯定理的局限性时,另一个需要注意的问题是环境对非人类生命形式和生态系统的影响。到目前为止,我们的例子都假设环境损害会影响特定的个人或企业。对于不直接影响个人,但使植物或动物物种面临灭绝威胁的环境损害,又该如何处理呢?

如果某种农药对人类无害,但对鸟类致命呢?谁将步入市场捍卫非人类物种的保护?类似的,产权通常仅限于当代人,那下一代的权利呢?许多环境问题具有长远影响。不可再生资源的权利可以在当前分配,但是这些资源将在未来的某个时候被耗尽。当前生态系统的破坏和物种的丧失将对所有后代产生影响。

在某些情况下,产权根本不是处理环境问题的合适工具。例如,确立对大气层或公海的产权是不可能的。当我们面临全球变暖、海洋污染、鱼类资源减少或濒危物种等问题时,作为经济体系基础而发展起来的私有产权体系不能完全延伸到生态系统。也许可以利用市场交易,例如可交易的排放许可证或捕鱼权,但这些只适用于生态系统功能的有限子集。在许多情况下,其他一些经济分析技术将有助于考虑人类经济活动和更广泛的生态系统之间的相互作用。

7.5 环境管制

污染控制经济学的两个基本问题是:①什么是有效率的污染水平? ②为了达到既定的污染水平而需要削减排放量时,应如何在不同的污染物排放源之间分配减排责任?[150]在这一部分,我们首先解释有效污染水平的概念,然后描述经济学家用来比较污染控制方法的标准,并研究不同污染控制方法的特性。

7.5.1 污染的性质

污染物的性质会影响污染控制策略。污染以各种形式和规模出现。某些污染物只有在排放时会产生负面影响,而且很容易被环境吸收,被称为流动污染物。有些污染物产生的负面影响会随着时间的推移而积累,消散或分解的速度很慢,被称为累积性污染物。也可用污染源的特征来区分污染类型。来自可识别的移动源(如飞机)或固定源(如烟囱)的污染物称为点源污染,这类污染通常比非点源更容易识别和控制(如耕地中施用化肥对区域径流的污染)[154]。或按照污染物的影响范围,分为局地污染物和区域污染物,或按垂直影响范围区分近地浓度和高空浓度。

了解污染物的影响、扩散方式和位置对于选取合适的污染控制方法很重要。某些污染物的潜在影响机制相对比较明晰,例如未经处理的污水对人体健康和水生生态系统的影响;但有些情况下,当前对污染物影响机制的认知还存在相当大的不确定性(例如持久性有机污染物)。有些污染物在排放后很快均匀地分散,有些则长时间保持高度集中(如固体废物)。在减排成本和收益方面也可能存在不确定性。污染是地方性的、区域性的还是跨越国界的,以及污染发生地的机构管辖权也有助于确定控制污染的首选方法。考虑到污染发生的方式、时间和地点的巨大差异,针对不同的情况开发了不同的污染控制方法。

7.5.2 最优污染水平

污染是任何经济生产活动不可避免的副产品,达到零污染水平就意味着停止所有生产活动。因此,社会必须接受一定的污染。通常,这一污染水平会随着社会的发展和技术的进步逐渐降低。经济学家认为需要确定最优污染水平,也即实现社会效益最大化时的污染水平,这一概念并不意味着污染是可取的。在一个理想的世界里,我们希望零成本、无污染地生产社会需要的东西。然而现实生活中,我们只能选择减少或"减轻"污染。用帕累托效率的概念来定义,最优污染水平也即有效污染水平。如果减少污染的成本超过了收益,减少污染就比较困难。因此,对许多污染物来说,有效污染水平是正的[154]。

污染具有负外部性,根据外部成本和外部收益的逻辑,不存在管制的市场会产生过多的污染。只有当外部性被完全内化时才会产生最优污染水平,此时产品生产量和污染量比无管制之时更低。要注意的是,对于流动污染物来说,有效污染水平是单位时间内某一固定的排放水平。相比之下,一般来说,累积性污染物的有效污染水平不是固定的,而是一个函数,其值会随着时间的推移而变化。

7.5.2.1　单个企业最优污染水平

在图 7-5 中,无管制状态下的污染水平设为 Q_{max}。降低污染的成本包括安装污染控制设施、采用低污染的材料等。如果企业被要求将污染降至这一水平之下,理性选择和利益最大化原理会促使企业首先采用成本最低的减排方案,因此边际减排成本(MCR)曲线会随着污染水平的降低而不断升高。考虑污染造成的边际损害(MD),可以预期边际损害会随着污染水平的升高而不断上升。边际损害曲线还体现了减排的边际收益或可避免的损失。

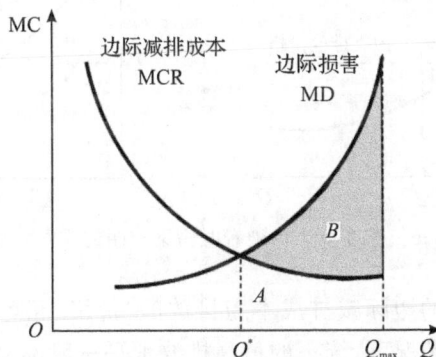

图 7-5　最优污染水平

图片来源:Harris & Roach,2018

在 Q_{max} 时,污染对社会的边际损害很高,而减少污染的边际成本较低。MCR 和 MD 曲线于 Q^* 相交,意味着降低污染的边际效益和边际成本相等。如果采取某些管控方式促使污染水平降到 Q_{max} 以下,企业将污染水平从 Q_{max} 降低到 Q^* 的成本是区域 A 的面积,而社会总收益是区域 $A+B$ 的面积,因此减排带来的社会福祉净增量是区域 B 的面积。总社会效益就会增加,一直到减排的边际成本与边际收益相等,即达到最优污染水平 Q^*。

有效污染水平的目标几乎永远无法实现,因为决策者无法获得精确信息了解所有污染源的边际减排成本或边际外部成本。一个可实现的目标是确保污染控制的方法具有成本效益。换句话说,一定数量的污染减少或消减是以最低成本进行的。仅仅使用这一标准,让污染者灵活地根据污染"价格"(如许可证的市场价格或每单位排放的费用)来调整它们的生产和排放水平的污染控制方法,一般来说,会比规定最高和统一的排放水平的监管方法更受欢迎。在前一种情况下,污染者会使它们的边际减排成本与污染价格等同。假设边际减排成本增加，而污染者不能影响排放价格，如果污染者的边际减排成本大于污染价格，它就有动力增加其排放量（减少减排量）。

7.5.2.2 多个企业最优污染水平

图 7-6 可以体现存在多个污染者时，减排措施的经济效率的概念。如果企业的边际减排成本低于污染"价格"，企业就有动力减少排放量（增加减排量）。如对于污染者 1 来说，将排放量从 Q_1 减少到 Q_1^* 的净收益是三角形区域 A。由于污染者 1 减排会获得额外的收益，因此会继续减排一直到其减排边际成本与污染排放价格相等。如果企业的边际减排成本超过污染价格，企业就缺乏减少排放量的动力。如对于污染者 2 来说，如果将其排放量从 Q_2^* 降低到 Q_2，减排的额外成本将是价格线下 Q_2 到 Q_2^* 之间区域的面积，即三角形区域 B。由于污染者 2 减排需要支付额外的成本，因此不会继续减排，而是维持当其减排边际成本与污染排放价格相等时的污染量。

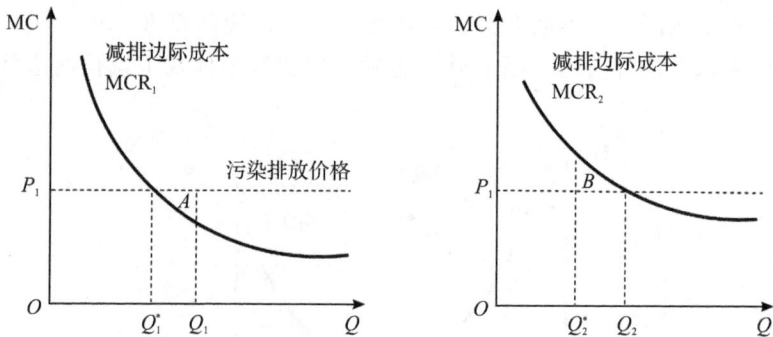

图 7-6　存在多个污染者时污染控制的成本效益

污染者将通过使它们的边际减排成本与排放的"价格"相等来使污染控制的成本最小化。在有多个污染者的情况下，统一的最高排放水平一般不会确保最低成本的污染减排。多个不同污染者的统一排放水平意味着，如果边际减排成本较低的污染者将其排放减少一个边际量，而边际减排成本较高的污染者将其排放增加相应的量，则减排的综合成本将减少。因此，只要规定所有污染者支付相同的污染排放价格，并且它们的减排成本曲线是平滑的，那么污染排放就会以具有成本效益的方式得到控制。即统一的最高排放水平不一定确保最低成本的减排，而规定统一的排污价格可以确保最低成本的减排。

7.5.2.3 其他标准

除了成本效益分析外，还存在其他的效率定义方式，也可被用来比较污染控制方法。例如，动态效率指的是一种污染控制方法在一段时间内为污染者提供持续的激励，以进一步减少它们的排放或排出的能力。在污染控制方法的动态效果方面，一个相关的概念是污染控制方法对环境变化的灵活程度。例如，一个根据市场力量自动调整污染"价格"的污染控制方法是灵活的。相比之下，一个需要监管部门审查才能改变的污染控制方法则缺乏灵活性。

尽管经济学家非常关注效率，但在选择不同的污染控制方法时，其他标准也很重要。

公平的概念是指谁承担了污染控制的成本,谁享受了污染控制的益处。例如,有些人认为,造成污染的人不支付至少部分减排成本是不公平的。这种公平的概念包含在"污染者付费"的概念中,即那些污染者应该承担减排和补救行动的费用[160]。评估不同污染控制方法的另一个标准是机构成本。有些方法在建立和确保充分的监督和执行方面是很昂贵的。根据机构设置的不同,这些成本在一些地区可能是无法负担的,而在另一些地区,机构可能缺乏充分监测和执行排放的能力。因此,在某地可能更受欢迎的污染控制方法,在公共机构运作不良的另一地可能是不合适的。

7.5.3 污染控制手段

目前存在四种基本的污染控制手段:①庇古税,即对每单位的污染物排放征收的税;②可交易的污染许可证;③污染排放标准;④基于技术的管制。设定污染标准和采用的污染技术手段属于命令控制型的污染管控方式。相对之下,污染税和可交易的排放许可是基于市场的污染管控方法,它们不直接要求污染者采取具体行动,而是通过市场传递排污成本有关的信息,为减排提供强烈的经济激励。这些管控方法在不同的情况下各有自身的优势,没有统一的优劣之分;现实政策设计中常采用多种方法的组合。下面从经济分析的角度对四种污染管控方法做简要介绍。

7.5.3.1 命令控制型管控

"命令控制型"污染减排包括一系列实施监管标准的方法,如设定最大允许排放量标准、生产过程的技术标准,或可能规定投入和产出要素的使用以及产生污染的活动地点的其他控制措施。与其他污染控制方法一样,命令控制方法需要监测污染者的行为,并对不遵守规定的污染者使用罚款或其他制裁手段。

(1)污染或排放标准

污染或排放标准是通过设定允许的污染水平或规定产品用途来管控环境负外部性。在一个完全信息和零交易成本的世界里,可以通过使每个排放源的边际外部成本等于其边际减排成本,有区别地制定标准以确保帕累托效率。不幸的是,这样的信息几乎永远无法获得。因此,通常对整个行业实行统一的污染排放规定。这一方法的优势在于可以预先确定控制的结果。这一点对于明显危害公众健康的污染控制尤为重要。对所有污染者实施统一的标准可以确保任何人的排放量都不超过危险水平。但由于不同主体的边际减排成本(MCR)有差异,设定统一的标准通常不是以最低成本实现预定减排目标。另一个问题是,污染者在达到既定标准以后就没有进一步减少污染的动力。

(2)基于技术的管制

规定污染控制技术手段这一方法要求污染者采用特定的污染控制技术。以技术为基础的监管的主要优势在于执法和监管成本相对较低。设定污染标准的管控方式要求定期监测排污主体的污染水平以确保合规,而基于技术的管控方式可能只需要偶尔检查以确保设备安装和正常运行即可。如果规定所有污染者都采取特定的减排技术或产品,产品的广泛生产、标准化应用可能会降低其生产成本,从而形成成本优势。但这一方法牺牲了污染者对减排方法选择的自由度,也不鼓励技术创新,因此也可能不具成本效益。

（3）命令控制型方法扩展与应用

命令控制型方法对于选址和规划决策特别有用。例如，将产生污染的活动与受排放阻碍的其他活动分开的分区规划法规。在许多情况下，分区决策符合"预防胜于治疗"的原则。例如，分区法规能够以较低成本避免潜在的巨大负外部性。同样，对于一些具有临界效应和非常高的外部成本的污染物（如高放射性废物），对其储存或加工地点的严格规定有助于防止高昂的环境成本。从这个意义上说，对不遵守行为进行监控和处罚的严格控制或标准可能比其他方法更可取。

在针对点污染源治理的污染控制措施难以施用的情况下，命令控制法也提供了一种解决非点污染源的手段。例如，很难确定水体污染中某些杀虫剂的来源和污染量，禁止或限制其使用方式和时间的法规可能是首选的控制方法。命令控制法的另一个优势是，它可以通过确定最大允许排放水平，作为跨行政边界或全球性污染物的第一层监管。例如，根据 1997 年《京都议定书》，大多数富裕国家（除美国外）同意减少温室气体的排放。因此，不排放超过固定数量的温室气体是一种命令控制措施，尽管它并不妨碍各个国家使用其他方法（如碳税），以降低自身实现减排目标的成本。多种工具的组合有助于确保以经济有效的方式达到标准[161]。

7.5.3.2　基于市场的管控

设定污染标准和采用污染技术手段属于命令控制型的污染管控方式。相比之下，污染税（庇古型）和可交易的排放许可（科斯型）是基于市场的污染管控方法，它们不直接要求污染者采取具体行动，而是通过市场传递排污成本的有关信息，为减排提供强烈的经济激励。

（1）污染税或补贴

控制污染的一种方法是对每单位排放量征收费用，或者对减少的每单位排放量进行补贴，这两种方法都会促使污染者考虑它们的排放给其他人带来的成本。污染税是污染者通过纳税来承担污染的外部成本，当减少污染的边际成本低于税收时，减排符合它们的利益。图 7-7 说明了在征收污染税时污染者将如何应对。Q_{max} 是未征税时的污染水平，MCR 曲线显示其边际减排成本。如果征税水平为 P_1，污染者会发现将污染水平降低到 Q_1 更为可取。原因是，如果污染水平维持在 Q_{max}，污染者需要缴税 $B+D+$ $E+F$；污染水平降低为 Q_1 时，污染者需要缴税 $B+$ D，减排给污染者带来的总成本是 $B+D+E$。因此降低污染水平至 Q_1 节省了图中 F 区域的成本。同理，如果设置更高的征税水平 P_2，污染者将进一步减排至 Q_2。随着减排幅度的增大（即污染水平降低），边际减排成本更高，但是只要边际减排成本低于税收水平，污染者选择减排是更具成本效益的[149]。

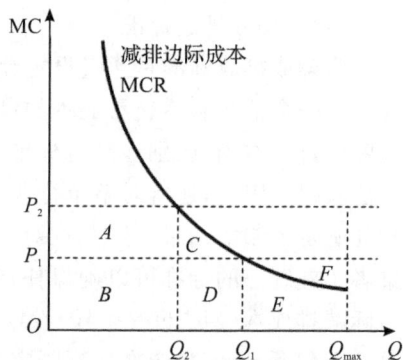

图 7-7　征税对污染者行为的影响

庇古税这一方法虽然具有理论上的优势，但其他因素可能会导致它并不是理想的方法。比如，会涉及高昂的监测和执行成本。如果排放水平与投入的使用（如煤、石油或天然气的碳或硫含量)或产出(固体废物)密切相关,有时对排放本身以外的东西收费可能更容易。在移动污染源(如汽车)的情况下尤其如此,在全国范围内对车辆使用的燃料进行监测和征税的成本可能比对每辆汽车的排气管排放进行收费的成本低几个数量级。出于这个原因,一些国家已经采用燃油税来帮助解决与车辆使用相关的外部性问题。

这一方法的另一个潜在问题是,排放的时间和地点影响到污染的外部成本。例如,温室气体迅速而均匀地扩散,因此排放发生的时间和地点不会影响它们对环境的影响。相比之下,对于一些污染物(如烟雾以及它是出现在社区的上风口还是下风口),污染的时间和地点会影响它带来的外部成本。在这种情况下,对污染者排放的烟雾统一收费不会产生有效的结果。这是因为每个污染源都有不同的外部成本,无法通过对所有污染源统一定价来解决。根据排放源的边际外部成本实施不同的收费需要特定的信息,而这种信息可能是不存在的。

一个可能的替代方案是根据特定接收点的污染排放测量值收费,即通过测量污染源对空气或水质的影响以及确定的位置来衡量污染源的影响。但这一方法所需的信息使其在许多情况下难以实现。出于实际原因,收费往往是基于排放水平或相关的产出和投入,而不是直接基于排放的影响。例如,欧洲一些国家和美国都会收取雨水排放费来控制雨水径流污染,当收费定在适当的水平,这一方法能以具有成本效益的方式解决污染外部性[154]。

(2)可交易的污染许可证

许可证交易机制在 20 世纪 60 年代被提议作为污染控制的一种方法[162],但是直到70 年代,可交易的排放许可才被首次使用。许多不同的国家目前针对多种污染物建立了排放许可交易机制,包括欧盟(臭氧消耗物质)、智利(颗粒物)、加拿大(挥发性有机化合物和氮氧化物)和美国(空气污染物)[154]。

污染税的一个缺点是很难预测征税能够实现的总减排量,它取决于每个污染主体的MCR 曲线,而对此政策制定者难以获得全面、准确的信息。环境经济学家一般认为市场是分配环境商品或负担的最具成本效益的机制,可以建立可交易的排污许可制度,又称为上限交易(cap & trade),即首先对污染或排放设定监管"上限"(cap),然后作为可交易的许可或额度以免费分配或拍卖的方式分配给排污主体,各主体之间可就此进行交易或转让。由于排污主体之间 MCR 存在差异,MCR 较高的污染者购买额度,而 MCR 较低的污染者愿意出售额度。排放或污染的总量仍在"上限"之内,但总体减排成本低于要求每个主体减少等量污染且不能交易的情况。经济学中的科斯定理指出,在产权分配给污染者且交易成本为零的情况下,无论初始产权如何分配,都能实现最有效的减排。污染者之间将进行交易,直到所有污染者的边际减排成本相等。实际案例中选择征收排污税或建立交易许可制度,往往取决于减排成本以外的一些因素如行政管理成本等。

可出售的排放许可证背后的原则是,每一个污染源都面临着相同的排放"价格",而且这种许可证代表了一种持久的和专有的产权。如果市场是竞争性的,交易成本低,每单位排放量的市场价格向污染者提供了类似于排放费的经济信号。也就是说,如果污染者的边际减排成本低于排放的市场价格,那么它就出售其不再需要的超额许可。相反,如果一个污染者的边际减排成本超过了排放的市场价格,它就要支付购买许可证和降低减排的费用。因此,所有污染源的边际减排成本是相等的,保证了污染控制的成本效益。

然而应该强调的是,污染控制方面的价格和数量平等手段只存在于非常特殊的情况下。一般来说,污染者在交易排放许可证时会产生交易成本,排放市场可能不具有竞争性,因此并非所有污染者都面临同样的价格,而且污染者和环境监管者的成本和回报都存在不确定性。可交易的排放许可证可以产生成本有效的污染控制方法,但这并不意味着排放许可证一定会产生有效的结果。即使每单位排放的边际外部成本是一个常数,并且对所有污染源都是一样的,只有当排放上限或总水平等于污染的有效水平,并且确保科斯定理发生的条件成立时,才有可能产生有效的结果。

与污染收费不同,可交易的排放许可制度确实提供了污染水平的确定性,但是需要有一个适当的监测和执行系统。但监测可能涉及很高的经济成本,而执法需要一套制度来确保不遵守规定的污染者受到适当的制裁。因此,在制度不完善、污染者可以无视数量控制的地方,可交易的排放许可制度可能并不合适。一个可能存在的问题是,当排放集中在少数污染者手中时,排放许可证市场不是完全竞争的,这可能导致市场扭曲。因此,在建立可交易的排放许可制度时,监管者需要确保市场的竞争性,并确保污染者和监管者的交易成本尽可能小。可交易的排放许可可能会引起另外两个问题。污染源之间的交易可能导致一些污染者增加它们的排放量,导致污染"热点"。此外,在某些情况下,污染者有可能从受控排放转向不受控制的污染物,从而减少排放许可制度的动态优势。

另一个问题是,设定最初的许可额度分配可能会引起争议。污染者有充分的动机确保基准排放量尽可能高,而环保组织可能希望排放总量上限尽可能低。分配基准排放量的部分争议在于,排放许可代表着一种有价值的产权。如果基准排放量是根据过去的排放量免费或"不受限制地"给予污染者而不是拍卖的,那么最初分配的排放许可证就是一种不劳而获或意外的资本收益。因此,收费和排放许可可以相互补充,共同为采用"清洁"技术提供更大的激励[163]。

没有一种方法在每种情况下都是可取的。即使面临的污染物相同,污染的外部影响相似,一个地区的污染控制方法也可能不适合另一个地区。总之,在将减排成本最小化作为重要标准的地方,只要有足够的监督和执行,均衡各种污染源"价格"的方法(排放费和可交易的排放许可证)将会受到青睐。如果公平是最主要的标准,例如那些对污染负有责任的人最终要为减少污染或补救付费,那么要求污染者付费的办法(责任规则和排放费)可能是监管者选择的手段。然而,在一个具有跨时间和经济范围影响的次优世界中,选择适当的污染控制方法和期望的污染减少水平是一个很难解决的问题。在由于阈值效应而不得超过排放水平的情况下,数量工具(许可和标准)可能更受青睐。根据污染物的类型,不同的污染控制方法也可能各有优势。

7.6　环境价值评估

环境对人类社会有巨大的价值,不仅能为经济系统提供原材料投入,还能提供清洁的空气和水、自然环境的审美享受、防洪排涝的生态功能等环境产品和服务。这些环境物品的价值仅有很少的部分能以市场交换的方式体现并被纳入决策中。因此,经济学家认为,可以采用一些方法估算产生非市场利益的环境产品的价值,用通用的货币单位进行量化。尽管对环境进行准确的估值是困难的,但若不对环境估值,对决策来说环境的价值就是缺省值(即为零),这对于环境政策的制定是不利的[6]。

7.6.1　环境资源价值

经济学家认为环境资源的总经济价值由使用价值和非使用价值构成(图7-8),后者又称被动使用价值。使用价值是人们通过对环境物品的使用获得的价值,可进一步分为直接使用价值和间接使用价值。直接使用价值来自人们对环境资源的有意识使用,比如从森林中采伐木材、从海洋中捕鱼、从河流中抽取灌溉用水,或者欣赏自然风景、旅行出游、择取居住地,等等。间接使用价值是不用付出任何努力就可以从环境中得到的有形利益,比如防洪、防止水土流失、净化污染以及蜜蜂的授粉服务等;虽然间接使用价值为人类带来的利益通常不太明显,但是它们提供了实在的经济收益,且能被纳入经济分析中。

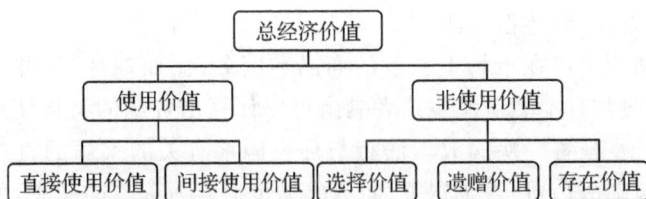

图 7-8　资源环境总经济价值的构成(经济合作发展组织 OECD)

非使用价值是人们从环境中获得的无形的福祉,可进一步分为三类。第一类是选择价值,反映了人们为未来可能使用的环境资源赋予的价值,即便某些资源当下并未被使用(即当前没有使用价值),人们也愿意保留在未来使用它们的选择权。第二类是遗赠价值,它是为确保后代可以使用资源的意愿。第三类是存在价值,它指的是人们因环境资源的存在而获得的收益,这一价值不以当前、未来或子孙后代对资源的潜在使用为前提。

人们应该赋予环境以经济价值吗?

经济学家对价值的概念通常不是建立在伦理和哲学的基础上。在标准经济理论中,自然的价值是由人赋予的。比如,认为非人类物种的价值在于它们的存在给人类带来的利益。一些理论家质疑这一观点的伦理基础,提出基于权利的价值理念,认为应该超越人类中心主义观点转而采取生命中心观点。这一观点认为价值最基础的来源是生态系统功能,并且不应该受构成经济分析基础的人类价值观念的限制。天生权利理论和生命中心观点似乎与传统的货币价值系统很难调和,但是经济学家已经在努力超越市场价值将环境和社会因素纳入经济分析中去[149]。

已故挪威哲学家 Arne Naess 认为,与满足人类期望的环境效用而产生的工具性价值(instrumental value)相对,环境具有独立于人类利益之外的自身内在价值(intrinsic value)。他对环境价值评估提出质问:价值评估的基础为何? 如何进行价值评估?[150]

7.6.2　环境估值方法

人们从商品或服务中获得的经济价值是他们的最大支付意愿（willingness to pay，WTP），即愿意为该商品或服务支付的最高价格。对于可在市场中交换的商品和服务而言，消费者得到的收益是消费者的最大支付意愿与实际支付的价值的差值，也就是消费者剩余。对于非市场商品和服务，我们无法直接获取人们的支付意愿（因为缺乏市场购买价格这一表达机制），但是可以通过其他的方式表达支付意愿，比如投票。另一种表达机制是接受意愿法（willingness to accept，WTA），即当某一政策危害环境或降低环境质量时人们愿意接受的补偿的数额。WTP 和 WTA 都是理论上可行的经济价值评估方法。

根据 Harris 和 Roach[149]，可将环境估值方法分为五类：市场估值法、疾病成本法、替代成本法、显示偏好法、陈述偏好法。

市场估值法适用于可在市场上交易的商品和服务，比如森林、鱼群、矿产和地下水。对于这类商品，通过估计消费者和生产者剩余可以计算出资源的直接使用价值。环境可能会对人类健康产生损害。疾病成本法将与环境因素有关的疾病的直接和间接成本货币化。直接成本包括医药费、误工费等，间接成本包括人力资本的减少，如对儿童学习的影响或因疾病产生的福利损失和收入下降等。社会在为这些因环境产生的疾病成本付费时，疾病成本法提供的估值是支付意愿的最低值，因为这一方法没有将个人因疾病产生的所有损失包括在内。替代成本法可用于估计环境服务的间接使用价值。这一方法考虑用人为措施替代失去的环境服务的成本，例如，社区通过建造水处理厂来弥补森林栖息地净化水的功能的丧失，自然界蜜蜂提供的授粉服务在某种程度上可以由人工或机器取代。一种运用比较广泛的替代成本法是生境等价分析法（habitat equivalency analysis，HEA），通常被用于估计危险化学物品（如石油）意外泄漏造成的经济损失。

另外两种估值方法——显示偏好法、陈述偏好法是在环境估值中被研究最多的方法。显示偏好法以市场决策为基础，间接推断环境产品和服务对人们的价值。由于这种方法取决于人们的行动，所以只能用于具有使用价值的物品上。表 8-3 是对这些方法的具体介绍。

显示偏好法：虽然多数环境产品和服务不在市场上交易，但经济学家可以采用各种技术方法从现有的市场中提取有意义的信息来推断它们的价值。因为很多市场物品与非市场物品之间具有密切联系。比如赴度假胜地旅行的机票或汽油等交通成本、改善居住环境的住房租金或购买成本。这类市场行为可以用于推算人们对非市场物品（如度假胜地和良好居住环境）的使用价值，汽油价格或机票价格的变化导致的旅行次数变化体现了价格与非市场物品需求量之间的关系，利用这些信息可以估算与环境物品变化相关的消费者剩余的变化。最常见的三类显示偏好法是旅行成本法、享乐定价法和防御性支出法[149]。

陈述偏好法使用调查问卷询问人们对环境质量或自然资源水平的虚拟情景的偏好。陈述偏好法是基于人们的陈述而非行动来体现人们的偏好。由于这一方法不需要消费者采取行动，因此对于具有使用价值或非使用价值的物品都可采用。理论上，陈述偏好法可以用于调查人们对总经济价值包含的所有价值类型的偏好。

表 8-3　衡量环境和资源价值的经济学方法

常用类型		介绍
显示偏好法	旅行成本法	可用作估计自然游憩地的使用价值,如国家公园、海滩、荒野等。游憩地的访问者通常会付出旅行成本,如燃油费、机车费,或者其他交通成本如机票和公共交通、门票、住宿、食物等。假设访问者都具有经济理性,那么旅行支出体现了他们参观这一地区的支付意愿的最低值。为估计消费者剩余,还要看需求数量如何随着价格变化。离目的地较近的人面临较低的旅行成本,离得越远的人面临的旅行成本会越高,这提供了需求和价格变化的完整曲线。 旅行成本法的主要限制是只能用于估算娱乐使用价值,不能估算直接使用价值和非使用价值,因而不能得到总经济价值
	享乐定价法	这一方法的理论基础是,环境质量会影响特定商品或服务的市场价格。享乐定价法将市场商品的价格与潜在的环境特征建立联系,最普遍应用于房价和环境质量间关系的分析
	防御性支出法	这一方法收集真实消费信息来推断与环境质量改变相关的支付意愿的最小值。个人可以通过购买特定的商品或者采取特定行动来减少或消除在环境危害中的暴露。比如,关心饮用水质量的家庭可以购买瓶装水、安装家庭净水系统或者取得其他饮用水源。通过个人在提高环境质量上花费的金钱或时间,可以推断人们对环境质量提升的支付意愿
陈述偏好法	条件估值法	通过调查询问人们是否愿意为某项商品付费,如保留徒步旅行机会或空气质量。被调查者的估价取决于该人对调查表中提出的假设情景的反应。条件估值问题可以用 WTA(效用降低的情景)或 WTP(效用增加的情景)来表述

资料来源:Harris& Roach,2018

7.7　国民经济核算

传统上,国民生产总值(gross national product,GNP)和国内生产总值(gross domestic product,GDP)等指标被用来衡量一个国家的经济活动和发展水平,其中 GDP 的使用尤为常见。这类指标在宏观经济分析和国际比较中被作为经济发展水平的重要指标。但是仅采用 GDP 等传统的指标衡量发展水平会对公共政策制定产生误导性影响。比如,一些政治家和经济学家将最大化 GDP 作为公共政策的主要目标,以致牺牲社会平等和环境质量等可持续发展的关键维度。因为国家整体福利水平除了受到收入水平的影响,还由健康、教育水平、社会凝聚力和政治参与等多种因素共同决定,自然资本和环境质量是其中至关重要的因素之一。

虽然 GDP 能较为准确地反映生产销售商品和服务,但它却不是一个衡量广泛的社会福利的指标。纳入国民账户体系的几乎都是市场性的生产活动,非市场生产活动,如自给农业、自有住房、家庭劳动或志愿服务,被系统性地忽略。耐用消费品和环境资产(例如空气、水、森林和生态系统)提供的服务也不包括在内。此外,尽管考虑了生产资本(如厂房和机器)的折旧,但忽略了大多数自然资本的损耗,包括水、土壤、空气、矿物、森林和生物多样性的存量；例如，GDP考虑了木材、农产品和工业产出对经济发展的积极贡献，却没有考虑森林采伐、土壤肥力流失、工业水污染对环境的巨大损伤。从可持续发展的角度来看，最重要的问题是GDP将自然资本排除在资本核算之外，即并未考虑经济发展对环境恶化和资源消耗的影响。这可能会产生严重的误导，将GDP作为衡量福利的主要标准可能会鼓励各国走上不可持续的发展道路，比如一个国家可以通过减少资本存量在短期内增加GDP。这一问题在经济发展高度依赖自然资源的国家尤为突出[154]。

对GDP的其他批评还包括：

（1）考虑了防御性支出，比如增加警力支出以阻止犯罪率上升，增加的支出也会使GDP增加，但没有考虑到高犯罪率的负面社会影响；

（2）并未考虑收入分配，人均收入水平一样的两个国家可能在收入分配方式上有很大不同，产生的社会福祉结果差异将会很大；

（3）并未考虑非经济因素对社会福祉的贡献，如健康水平、教育水平、政治参与或显著影响社会福祉的其他社会和政治因素[149]。

7.7.1 绿色国民经济核算

鉴于此，有必要调整传统的国民经济核算方法，将资源和环境因素纳入衡量体系中，即发展出"绿色"核算（green accounting）指标。自20世纪七八十年代起，欧洲一些国家开始对森林、水和土地等自然资源进行物理核算。

估算绿色GDP的尝试可以追溯到20世纪80年代。1989年一项开创性的分析估计了印度尼西亚三类自然资本的折旧（石油、森林和土壤）。分析发现，考虑自然资本贬值可能会使GDP总量减少25%以上。2001年瑞典的一项分析考虑了更广泛的自然资源类别，包括土壤侵蚀、娱乐价值、金属矿石和水质。结果表明，瑞典1993年和1997年的国内生产总值将减少1%～2%。作者指出，这并没有考虑所有潜在的环境损害，如气候变化和生物多样性的丧失。另一项研究估计了2003年印度森林资源变化的价值。结果表明，虽然木材的总体实物存量减少，但由于木材价格上涨，木材资源的价值实际上增加了。这说明了从货币角度而非实物角度衡量自然资本的潜在扭曲效应。如果以市场价格衡量自然资本的价值，可能会丢失关于这些资源的实际物理存量的重要信息。21世纪初，中国在估算绿色GDP方面做出了重大努力。2004年，中国国家环境保护总局宣布将估算各种环境破坏的成本。环境损害接近中国国内生产总值的10%。在2007年由世界银行和国家环保总局联合发布的一份报告中，仅空气和水污染造成的健康和非健康成本估计就占中国GDP的5.8%。

7.7.2 绿色国民经济核算方法

1993年，联合国出版了关于全面环境核算的手册《环境和经济核算系统》（System of Environmental and Economic Accounts，SEEA），并于2003和2014年经两次修订。SEEA-2014版本介绍了三种基本的核算方法。

（1）测量物质和能量的物理流动。这种方法着眼于从环境到经济的物理流动——利用自然资本作为生产过程的投入，如砍伐树木、捕鱼、开采金属矿石或钻探石油。它也关注相反方向，即从经济到环境的流动，包括固体废物的处理以及空气和水体污染物的排放。分析师构建表格,量化流入或流出不同经济部门的实物流量,如农业、矿业、发电和制造业。例如,空气污染表可以量化不同经济部门排放的不同类型的空气污染物,如二氧化碳、甲烷、一氧化二氮和颗粒物等。

(2)测量环境资产存量。SEEA 列出了七类环境资产:矿物和能源资源、土地、土壤、木材、水、水产资源和其他生物资源。环境资产可以用实物和货币单位来衡量。原则上,所有的环境资产都可以用物理单位来衡量,比如土壤的重量、湿地的面积或天然气的体积。环境资产的估价可以通过将一个物理量乘以单位市场价格实现,或者通过非市场估价方法。SEEA-2014 指出,目前的经济活动水平对资源的消耗使其遭受严重的退化,资源利用的可持续性堪忧。

(3)对与环境相关的经济活动的衡量。这种方法将与环境有关的货币交易制成表格,如用于环境保护和资源管理的金额、环境税的征收以及补贴的数量。它还包括环境商品和服务的生产,如污染控制设备、"环境友好型"产品的价值以及在环境技术上的支出。

理论上可以同时采取上述的核算方法,但在实际中,虽然一些国家部分地采用了一种或多种这类核算体系,但还没有一个国家完全实施了 SEEA 建议的核算方法。除了以上三种方法外,还可以寻求调整现有的国民核算体系以全新的方式衡量社会福祉。比较常见的是,调整现有的核算指标以使之考虑自然资本的消耗。这种方法试图将对自然环境资源的消耗以及环境质量的退化货币化,同时试图确定为应对或避免环境损害而需要花费的防御性支出。这种方法基本是在现有的国民核算指标基础上扣除环境损害的货币价值。

例如,环境调整的国内生产净值。标准国民核算方法中有对国民生产净值(net domestic product,NDP)的估计,是由 GDP 减去现有固定资本的年折旧计算的。由于资源开采和环境恶化,每年自然资本的价值也会发生折旧。如果环境质量改善,自然资本的价值也会增加。因此,可以将国家自然资本的净年度变化从 NDP 中添加或减去,得到环境调整的 NDP(environmentally adjusted net domestic product,EDP)。即:

$$EDP = GDP - D_m - D_n$$

其中,D_m 是固定资本的折旧,D_n 是自然资本折旧。

这一核算方式需要用货币形式而非生物量或栖息地面积等物理单位来估算自然资本折旧。理论上来说,可以采取前文中环境估值的方法进行估算,但是这是一项艰巨的任务,建立在众多假设条件的基础上。

机器或建筑物等生产资产的折旧很难衡量,因为相关资产价值的变化通常无法观察到,而必须进行估算。这在很大程度上解释了为什么 GDP 在概念上存在不足但人们仍然关注它。然而,与试图计量自然资本的损耗时出现的问题相比,试图计量生产资产折旧时遇到的问题就显得微不足道了。那么,为什么自然资本存量的枯竭如此难以衡量呢?原因有很多。部分问题是缺乏数据。臭氧层或生物圈等某些资产不存在市场。因此,尚不清楚如何对这些资产进行估价,或者如何估计它们随着时间的推移而损耗。即使自然资产被交易,市场价格也不一定能充分反映其社会边际效益。因此,基于市场价格的自然资产估值可能会提供与其实际社会价值明显不同的估计值。即便是将可以在市场交易的自然资产纳入资本账户也会产生严重的问题,因为很难有把握地对这些资产进行估值。渔业或森林等可再生资源与矿物和化石燃料等不可再生资源之间是有区别的。可再生资源如渔业,它的生物量通常有很大的不确定性;即使生物量是已知的,确定其价值也远非易事。人们不能确定一个渔场的生物量和价值是否会随着时间的推移而如何变化。同样,矿产和化石燃料的储量也有很大的不确定性。

7.8 小结

环境是一种非常特殊的资产,为社会提供了维持生存的生命保障系统。经济学研究的资源是可被人类开发和利用的、生产过程中投入的经济资源,其本质是生产要素。作为生产要素的土地,其上可用于开采的自然资源等可分为可再生资源和不可再生资源。

产权具有排他性、可转让性、期限、所有权质量、可分割性和灵活性等特征,是人们达成协议以解决使用方面的冲突,将技术外部性内部化,并确保资源使用可持续性的重要因素。产权制度包括私人所有、社区所有和国家所有,以及三者的混合。

市场失灵的主要原因包括垄断、外部性、公共物品、产权不明等。技术外部性导致低效率,阻止资源被分配到其最高使用价值。科斯定理指出,如果产权界定明确且没有交易成本,即使存在外部性,资源的有效配置也会实现。但科斯定理也受到如交易成本、搭便车效应、抵制效应、环境公平与正义等方面的质疑。

污染控制可采用命令控制型或基于市场方法。在考虑排放控制目标的同时,根据具体情况选择适当的手段,并在可能的情况下使用混合手段来实现不同方法的优势互补,可能是管理污染的最佳方式。

虽然 GDP 能较为准确地反映生产销售商品和服务,但它却不是一个衡量广泛的社会福利的指标。鉴于此,有必要调整传统的国民经济核算方法,将资源和环境因素纳入衡量体系中,即发展出"绿色"核算(green accounting)指标。可采用测量物质和能量的物理流动、环境资产存量和对与环境相关的经济活动的衡量等方法进行绿色核算。虽然在这方面已经产生了许多有益的尝试,但是目前并没有被普遍接受的环境国民核算标准。

8 城市生态

生态系统服务能力迅速退化对生态环境保护、生物多样性维持、相关生态系统功能发挥以及确保人类福祉均构成严峻挑战。联合国政府间气候变化专门委员会(IPCC)发布的气候变化和土地特别报告评估了人类对土地生态系统和生物多样性的影响,表明地球上大约四分之三的无冰地表受到人类活动的影响,导致生物多样性丧失、大气二氧化碳浓度增加和开放空间的丧失[164]。城市地区是全球环境影响的主要来源,同时也是生态系统服务需求的重要场所[165]。人类福祉与可持续发展高度依赖生态系统所提供的服务,从经济学角度研究生态系统和经济系统所构成的复合系统的结构、功能、行为及其规律的重要性日益凸显。本章将在探讨生态经济系统,生态系统服务(ES)、ES价值评估等的基础上,从经济学角度对ES供需进行分析,进而对生态系统服务付费等方面的内容进行较为系统的阐述。

8.1 生态经济系统与生态经济学

8.1.1 生态经济系统

8.1.1.1 生态系统与经济系统

从表面上看,生态学和经济学研究的对象具有显著差异。生态学研究的是生物体与(自然)环境的相互作用,经济学研究个人、公司和政府在(人类)经济中的互动。然而,这两门学科的形式结构是非常相似的。生态系统和市场是由相互作用的(主要是自利的)代理人组成的,它们的行动共同决定了系统的结果,这些结果通过有意识地寻找更好的机会或无意识的自然选择而逐渐演变。例如,经济学中提出的在资源稀缺情况下的竞争的基本原则已被应用于研究物种的觅食行为。同样,生态学中与物种进化和适者生存有关的原则也被应用到经济系统研究中,如企业寻求长期的适应和生存。表8-1所示是生态学和经济学中平行概念和术语的翻译。这两个领域的基本结构的相似性使经济学家相对容易理解生态学,反之亦然[166]。

经济和生态系统以多种方式相互关联,彼此共同演化。生态系统的变化会影响经济系统的变化,反之亦然。这两个系统涉及经济、社会或生物多方面,它们通过共有资源的竞争来直接或间接寻求其目标的优化。经济系统的代理人(如个人、公司和政府)通过使用生态系统的自然资本提供的服务,获取资源以优化其效用、利润或社会福利的目标。

生态系统的代理人(从遗传层面到种群甚至更大范围)竞争资源,并通过合作最终积累自然资本,进而为经济系统提供有用的服务。生态系统对导致自然资本过度消耗的经济系统行为的反应表现为所提供服务的质量和数量下降。根据经济体系的目标,政府或监管机构设计和制定政策促进这些服务的有效使用,从而减少对经济主体的损害,以达到损害最小化或社会福利最大化[167]。

表 8-1 生态学和经济学的基本概念

特征	生态学	经济学
主题焦点	自然经济	人的经济
组织系统	生态系统	市场
代理人	有机体	个人和公司
代理人之间的互动形式	在生产者-消费者网络中以竞争和合作方式互动	生产者和消费者之间以竞争和合作方式互动
典型行为假设	最大化适应/生存	最大化效用/利润
动态变化	变异和自然选择导致进化	创新和进入/退出
规范框架	无	福利经济学

资料来源:Polasky & Segerson,2009

8.1.1.2 生态经济系统的空间维度

在经济学中,空间维度在经济地理学尤其是新经济地理学的背景下得到了广泛的研究。经济学家也开始解决空间和生态关联的复杂性[98]。这项工作的主要焦点是由于规模经济和空间溢出的相互作用,聚集和集群在不同空间尺度上出现[168,169]。在这种情况下,当某地的制造业变化率取决于其空间域上所有其他地点的制造业集中度时,内生集聚和集群可能会出现。在生态系统中,集群也是一个核心问题。生态理论从根本上受到空间维度的影响。在生态系统中,相互作用的生物因子的时空演化与时空模式有关。事实上,许多动物种群通过集体聚集行为,以提高觅食或交配成功率或降低捕食风险[167]。相关研究也建议将传统渔业管理模型与复合种群模型结合起来,在设计政策工具时需要考虑经济和生物扩散空间梯度的相互联系。此外,有效的生态系统管理也不能缺少对空间要素的考虑,例如,连通性、碎片化以及景观组成和配置都是影响生物多样性和生态系统功能的重要因素,对 ES 供给区、受益区的分析也涉及空间要素。因此,影响政策的不仅是经济和生物变量,还有这些变量在空间中的集聚方式。

8.1.2 生态经济学

8.1.2.1 生态经济学起源与历史沿革

生态经济学的前身可追溯到 19 世纪的浪漫主义者以及启蒙运动时期的政治经济学家,随着工业革命引发的日益严峻的环境问题进入学术讨论和公共政策的视野,生态经济学也逐渐主流化。如自 19 世纪末起,马尔萨斯对人口增长和环境承载力的担忧、米尔(John Stuart Mill)对经济平稳状态的必要性的预测、诺贝尔奖获得者放射化学家索迪(Frederick Soddy)在他的《财富,虚拟财富和债务》(*Wealth, Virtual Wealth and Debt*,1926)一书关于经济系统中能源的争论等。

20 世纪 30 年代起世界范围内开始相继发生环境污染公害事件[170]。20 世纪 50 年代,全球性的资源耗竭与严重的环境污染破坏已经不可忽视,这迫使人们重新思考经济发展与生态环境之间的关系,开始反思以往经济学忽视生态环境所导致的缺陷[171]。

在学术研究领域,1962 年,美国海洋生物学家蕾切尔·卡逊(Rachel Carson)发表了著作《寂静的春天》,这是一本首次结合经济社会问题开展生态学研究的科普读物[172]。作为一门独立的学科,生态经济学是 20 世纪 60 年代后期正式创立的。1968 年,美国经济学家肯尼斯·鲍尔丁(Kenneth Boulding)在《一门科学——生态经济学》一书中正式提出"生态经济学"的概念。此后,生态经济学进入了快速发展阶段。以罗马俱乐部为代表的学者提出了以反增长或零增长为特征的经济发展思想[173],《增长的极限》《生存的蓝图》都属于这一思想的代表性著作。罗根(Georgescu-Roegen)为生态经济学提供了基于经济生产和消费的物质和能量流的现代概念框架。修马克(E. F. Schumacher)的著作《小即是美》(*Small Is Beautiful—A Study of Economics as if People Mattered*,1973)提出了当今生态经济学的一些关键概念。

1987 年,戴利和康世坦(Herman Daly & Robert Costanza)编辑了一期《生态模型》(*Ecological Modeling*)。阿里尔(Joan Martinez Alier)的《生态经济学》专著也同年出版。1989 年,国际生态经济学学会成立,并由 Elsevier 出版了《生态经济学》(*Ecological Economics*)期刊。美国著名生态经济学家 Robert Costanza 是该学会的第一任主席,也是该杂志的第一位编辑。他在 *Ecological Economics* 创刊号的首篇文章中提出了生态经济学的概念,即:生态经济学是研究生态系统和经济系统之间的关系,尤其是采用跨学科和多学科的方法对当前生态经济问题进行研究。20 世纪 90 年代后,以 Costanza 为代表的生态经济学家鼓励将现代经典环境经济学和受生态学影响的学科纳入其子学科之列。

生态经济学也得到社会各界的认同。20 世纪 80 年代生态经济学在瑞典举行了首次会议,多数参会者是生态学家或主流环境经济学家。联合国环境规划署于 1980 年召开了以"人口、资源、环境和发展"为主题的会议,将"生态经济"作为《环境状况报告》的第一项主题,生态经济概念得以逐步完善。1983 年,联合国通过了成立世界环境与发展委员会(World Commission on Environment and Development,WCED)的决议。1987 年,世界环境与发展委员会发表的《我们共同的未来》报告明确可持续发展的概念,"既满足当代人的需求又不危及后代满足其需求的发展"。生态经济学研究范畴从生态与经济的关系扩展到可持续发展。1992 年,联合国环境与发展大会在里约热内卢召开,会上将"可持续发展"确立为人类社会发展的新战略[173]。以此为标志,人类对发展与环境问题的认识进入了新阶段,即经济的发展不能忽视生态环境的保护,同时环境污染问题的解决需要依靠经济发展水平的提高。这一时期,生态经济学的理论得以被确立,正式进入理论发展与学科建设的阶段[170]。

8.1.2.2 生态经济学

随着生态过程与人类活动之间的不平衡日益显现,占主导地位的经济体系并没有符合自然法则施加的限制。环保主义者、生物学家和经济学家都开始关注、承认并着手解决这些矛盾,生态经济学作为一门新兴学科随之出现,并自 20 世纪 90 年代以来得到迅速发展[174]。

生态经济学不是经济学或生态学的子学科,而是不同的人类和自然科学相互作用以解决可持续规模、公平分配和有效配置问题的跨学科领域[175]。这并不意味着生态经济学不关注经济繁荣和社会福祉问题,只是采用不同于主流经济学的方法诠释和测度这些概念[174]。在正统的经济理论中,福利的概念与公认的收入或 GDP 指标一致,研究活动的重点是增长和效率。生态经济学家将福祉视为生活质量的复杂综合特征而不仅仅是用金钱衡量的财富数量。生态经济学的方法论是基于多学科方法。与主流经济学相比,它具有价值多元主义、承认不可通约性,拒绝数学形式主义及其严格性,接受强烈的不确定性。换句话说,生态经济学方法被认为比狭隘的功利主义主流方法更综合。

8.1.2.3　生态经济学研究内容

在生态经济学诞生初期产生的重要的理论和方法论文献为后来的研究奠定了基础。其中包括经济增长的生物物理限制的概念(将经济嵌入生物物理系统中),承认价值的多元性和不可通约性,应用多标准和协商方法来支持决策。对传统的福利和可持续发展指标的批评,将弹性和预防性思维纳入经济过程的分析中,强调代际和代内的分配问题,关注全球化和环境之间的关系以及地方和全球层面的环境正义的概念[176]。

随着生态经济学的地位得到巩固,其研究主题日益广泛,Martinez 等[176]将其总结为以下几类。

(1)生态系统服务(ES)

ES 方法是近年来研究经济和自然环境之间关系的学术领域中最重要的创新。它作为描述人类社会福祉对生态系统的依赖的隐喻,已成为学术界和决策界非常有影响力的框架,被广泛用于各种学科领域。

(2)生态系统服务付费(PES)

虽然与 ES 方法没有内在联系,但在过去的十几年中 PES 已成为备受关注和频繁应用的政策工具,尤其是在一些发展中国家。尽管 PES 相关研究非常活跃,但许多问题仍然有待解决,如 PES 工具长期的成本效益以及其对人类行为的影响等。

(3)不断增长的能源需求、气候变化和新能源

能源需求仍然是环境变化的主要驱动力,一方面是以开采或种植不可再生或可再生的能源资源、建造新水坝等方式,另一方面是以能源消费的废物累积的方式,如向大气排放的气体对地方空气污染和全球气候变化的影响。来自生物质的新能源,如生物燃料,以及在越来越偏远和生态脆弱的地方寻找非可再生能源,都加强了对生态系统的压力。生态经济学对关于气候变化的辩论做出了重要贡献。

(4)对农业的重新关注

最近的一个主要趋势是土地和投资与非粮食产品的单一作物的竞争日益激烈。如在东南亚和拉丁美洲,棕榈油和大豆的扩张已成为土地使用转变和农用化学品投入密集使用的主要力量。

(5)社会-环境冲突

政治生态学和生态经济学对于自然资源获取或环境成本分配的冲突研究方面卓有成效。对社会-环境冲突的研究也使学者能够与社会运动和环境活动家建立沟通和合作渠道,从而提高生态经济学的社会影响和传播。诸如"气候正义""水资源正义"和"生态

债务"等在社会运动中诞生的概念激发了生态经济学家的研究。

（6）社会新陈代谢和去增长

生态经济学一直关注经济过程中的物质和能量流动以及增长极限的概念（即能量流动的生物物理限制）。"去增长"这一口号使得经济增长的生物物理限制以及如何降低现代经济新陈代谢的担忧的当代观点得到了巩固，并成为国际社会运动的名称。它与赫尔曼·戴利的"稳态"经济学有着密切的联系。

（7）管理公共资源

公共池资源及其制度关注从地方到全球尺度的公共池资源的管理。在过去 20 年里，自然资源（如渔业或水资源）管理的治理和制度层面的问题重新引起了生态经济学家的兴趣。

（8）入侵物种

在过去的半个世纪里，国际交易急剧扩张，一方面加快了物种灭绝的速度，另一方面也扩大了许多物种的地理分布。虽然"入侵"一词是相对于时间尺度和社会偏好而言的，但物种分布的扩大会导致生态系统中物种组成、农业表现和人类健康的重大变化，并对经济进程和生态功能产生潜在的重大影响。

（9）可持续性指标

综合可持续性指标的发展是生态经济学中经常出现的问题。尽管各种指数层出不穷（大多数时候是作为 GDP 的替代物提出的），但还没有得到生态经济学家或政策制定者普遍支持的综合可持续性或福利指标，尽管其中一些指标（例如"生态足迹"）确实已经变得流行起来。然而，"多标准思维"增加了它的影响力。在处理地方、国家或国际范围的环境和社会经济系统之间的相互作用的决策中，总是存在如何协调简化的需要和质量的需要（因此也需要考虑多种观点）的问题。

（10）实验性方法

在过去 20 年中，实验行为经济学领域蓬勃发展，为新古典经济学关于人类行为的关键假设和预期的有效性提供了新的证据。实验方法已被用于解决一系列广泛的问题，包括时间偏好、互惠、利他主义、对风险或公平的态度以及在自然资源管理中的合作倾向。

8.1.2.4　生态经济学与相关学科的关系

（1）生态经济学与传统经济学

主流经济理论的一个基本组成部分是经济系统的标准循环流动模型。如图 8-1 所示，这个简单的模型描述了两个市场中家庭和企业之间的关系：商品和服务市场以及生产要素市场。生产要素通常被定义为土地、劳动力和资本，这些要素构成了生产商品和服务的"投入"，反过来又满足家庭的消费需求。商品、服务和要素顺时针流动；它们的经济价值反映在逆时针方向的资金流上。在这两个市场中，供给和需求的相互作用决定了市场出清价格，并建立了产出的均衡水平。

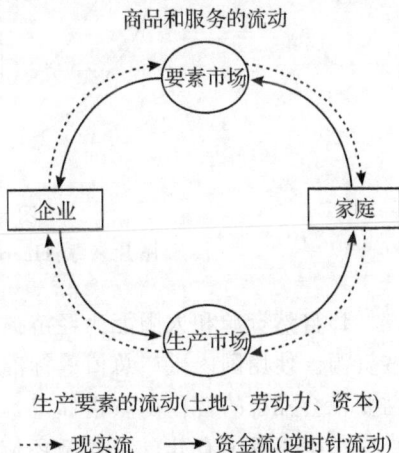

图 8-1　标准循环流动模型

图片来源：Harris et al., 2018

在这一模型中,自然资源和环境处于什么位置呢? 自然资源,包括矿产、水、化石燃料、森林、渔业和农田,通常都属于"土地"的范畴。另外两个主要的生产要素即劳动力和资本都能通过经济循环流动过程不断再生,但是自然资源通过什么过程再生以供未来的经济使用呢? 同时,模型也忽略了生产过程中产生的废物和污染的影响[149]。

生态经济学家提出了将经济系统置于其生态环境中的更广泛的循环流动模型,如图8-2所示。这一模型考虑了从生态系统中提取资源和向生态系统排放废物的过程。自然资源包括可再生资源和不可再生资源。可再生资源是那些随着时间的推移通过生态过程再生的资源,如森林和渔业。如果开采率不超过自然再生率,可再生资源可以得到可持续管理。然而,如果可再生资源被过度开发,它们会被耗尽,例如物种会因为过度采集而灭绝。不可再生资源是指那些不能通过生态过程再生的资源,至少在人类时间尺度上是如此。石油、煤和矿石等不可再生资源最终会有固定的供应量,尽管可以发现新的资源来扩大已知的供应量。经济系统的另一个输入是太阳能,正如我们将在本书后面看到的,它提供了有限但极其丰富的持续能源。但注意,这一图示没有考虑到经济活动还可以以更微妙和更普遍的方式影响更广泛的自然系统。例如,现代集约农业改变了土壤和水系统的组成和生态,也影响了环境中的氮循环和碳循环。相较于标准模型,扩展模型至少表明了三层含义:

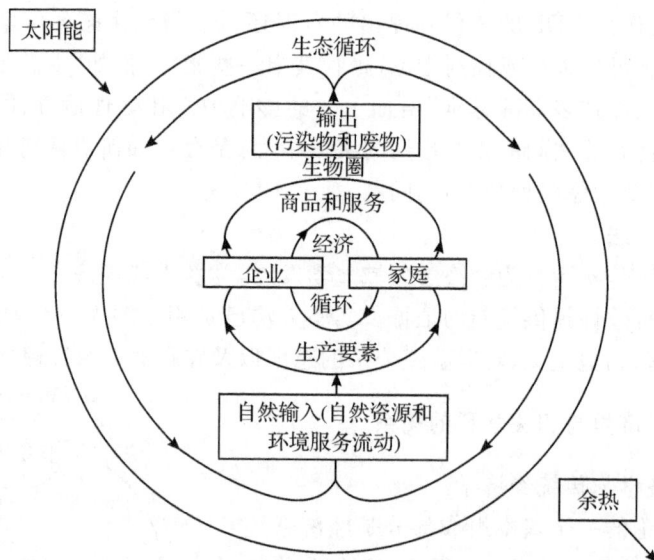

图 8-2　扩展的循环流动模型

图片来源:Harris et al.，2018

1)自然资源和太阳能为经济提供了必要的投入,这意味着人类的福祉最终取决于这些资源。使用国内生产总值等标准经济指标来衡量福祉低估了自然资源的重要性,因此需要社会福祉的替代衡量指标。

2)生态系统有其自身的循环流动,这是由物理和生物规律而不是经济规律决定的。这种更广泛的流动只有一个净"输入"——太阳能,和一个净"输出"——废热。其他一切都必须以某种方式回收或包含在行星生态系统中。

3) 在标准的循环流动模型中,经济系统理论上可以无限增长。但是在扩展模型中,经济活动受到自然资源可用性和环境吸收废物和污染能力的限制。因此,必须考虑相对于可用自然资源的整体经济规模。

生态经济学的理论框架中既有传统经济学理论的奠基,也有对传统经济学的扩展和改良。生态经济学有两大奠基性的经济学理论基础[171],一个是意大利经济学家帕累托(Vilfredo Pareto)所提出的"帕累托最优"理论,另一个是由马歇尔提出、庇古等完善[177]的外部性理论。

生态经济学在传统经济学的基础上采用了与其不同的研究路径,从生态环境与经济协调发展的高度对传统经济学进行了拓展。国内学者将其总结为以下几点:首先,在研究视角上,生态经济学意识到了自然资本的稀缺性,将经济系统看作是生态系统的子系统。其次,生态经济学将自然资源等非市场产品纳入生产函数和效用函数,并在此基础上提出了针对自然资本等各类资本的相应配置策略。再次,生态经济学反思了主流经济学对"经济增长和社会福利"与"经济增长和生态规模"这两对关系[178]的看法,重新考虑了环境约束条件下什么经济发展模式才有助于社会福利增加的问题。最后,生态经济学中可持续发展的概念涉及了代际问题,而这对现代西方经济学中的经济人假定提出了挑战。类似的,可持续发展中对代际公平与国际公平的要求也对传统经济学中的帕累托最优原则提出了修正与发展的要求[171]。

(2) 生态经济学与环境经济学

早期学者认为生态学与生态系统等的概念是在生物学的基础上发展起来的,是生物学的一个分支,生态学与环境学在研究对象上存在一定差别。近几十年来,生态系统理论研究内容逐渐扩展,全面揭示生态系统的结构功能特征、生态系统服务、生态系统与环境系统的相互作用等,生态系统理论逐渐被公认成为环境科学的理论基础。生态经济学也逐渐和环境经济学统一起来,形成广义的生态经济学,全面系统地从经济学角度揭示经济系统和生态系统的相互作用及机制,为环境经济学提供理论基础。一般而言,环境经济学侧重于负外部性问题的研究,解决负外部性的内部化;生态经济学侧重于正外部性问题的研究,解决正外部性的内部化。

从某种意义上讲,生态经济学与环境经济学两者在现代生态学的基础上统一起来,形成了广义的生态经济学理论体系。但两者在以下几个方面仍存在一定分歧[179]。

其一,与环境经济学家相比,生态经济学家认为环境问题更加严峻,并提出了相当紧迫的行动号召。生态经济学文献常常强调地球及其环境的承载能力为经济活动设定的极限。如 Herman Daly 一直倡导的去增长(de-growth),将世界经济体系保持在地球的生物地球物理极限之内,这一想法非常符合 Boulding 将地球视作"宇宙飞船"的隐喻,也受到 Georgescu-Roege 应用热力学第二定律(即熵增)分析物质循环和能量流动的影响。

其二,生态经济学拒绝新古典经济学中各种生产函数的平稳性。如果生态系统存在不连续性,那么经济变量的边际变化可能引发生态系统崩溃。这虽然是自然资本的不可替代性的延伸观念,但它会影响环境政策工具的选择,更为偏向基于数量的管控工具(如可交易的许可证制度)和命令控制型工具,因为环境税等价格工具的效果并不确定。

其三,生态经济学家对贴现未来成本和收益以及将环境损害货币化的做法保持更为怀疑的态度。反对货币化从逻辑上讲是源于环境没有替代品的观点,但生态经济学家群体内部对此意见并不一致,比如有人支持在国民核算体系中纳入自然资本核算。对于贴现,与许多环境经济学家一样,生态经济学家担心高贴现率会损害后代的利益从而不利于可持续发展,但没有就贴现率应该降低到什么水平达成共识,还有人认为不应贴现。

其四,生态经济学家对福利经济学的根本假设提出质疑,认为从社会福利函数的角度来看,经济上有效的不一定是社会最优的。社会福利函数涉及个人福利的汇总,汇总的规则将取决于什么是利益和成本的公平分配。哲学文献和经济学文献中,对分配规则的讨论虽然很多,但没有哪一种规则被认为是公平公正的,更没有解决如何在当代和后代人类之间权衡私人收益或损失的问题。生态经济学家和环境经济学家之间的这些差异是无法通过逻辑解决的[179]。

(3)生态经济学与资源环境经济学

任何经济活动都要依赖生态系统。经济以两种基本方式嵌入生态系统。首先,人类的生产和消费过程依赖于将环境作为原材料来源;其次,经济还将环境作为废弃物的排放地(sink)。经济学家将两者统称为自然资本,即大自然为社会生产和消费过程的投入。污染是对排放功能的过度使用,资源退化是对原材料来源的过度使用,它们是同一过程的两个方面[180]。

传统上,资源环境经济学仅关注可再生资源和不可再生资源两种类别的资源。生态系统服务概念的提出将"自然资源"的内涵扩展为更宽泛的"自然资本"(natural capital)。Squires[3]将环境与资源经济学(ERE)和生态经济学(EE)进行对比,以更深入地了解两者的异同。表 8-2 显示了现代西方环境与资源经济学和生态经济学方法的组成部分。这类经济学可概括为两种不同的类型,它们在思想上要么更"现代西方",要么更"生态"。现代西方经济理念是外部性,即买方和卖方之间的市场交易之外的第三方产生成本。在这种情况下,西方经济思维将试图评估这种外部成本,然后在市场框架内将这种成本内部化,以体现全部成本。生态经济学范式倾向于将生物物理学观点整合到环境与经济之间的相互作用中,而不是仅仅关注人类社会的互动。生态经济方法强调人类与资源生态的有形和无形联系。传统的环境资源方法也关注资源,但较少关注生态。其次,传统环境与资源经济学关注稀缺环境资源的分配和外部性,这与生态经济学对资源是否会在特定地理范围内耗尽的担忧形成对比。另外,使用帕累托效率的环境与资源经济学只能解释分配的效率,而不是公平或福利。生态经济学对资源效率的关注较少。

表 8-2　传统环境与资源经济学与生态经济学的比较

传统环境与资源经济学(ERE)	生态经济学(EE)
优化配置与外部性	最优规模
效率优先	可持续优先
最优福利或帕累托效率	需要满足和公平分配
抽象的可持续增长	可持续发展
乐观增长与双赢选择	悲观增长与艰难选择
跨期福利的确定性优化	不可预测的协同进化
中短期关注	长期关注
部分的、单一学科的和分析性的	完整的、综合的和描述性的

（续表 8-2）

传统环境与资源经济学（ERE）	生态经济学（EE）
抽象的和一般的	具体的和特定的
货币指标	物理和生物指标
外部成本和经济估值	系统分析
成本效益分析	多维评估
外部成本一般均衡模型	因果关系综合模型
效用或利润最大化	有限的个人理性和不确定性
全球市场和孤立的个人	地方社区
功利主义和功能主义	环境伦理

资料来源：Squires，2022

自然资源经济学强调抽象概念，如可以产生外部成本和价值的货币指标；借鉴了经典经济理论，如效用和利润最大化。与这种抽象理论相反，EE 将采用更现代的行为经济学方法，例如分析选择，以及由参与该过程的人做出的理性和非理性选择。它往往更强调在特定范围内运作的具体生物和物理指标，更多地考虑环境伦理，而不是 ERE 中的功能主义建模方法[3]。

8.2　生态系统服务

8.2.1　自然资本

社会经济系统高度依赖于它们所在的生态系统，并从中获得多种商品和服务：食物、纤维、淡水、清洁空气授粉、气候调节等。整个人类经济系统是由自然资本存量的可用性和生态系统服务的流动性支撑的，同时也受到其限制。可持续经济应考虑增长的限制和人类活动的生物物理限制。

自然资本的定义源于经济学中使用的资本概念。资本是指用于生产有价值的商品和服务流的物质资源[181,182]。不同类型的资本包括：自然资本（当地生态系统、生物群落、地下资源）、人造资本（道路、建筑、机械）、人力资本（教育、技能、知识）和社会资本（制度、社会规范和实践）。自然资本可以定义为产生多种生态系统产品和服务流量的自然资源存量[184]。从广义上讲，可以区分为两种类型的自然资本：①可再生或活跃的自然资本；②不可再生或不活跃的自然资本。"弱和强可持续性"的概念反映了这四种资本之间的互补性。弱可持续性假设技术可能能够替代自然资本的损失。相反，强可持续性的基本假设是，自然资本是人造资本无法替代的，因此，要维持自然资本，必须有效地使用它们（对于不可再生的自然资本），且以低于其自然再生速率（对于可再生的自然资本）的速度使用它们[183]。因此，可持续发展实践应侧重于质量而不是数量增长[184]。

8.2.2　生态系统服务

自 20 世纪 60 年代末以来，科学文献一直在讨论人类社会对自然的依赖，强调健康的生态系统能够提供重要的服务来支持人类经济和福祉。这一认知最早可以追溯到柏拉图时代,随着工业革命以来人类活动对自然环境的巨大影响和环境问题的集中爆发,其逐渐进入主流视野。Ehrlich 等[185]在其著作中首次使用"生态系统服务(ES)"这一术语,他们将生态系统功能惠益人类的特点称为生态系统服务。20 世纪 90 年代末,两项开创性的工作将生态系统服务概念带入了广泛科学讨论的视野:Daily[186] 在其著作 *Nature's Services:Societal Dependence On Natural Ecosystems* 中系统介绍了自然生态系统服务的概念、研究历史、价值评估以及不同生态系统类型和提供的服务;Costanza 等[175]在 *Nature* 上发表的文章 *The value of the world's ecosystem services and natural capital* 首次尝试根据生态系统类型估算生物圈的总经济价值,引起了人们对 ES 及其估值的广泛兴趣。生态系统服务逐渐成为研究热点[187]。2010 年发表的 TEEB[188] 报告、2014 年联合国发起成立的政府间生物多样性和生态系统服务专门委员会(IPBES),都充分肯定了 ES 对决策的价值并推动了 ES 纳入各领域政策的实践。

8.2.2.1　ES 概念界定

生态系统服务(ecosystem services,ES)指自然对人类福祉的贡献,既包括从可再生资源和不可再生资源中获得的收益,还包括生态过程产生的收益,如净化水体和空气污染、固定碳等。"生态系统服务"定义广泛但并不统一,研究中被广泛使用的 ES 定义来自 MA、TEEB 和 IPBES。千年生态系统评估(Millennium Ecosystem Assessment,MEA)[189]将 ES 定义为"人们从生态系统中获得的收益";TEEB[188] 将 ES 定义为"生态系统对人类福祉的直接和间接贡献",这一定义强调了 ES 对人类福祉的作用,并将服务(service)与其提供的利益(benefits)分开;政府间生物多样性和生态系统服务政策平台(Intergovernmental Science-Policy Platform on Biodiversity and Ecosystem Services,IPBES)将 ES 定义为"自然对人类的贡献"(Nature's Contributions to People,NCP),这一定义考虑了所有"人们从自然中获得的积极贡献或益处,也包括负面的损失或损害(ecosystem disservices,EDS)"。有益的影响包括提供食物、水的净化和艺术灵感,有害的影响则包括疾病传播和对人及财产造成的损害[190]。不同的学者也对 ES 的概念进行了探讨,如 Preston 等将生态系统服务称为"自然的益处",ES 支持生命(如通过提供空气、水、食物、原材料、药品)、安全(如通过减轻极端天气事件、媒介传播疾病的传播)和生活质量(如通过支持身心健康、文化认同和娱乐)等,是人类生活和经济的基础。并将生态系统服务对人类福祉的指标总结为 11 种类型[191]。ES 概念的提出引发了生态保护理念的变革,自然保护和恢复越来越被视为能创造"双赢"局面:既能产生生态效益,也能产生巨大的经济和社会效益。

8.2.2.2　ES 分类

对 ES 进行分类是 ES 测量、制图或评估等工作的基础。有众多不同类型的分类方案,包括 MA、TEEB 和 CICES 的分类方案,以及一些国家评估,如英国、德国和西班牙的评估使用的方案。目前学术界常用的是 MA 分类方案。千年生态系统评估将生态系统服务功能分为四个大类。①供给服务:从生态系统中获得的产品,包括不可再生资源和可再生资源;②调节服务:通过过滤养分或污染物提供干净的饮用水,通过授粉提高农作物生产率并控制病虫害,这些生态过程能够控制水、碳、养分以及能量的流向,并惠及人类;③支持服务:基本的支持系统或称自然基础设施;④文化服务:从生态旅游、鱼类和精神启迪等方面获取的非物质性益处[180]。城市地区的健康、可持续发展都依赖于生态系统及其组分产生服务的正常供给。

支持服务通过为生物提供生活空间而支撑了几乎所有其他服务(如授粉、营养循环),支持服务同样是为了保持植物和动物的多样性,体现了生态系统对物种提供栖息地的重要性。供给服务包括生态系统的物质产出,包括食物、淡水、药用植物、木材、纤维和其他资源。调节服务维持系统的功能,是人类从调节生态系统过程中获得的效益,如气候调节、自然灾害调节、水净化和废物处理、暴雨和疾病控制。调节服务对提升城市人类福祉起着重要作用,可以减缓城市热岛效应,缓解气候变化,并且减少空气污染。文化服务包括人们从与环境的接触中从生态系统获得的非物质、社会生态利益(包括心理和认知益处),如娱乐、审美、精神财富、智力发展和心理上的受益以及旅游[192]。

由于 MA 的分类方法将中间服务与最终服务并置,用于环境核算会导致重复计算的问题[193],欧盟倡议使用的生态系统服务国际共同分类(CICES 2018)方案。CICES 提出将生态系统的物质和能量输出区分为“商品”,将非物质输出作为“服务”(Portman,2013)。它采用了最终服务的概念,即“直接享受、消费或用于创造人类福祉的自然成分”,MA 中的支持服务被视为“生态系统的基本结构、过程和功能的一部分”而未包含在分类中。CICES 使用了等级化结构,将供应服务、调节和维护服务、文化服务三大类(section)依次划分为更详细的部门(division)、组(group)、类(class)、亚类(class-type)等,便于用户选择不同的分类细节和深度。

还有其他的 ES 分类体系,如 IPBES 使用的自然对人类的贡献(nature's contribution to people,NCP)体系,根据 NCP 对人们生活质量的贡献,从广义的角度确定了 18 种 NCP 并分为三个部分:调节贡献、物质贡献和非物质贡献[194];美国环境保护局(USEPA)也提出了最终生态系统商品和服务(FEGS-CS)的分类系统[195]。

8.2.2.3　生态系统服务相关概念

生态系统服务易与生态系统过程、功能、利益等概念混淆,而厘清这些概念对于理解 ES 概念和进行相关的分析非常重要。对此,Fisher 等[196]区分了与方式和目的相关的术语。

生态系统结构是指构成生态系统一部分的物理、生物和非生物元素(如林地、湿地和树木),这些物理组成部分也被称为服务提供单位(service providing unit,SPU);功能是指生态系统及其组成部分的自然产生的能力(如土壤使雨水能够渗透到地下);生态系统过程(ESP)是生态系统的生物和非生物因素之间复杂的相互作用(如养分循环和捕食)。ESP 的分布受不同时空梯度中气候和景观等因素的影响。从社会经济角度来看,ESP 收益的实现取决于诸如绿色空间的可达性和安全性以及社会人口统计学特征[197]。因此,生态系统过程和功能描述的是无论人类是否受益都存在的生物物理关系,而 ES 是那些有意或无意、直接或间接使人们受益的过程和功能,只有在对人类福祉做出贡献时才存在[198]。

Haines-Young 和 Potschin[199]构建了 ES 级联模型(cascade model),表达了从生态系统结构和过程到人类福祉的产生链,其中进一步区分了服务、利益、价值和人类福祉等概念,如图 8-3 所示。服务被定义为生态系统(无论是自然的还是半自然的)对人类福祉的贡献,它们的基本特征是保留了与潜在的生态系统功能、过程和结构的联系。利益是来自生态系统的直接和间接产出,并已经转化为产品或经验,它们在功能上不再与其所源自的系统相联系,可以在金钱或社会的意义上来衡量。价值则是人们赋予或证明事物的重要性的标准。人类福祉(human well-being)是指充分获得美好生活所需的基本物质,这些物质是维持选择和行动自由、健康、良好社会关系和安全所必需的。这一模型使得复杂系统尽量简化为便于分析和量化的要素,为 ES 科学研究、跨学科交流和科学-政策互动提供了方便。但也有学者对级联模型持批判的观点,如 Costanza 等[198]认为生态系统过程、功能、对人类的利益之间的联系是复杂、非线性和动态的,这种关系不能在简单的、线性的级联模型中很好地表达。而利益和服务本质上只是被感知和未被感知的利益,级联模型对两者的强制区分是无意义的。

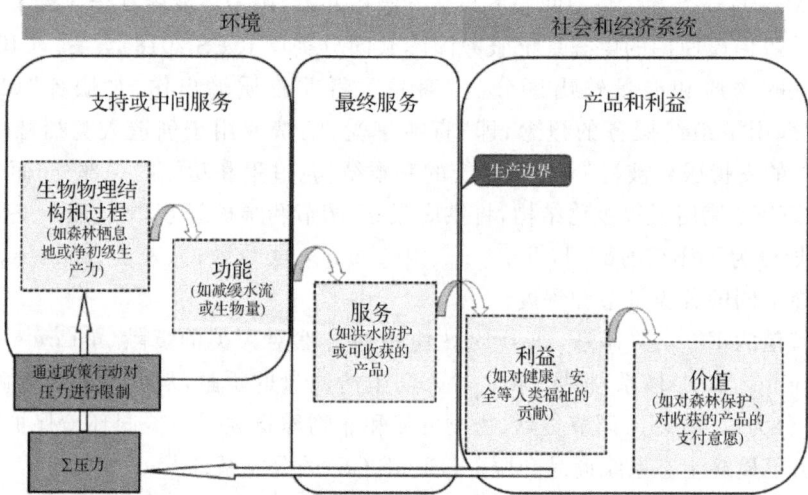

图 8-3　级联模型

资料来源:Haines-Young & Potschin, 2010

8.3　生态系统服务供给需求

8.3.1　新古典范式的 ES 供给需求

根据新古典范式,市场价格是供求关系相互作用的结果[174]。图 8-4 所示供给和需求曲线显示了正常商品(a)和一些基本生态系统服务(b)的成本、净租金和消费者剩余的定义。

图 8-4(a)显示了典型的市场商品或服务的常规供给(边际成本)和需求(边际收益)曲线。反映在国内生产总值中的价值是市场价格 P 乘以数量 Q,或面积 P_0BQ_0O。生产成本是供给曲线下的面积 OBQ。资源的"生产者剩余"或"净租金"是市场价格和供给曲线之间的面积 P_0BO。"消费者剩余"或消费者在市场支付的价格之上获得的福利量是需求曲线和市场价格之间的面积 ABP_0。资源的总经济价值是生产者剩余和消费者剩余(不包括生产成本)的总和,或图上的面积 ABO。总经济价值可能大于或小于国内生产总值中的价格乘以数量[175]。

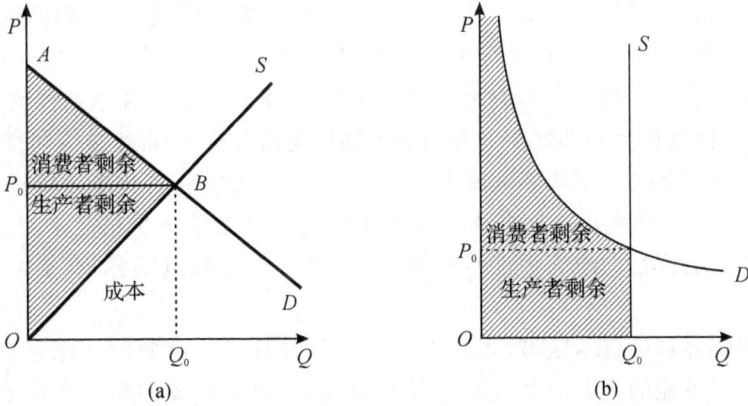

图 8-4　供给和需求曲线

图片来源:Costanza et al.，1997

在生态系统服务没有在市场上交易的情况下,对其提供的福利的解释也可以用剩余来表示。在这种情况下,生态系统服务没有传统意义上的供应曲线,即代表生产者在每个价格下愿意供应的服务数量。被"供应"的 ES 的数量根本不是通过市场决定的,而是由有关生态系统保护、土地使用、管理、使用等的其他决策决定的。因此,生态系统服务的供应量与它的价值无关。在大多数情况下,生态系统的生物物理指标衡量的是供应的数量,而不是获得的福利。如图 8-4(b)所示,非市场化 ES 的需求曲线仍表示为一条向下倾斜的线,因为预计边际效益会随着数量的增加而下降。供给曲线更接近于无弹性的垂直线。消费者并不为他们可获得的数量(Q)支付价格,需求曲线下的整个区域代表他们的消费者剩余。

8.3.2　ES 供给需求动态分析

假设需求曲线表示生态系统服务或自然资本的边际价值。生态系统服务的供给曲线是一条垂直线(至少是短期曲线)。如图 8-5 中区分为三个区域[174]。

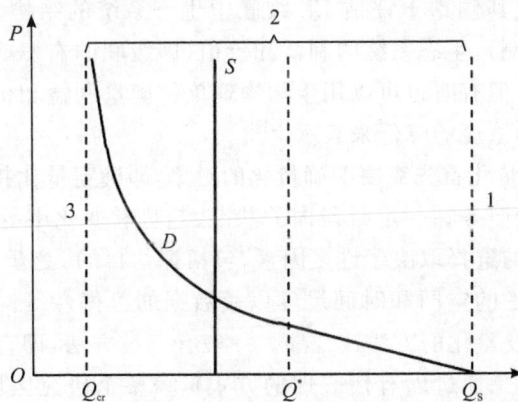

图 8-5　生态系统服务市场中供给和需求的动态分析

图片来源:Dzeraviaha,2018

人造物品与自然环境产出的主要不同是后者的初始供应是由经济体系之外的因素决定的，并且这种供应与生产成本无关。因此，在图中的区域1，尽管自然资本总量很高，但没有任何货币价值。自然资本取之不尽用之不竭，生态系统服务不被视为新古典经济学的研究目标，而被称为外部性。只有当适当的机构需要时，外部性才有可能内化。

当生态系统服务已降至敏感度阈值（Q_s）以下，即进入区域2，生态系统供给曲线在向临界阈值（Q_{cr}）移动，环境短缺越来越明显，相应的生态系统服务价格越来越高。Q^*是关键自然资本由富有弹性向缺乏弹性转变的点。生态供应越接近临界线，不可逆的环境影响风险越大。

区域3是临界自然资本区域，提供对维持人类福祉至关重要的生态系统服务，替代性是困难的或不可能的。需求曲线几乎没有弹性，相对于需要的环境产出数量极少，价格不可能影响再生产的过程。在这个区域，生态系统服务的价格在新古典经济学的框架内没有经济意义。在这种情况下，只有通过严格的管制决策进行调节。经济制度可以变化，而生态系统的物理特征不发生变化，前者必须适应后者，而不是相反。应用这个原则意味着，经济框架应该取决于生态环境框架[174]。

8.4 生态系统服务评估

ES评估对应的英文表达主要有ES估值（ecosystem service valuation，ESV）和ES评价（ecosystem service assessments，ESA）。两者有所区别，使用时含义也各有侧重。其中ESV多在与经济和货币估值相关的研究中使用；ESA内涵更为广泛，可指采用生物物理法、社会文化法、货币法等开展的评估。而货币估值通常基于生物物理或文化等方法。瑞典ES评估政府报告[200]使用ESA这一术语时说明它不是指某一特定的方法，而是指为使ES的价值在各种决策过程中可见而做出的识别、绘制地图或评估ES的努力。

8.4.1 ES生物物理评估

生物物理方法根据生产中包含的资源量来评估生态系统产品和服务的价值[184]。评估结果通常用生物物理单位表示。例如，从湖泊中抽取的水量、森林面积或土壤中的碳储量。生物物理量化尤其侧重于评估ES级联中生态系统的结构、过程、功能和服务流（即级联的左侧或供给侧），生态系统的利益和价值（即级联的右侧或需求侧）通常使用社会或经济单位来评估。但有时也可以用生物物理单位衡量利益和价值，比如湿地净化水质的利益可以用污染物浓度的降低来表示[201]。

对ES的生物物理量化首先需要明确量化的对象，即确定量化指标。ES指标用于监测生态系统及其产生的服务在一定时段内的状况、趋势和变化率等。一种ES可用多种不同的指标衡量，指标的选择取决于许多因素，包括评估目的，受众，其在经济、社会和文化层级中的位置，所考虑的空间和时间尺度以及数据的可得性等。其次，需要选定衡量ES的生物物理单位以及量化的方法或程序。一般有三类方法，即直接测量、间接测量和（数字）建模。直接测量是通过以有代表性的方式覆盖整个研究区域的观察、监测、调查或问卷对一个状态、一个数量或一个过程的实际测量。ES的直接测量提供了ES的生物物理值，其物理单位对应于指标的单位。直接测量量化或测量存量或流量值。生态系统服务的间接测量提供了以物理单位表示的生物物理价值，但这一价值需要进一步的解释、假设或数据处理，或者需要在模型中与其他环境信息来源相结合，然后才能用于测量 ES。ES 的间接测量提供了 ES 的生物物理值，其物理单位不同于所选指标的单位。如果没有直接或间接的测量值，可以使用 ES 建模来量化 ES。生态系统建模便于进行基于生态和社会经济输入数据或知识的生态系统供给、使用和需求的模拟。模型可以从简单的基于专家的评分系统到模拟碳、氮和水的全球循环的复杂生态模型。

8.4.2　ES 社会文化评估

许多 ES 估值的研究仍然只在货币意义上使用"价值"一词，忽视了生态系统和生物多样性在文化、治疗、艺术、激励、教育、精神或审美价值方面对社会的更广泛贡献。对于许多环境管理问题，决策者有兴趣通过社会文化和经济信息来了解 ES 对人的重要性。在过去十年中，有关社会文化评价方法的文献不断增加，其中大部分与文化 ES 有关。随着 2012 年 IPBES 的建立，关于社会文化价值评估的科学研究数量增加，IPBES 应对的一些挑战与 ES 的社会文化评价有关，如纳入不同的知识体系或承认价值多元化。尽管如此，社会文化评价方法还没有正式形成一个共同的方法框架。非常需要设计一个方法学框架，以探索代表对自然的认知、情感和道德反应的方式，以及表达人们对 ES 的偏好、需求和愿望的方式。此处社会文化评价指的是旨在获得人类对非货币单位的 ES 的偏好的一系列方法，诸如"心理文化评价""社会评价""审议评价""定性评价"和"主观评估"等术语代表了旨在揭示个人和集体价值以及对 ES 的看法而不依赖市场逻辑和货币度量的评价方法[201]。

8.4.3　ES 经济价值评估

一些学者主张对 ES 的货币估值，因为"社会对经济价值有更直观的概念"，货币估值能直接比较 ES 的经济价值与通过环境政策变化产生的其他服务的经济价值以及这些政策的成本[191]，从而有效地在成本效益分析中实现知情权衡。经济估值往往需要来自社会文化评估和生物物理评估的信息的支持。

福利经济学理论认为个人有能力评估自身的福祉，新古典货币估值工具通过确定个人为消费商品或服务支付的意愿（willingness to pay，WTP）或为了放弃这种消费而接受受偿意愿（willingness to accept，WTA），来衡量福祉的变化。一种商品或服务变化的经济价值可定义为：具有给定收入的个人愿意为了获得第一种商品的变化而放弃的另一种商品的数量，或补偿个人放弃第一件商品变更的第二件商品数量的变化。此外，福利经济学假设社会总福祉是个人福祉的总和，因此"经济价值"是对社会总 WTP 或 WTA 的估计[191]。

Costanza 等[175]首次尝试对全球范围内的 ES 进行经济估值，得到的总价值为 33 万亿美元，几乎是全球 GDP 的 1.8 倍。但这一结果不仅受到主流经济学家的批评，也受到许多生态学家的批评。前者指出这一评估方法不符合新古典主义原则，因为单位价格乘以数量（面积）的估算没有考虑到边际成本和价值；后者则认为这一方法简化了生态系统功能及其对人类福祉的影响。

8.4.3.1　ES 经济价值评估方法

ES 经济价值评估的方法有很多，通常区分为三类不同的价值评估方式。一是基于市场价格或交易的方法,多用于可在市场交易的 ES,如部分供给服务;影子价格法也是市场价格法的一种隐含形式;还包括基于缓解成本的方法,即将采取缓解行动的成本作为 ES 损失价值的替代指标,包括修复成本、重置成本、清理成本等。二是显示偏好法,市场价格(如房价、出行成本)被用来间接地推算 ES 的价值。如享乐定价法(hedonic pricing)是通过研究一种商品(如房屋)的环境特征与其销售价格之间的多重相关性对环境估值;旅行成本法多用于研究自然提供的文化娱乐服务的价值,因这些价值只有通过亲身接触自然才能实现。三是陈述偏好法,根据受访者对 ES 数量或质量产生变化的假设情景下人们的选择和偏好,来估算 ES 的货币价值。陈述偏好法是评估 ES 的非使用价值的唯一方法,常用的陈述偏好法有条件价值评估、离散选择实验和条件排序。它们都是基于公众调查,直接询问公众对假设的环境质量变化的 WTP(或 WTA),或对不同环境质量和价格的选择和排序[191]。

可以根据评估使用的数据类型,将经济估值方法分为两类:使用原始数据产生新的或原始信息的方法,和在新的政策背景下使用现有信息的方法(即价值转移法)。表 8-3 概述了基于原始数据的 ES 评估方法、典型应用和局限性,并指出了每种方法适用于评估的 ES 类型。

表 8-3　基于原始数据的 ES 经济评估方法

方法	描述	应用的 ES	示例
市场价格法	在市场上直接观察到的 ES 的价格	直接在市场上交易的 ES	来自森林的木材和薪材;收取门票的国家公园的娱乐活动
公共价格法	以公共支出或货币奖励(税收/补贴)作为价值指标	有公共支出的 ES	保护供给饮用水的流域;购买土地作为保护区
防御性支出	生态系统保护支出	ES 来自被保护的生态系统	受保护湿地的营养物净化
重置成本	估计使用人工服务替换 ES 的成本	有人造等价物的 ES	用沙丘保护海岸;用湿地蓄水和净化
修复成本	恢复退化生态系统以确保 ES 供应的成本	任何可以由恢复的生态系统提供的 ES	用沙丘保护海岸;用湿地蓄水和净化
避免损坏成本	估计因生态系统服务而避免的损害	为房屋或其他资产提供暴风雨或洪水保护的 ES	用沙丘保护海岸;用湿地控制河流流量
要素净收入	与环境有关的商品的销售收入减去其他投入的成本	为商品生产中提供投入的 ES	湿地对水的净化;沿海湿地支持的商业渔业
生产函数法	包括 ES 投入的商品生产函数的统计估计	为商品生产中提供投入的 ES	土壤质量或水质,作为农业生产的投入
享乐定价法	估计环境特征对市场商品价格的影响	不同商品(通常是房屋)的环境特征不同	城市开放空间;空气质量
旅行成本法	使用有关旅行成本和访问率的数据来估计对娱乐场所的需求	娱乐场所	户外开放式娱乐场所
条件估值法	通过调查让人们陈述愿意为 ES 支付的意愿	所有 ES	物种丧失;自然区域;空气质量;水质;景观美学

(续表 8-4)

方法	描述	应用的 ES	示例
模拟选择法	要求人们在 ES 和其他商品之间进行权衡以引出支付意愿	所有 ES	物种丧失;自然区域;空气质量;水质;景观美学
小组/参与式评估	利益相关者小组通过讨论陈述他们为 ES 支付的意愿	所有 ES	物种丧失;自然区域;空气质量;水质;景观美学

资料来源:Brander et al.，2017

　　基于原始数据的 ES 经济价值评估所需的时间和资源较多,在决策需要快速和低成本的信息时往往难以使用。在这种情况下,可利用已有的 ES 价值评估的信息支持相似背景下的决策。这种把价值评估信息从一地转移到另一地的做法称为价值转移法。价值转移是指在一个或多个地点或政策背景下("研究地点")使用现有基于原始数据的评估成果来预测其他地点或政策背景下("政策地点")的 ES 价值。此外,基于原始数据的估值研究往往是在地方范围内对特定生态系统开展的,当需要将结果推广到更大的区域或多个生态系统时,价值转移提供了获取所需规模信息的途径。基于原始数据的 ES 估值研究的数量愈多、覆盖愈广,就能为应用价值转移法提供更可靠的信息库。但在基于原始数据的 ES 评估很少的情形下,需要谨慎应用价值转移。表 8-4 是常用的价值转移法的描述及其优势劣势的介绍。

表 8-4　常用的价值转移法

价值转移法	方法描述	优势	劣势
单位价值转移	从现有的类似生态系统和社会经济背景的初级估价研究中选择适当的价值。调整单位价值以反映研究和政策地点之间的差异(通常为收入和价格水平)	简单	不太可能考虑到决定研究地点和政策地点之间价值差异的所有因素。通常难以获得相似度很高的区域的 ES 价值信息
价值函数转移	使用从基于原始数据的评估研究中得出的价值函数来估计政策地点的 ES 价值	允许控制研究和政策地点之间的差异(例如人口特征的差异)	要求提供关于政策地点特征的详细信息
元分析(meta-analysis)的函数转移	使用从多个原始数据研究结果中估计的价值函数来估计政策地点的 ES 值	允许控制研究地点和政策地点之间的差异(如人口特征、生态系统的面积、替代品的丰富程度等方面的差异)。对于持续评估大量政策地点来说是很实用的	需要关于政策地点特征的详细信息。涉及复杂的分析过程

资料来源:Brander et al.，2017

　　现已开发的 ES 经济评估模型工具包多基于价值转移法,如自然资产信息系统(natural assets information system，NAIS)和生态系统价值评估工具包(ecosystem valuation toolkit，EVT)，将经济估值研究库与土地覆盖 GIS 分析相结合以构建数据库，可通过点转移来进行经济价值估算。依照当地土地利用/覆盖分类方法，将空间明晰的土地覆盖数据作为输入项，然后结合适当的估价研究。输出项包含每一种相关的土地覆盖类型其每公顷生态系统服务的总值。该工具包包括娱乐、濒危物种恢复支付意愿的转移函数。用户输入给定转换函数所需的自变量值(例如开放空间特性或开放水域)，接着电子制表软件会计算出每个家庭或每日娱乐的经济价值。生态系统评估工具包(EVT)通过订阅便可独立应用，而 NAIS 则需要与其开发人员签订合同方可应用[202]。

8.4.3.2　货币估值的局限性

货币估值虽然可以提供有关生态系统管理行动导致的福祉变化的有用信息，但货币估值在制度上、空间上、技术上和价值上仍有未解决的局限性。首先，环境恶化的主要原因之一是将其视为外部于经济。因此，生态经济学家建议环境外部性应该通过货币评估被内部化。主流经济学认为最好的经济估值方法是基于市场的方法，这意味着遵守新古典主义原则。但该方法的实施在制度上和空间上受到很大限制。许多 ES 是非竞争性公共物品，不能在市场上交易，绝大多数 ES 没有市场价格。除此之外，一系列环境设施是不可替代的(关键的自然资本临界要素)，所以边际价值(marginal values)不能用于定价(pricing)[174]。

其次，根据 ES 动态供需分析，当生态系统处于临界阈值附近且生态系统变化不可逆转或仅以高成本逆转时，货币估值的局限性尤为明显。Farley 等[203]建议，当自然资本存量健康且有弹性时，货币估值可用于帮助在保护和转化之间做出分配决策。相反，当达到生态阈值时，生态系统结构的生物物理流量和质量变得更加相关。许多生态系统产品和服务都有一个效用阈值，当它们变得稀缺时，它们变得越来越有价值。在这些情况下，边际价值是有限的，但总值是不确定的。当生态系统达到阈值时，生态系统服务的物理量的小幅减少会导致其边际经济价值的大幅增加，从而使货币估值变得不合适。在高度不确定和存在生态阈值的情况下，政策应遵循最低安全标准和预防原则[184]。

同时，一些生物学家认为 ES 货币估值并没有考虑生态系统和复杂要素依存关系的整个生物圈的内在价值和综合特性，价格往往不能捕捉 ES 的真正价值。作为市场价格的相对特性，各种市场失灵也经常受到生态经济学家的批评。同时，尽管存在许多替代方法，但尚未提出一种得到他们一致支持的估值方法，考虑到生态经济学的价值多元性，几乎不可能找到这样的方法。由于缺乏公认的替代方案，研究如何将现有的定价方法用于生态经济学框架不失为一种选择[174]。

再者，生态系统服务的高价并不是环境有效再生产(保护)的充分条件。建立在道德或公共价值观的基础上的个人主义、功利主义的行为模式的价格监管的一个可能威胁正在出现。此外，如果没有适当的制度，价格的增长可能会形成以最大限度提高利润为目的的更密集的生态系统开发的激励。此外，根据所谓的杰文斯悖论(Jevons paradox)，不良消费可能会增加[204]。新技术将降低成本并增加消费者对资源的获取。高价格可能会使穷人无法享受生态便利，与公平分配的目的相左[174]。接受生态系统服务被低估的问题，我们不应高估其价格对监管的重要作用。鉴于生态经济学涉及配置和分配的问题，我们不应该浪费更多的努力试图精确量化行动的好处，而是找出解决问题的成本节约经济有效的方法[205]。

8.4.4 综合评估

适用于多个空间尺度和多种价值导向的工具对管理者而言更具吸引力。生物物理、社会文化和经济评估都可以包括定量和定性评估,如描述和优先级排名。经济评估通常以货币形式表示价值,而生物物理和社会文化评估则不是。三种方法各有千秋,然而,没有一种工具能够很好地处理所有尺度和所有方面的分析,人们仍需使用多种工具来解决具体问题。生物物理、社会文化和经济评估整合的方法可以采取不同的形式。最可靠的结果将多种分析结合在一起[191]。因此,跨学科和方法多元化是综合评估的关键要素,将定性、定量,生物物理、社会文化和货币技术相结合的评估是捕捉多样化 ES 及其对各种受益群体重要性的有效途径。

8.5 生态系统服务付费

在主流经济分析中,生态系统的退化通常与"市场失灵"和"外部性"联系在一起。对此,产生了两类解决方案:一是通过对资源获取进行管制,限制商品供应的市场功能,以确保自然资本和 ES 的保护;二是通过提高服务供应的市场效率,使商品和服务之间的交易能够在土地使用者或管理者一级进行。后一种方法通常被称为生态系统服务付费(payment for ecosystem services,PES)或环境服务付费(payment for environmental services,PES)。生态系统服务付费(后文简称生态支付)作为一种使用经济激励手段管理生态系统的方式正变得越来越流行。

8.5.1 潜在帕累托改进

帕累托改进是至少一个人从政策中获益但没有人受损。如图 8-6(a)所示,E 点向效率前沿的 F 点的改进,A 和 B 的状况均从中受益。社会决策制定对帕累托最优改进的存在表示怀疑。实际上,大多是政策决定一些人受益、一些人利益受损。潜在的帕累托改进标准解决了这个问题。如图 8-6(b)所示,卡尔多-希克斯改进中 E 点向效率前沿的 F 点的改进,A 受益、B 受损。如果赢家能够补偿输家,且赢家愿意支付的价格超过输家愿意支付以阻止一个项目的价格,则项目实现,社会会从中受益[7]。是不是潜在帕累托改进取决于支付意愿。补偿输家的最小支付被称为受偿意愿。

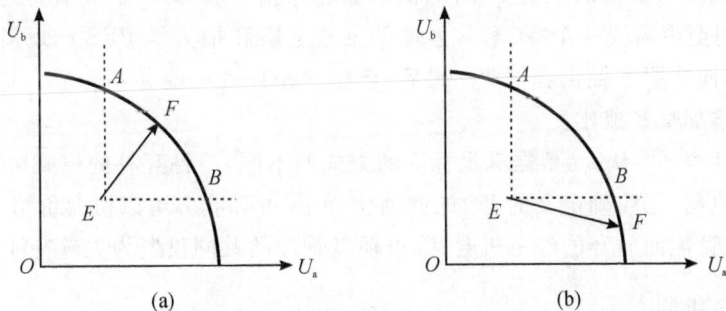

图 8-6 帕累托改进与希克斯改进

8.5.2 生态支付

8.5.2.1 PES 定义

PES 在文献中可以指生态系统服务付费（payment for ecosystem services），或环境服务付费（payment for environmental services）。根据 Noordwijk et al.（2012），环境服务是生态系统服务的一个子集，是生态系统服务除去供给服务的部分，因为供给服务大多可在市场中进行交易平衡供求关系。大多数文献将 PES 称为基于市场或类市场的机制，并遵循 Wunder[206]对其的定义：PES 是一项自愿的交易，其中，①明确界定的环境服务，②被至少一个服务购买者从至少一个服务提供者处"购买"，③当且仅当服务提供者确保服务提供时（条件性）。

该定义将二元的定性标准应用于条件性、明确定义的生态系统以及个人买家和卖家层面的自愿交易等概念。该定义认为，理想的 PES 方案应将 ES 纳入市场，并应像其他市场交易一样。PES 应"试图实践科斯定理"[207]。科斯定理指出，如果私人产权由可执行的合同明确界定，那么外部性的产生者和接受者就有可能通过自愿交换达成协议，使社会福利最大化。此外，产生外部性的活动的最终水平不会受到最初产权分配的影响。除了产权的执行外，不需要来自政府的干预。然而，这种结果只会在没有财富效应和交易成本的情况下才会发生。然而，环境问题的交易成本通常是巨大的，财富效应极其重要。具有讽刺意味的是，科斯本人认为"零交易成本的世界经常被描述为科斯主义的世界。没有什么比这更不切实际的了。这是现代经济理论的世界，是我希望说服经济学家们离开的世界"（科斯，1988）。科斯定理仅适用于生态系统服务的一个非常狭窄的子集[203]。

实践中，很少有 PES 方案达到了 Wunder 定义提出的标准。Farley 和 Costanza[203]认为从生态经济学视角来看，Wunder 对 PES 的定义可能不仅很难实现，而且不够恰当。首先，产生足够的资源或确保支付的公正分配可能需要非自愿的方法，例如税收或强制性服务费，这在现实生活中的 PES 计划中很常见。其次，生态系统及其产生的服务很复杂，即使为并不明确定义的服务付费也可能是合适的。例如，在现实生活中，森林和其他土地利用提供的水调节服务存在相当大的不确定性，但仍有很多相关的 PES 项目[208]。目前得到最明确定义的服务是碳封存，但对这种单一服务的支付可能会产生不利的结果，可能会降低更有价值的生物多样性、供水和养分循环服务[209]。再者，虽然根据定义，任何 PES 计划至少需要一个"买家"，但像碳排放上限和拍卖等 PES 计划需要向监管服务使用的机构而非服务提供者付费。最后，严格的条件性可能并不合适。它的执行成本很高，会大大增加交易成本。

Noordwijk 等[210]认为，根据满足标准的方式的不同，三种互补的模式可在 PES 框架内共存，其中包括：①明确定义的 ES 的商品化，使买方和卖方可以协商价格；②补偿因自愿或命令控制管控而放弃的经济机会；③以环境管理的共同投资为关键特征。

8.5.2.2 PES 机制

生态系统管理者，无论是农民、伐木人还是保护区管理者，通常从土地使用中获得的收益很少,且往往低于他们从其他土地用途中的获益,比如将森林改为农田或牧场。但是砍伐森林会给下游人口(甚至是全球社区)带来成本,比如,砍伐后的森林净化水质的能力下降,生物多样性和碳储量降低。服务使用者付费使生态保护更有吸引力,引导生态系统管理者采用保护方案,或为保护区管理者提供经济资源。因此,PES 寻求将环境的正外部效应内部化[207]。

受土地利用变化影响的利益相关者可以通过多种反馈机制,回应并影响引发生态系统变化的代理人或行为者及他们代表的驱动力。虽然监管方法与"大棒"相关,但基于激励的方法被称为"胡萝卜",而"教育"是第三种政策工具,指的是劝说和价值内部化将导致主体自愿进行行为约束。PES 机制的基本逻辑如图 8-7 所示。图中区分了基于法规和权利(产权结构)的方法和基于经济激励的方法,两种方法又各有两个层面的切入点,体现了反馈机制是通过公共部门(中宏观层面)还是私人实体(微观层面)。反馈机制允许通过空间管制和产权结构(A,大棒)或经济激励结构(B,胡萝卜)改变行为和决定。劝说和教育可以改变行为者/代理人对驱动因素的反应。PES 是四类反馈机制中的一类(B2)。图中 PES 代表了针对微观经济决策层面的方法,其有效性取决于它与宏观经济激励结构(B1)和土地使用权(A1、A2)的互动方式。PES 主要关注交换的效率(以金钱换取服务),但公平的一面至少值得同等关注[210]。

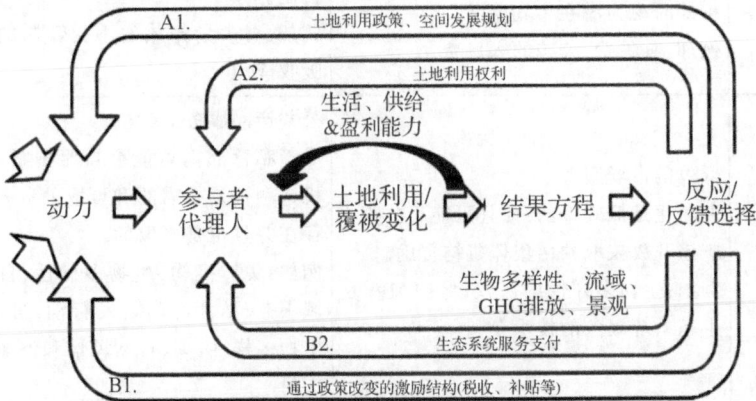

图 8-7　生态支付机制

图片来源:Noordwijk et al., 2012

8.5.2.3　PES 的适用条件

PES 并不是解决任何环境问题的万能钥匙。如当地生态系统管理者可能无权管理生态系统。在相关产权体系缺失的情形下,此时应明确适当的产权规则[207]。生态系统产生的大部分利益是外部性的[211],此时,明确产权很可能是无效的,因为私人管理者只会看到生态系统总效益的一小部分。虽然排他性决定了对 ES 的获取是否可以进行配给,但竞争性和稀缺性决定了配给是不是可取的。如果不对竞争性和稀缺性资源进行配给,就有可能出现不可持续的过度使用、消费者之间的不公正分配以及产品的低效率分配。而对非竞争性或丰富的资源进行商品化配给是低效的,因为它通过人为创造稀缺性来减少使用,从而降低价值;而且也常常是不公平的[203]。

可以根据所提供的 ES 是否属于公共产品来判断 PES 的适用性。一些 ES 是纯公共产品,即不能阻止使用者从所提供的服务中受益(非排他性),且一个使用者的消费不影响另一个使用者的消费(非竞争性)。但许多 ES 其实具有排他性或竞争性,比如,许多水文服务是俱乐部商品,只有那些拥有水权或位于明确划定的流域中的利益相关者能受益。这对于实现 PES 有着重要的意义。Farley & Costanza[203] 提出基于竞争性和排他性的 PES 方法(表 8-5)。

表 8-5　基于竞争性和排他性的 PES 方法

	可排他(可以配给)	不可排他(不可能进行配给)
竞争且稀缺 (配给可取)	潜在的市场化服务 基于市场的(科斯式的)方法是可能的,但对于基本和不可替代的服务可能并不理想。 示例:水质交易、湿地银行和补偿;EU-ETS 碳固持支付;工业用水	开放获取制度 配给需要集体机构在相应的空间尺度上明确产权。根据财产规则,集体机构决定供给,如果出售则决定价格;根据责任规则,价格决定供给。示例:碳固持的项目
竞争且丰富	拥挤的俱乐部或收费服务 在资源充足时将其视为公共产品,或定量使用以支付维护和扩展成本。稀缺时视为潜在市场商品。 例如:狩猎费;公园的入场费	拥挤的服务 在服务供应丰富时,将其视为公共产品;在服务稀缺时,如果存在选择,则采用开放获取机制。 例如:对少量排放的不受管制的污染废物的吸收能力
非竞争 (配给不可取)	低效的市场服务 商品化是低效率的,而且可能不公正。应该开放获取并由集体机构资助。 例如:生物多样性的产权;保护和恢复生态系统服务的技术专利	公共产品服务 尽管私营部门可能会自愿捐赠,但采用集体机构融资是必需的和可取的。开放获取消费存在并且也是可取的。 例如:集体机构:生物多样性、自然风景和流域服务;私营部门自发行动:自愿碳市场;对生物多样性、碳、自然风景和流域服务的自发支付

资料来源:Farley & Costanza, 2010

8.5.2.4　PES 的关键特征

PES 基于受益人付费原则,因此在 ES 供给者是贫穷、边缘化的土地所有者的环境中具有吸引力。PES 中的一个重要区别是用户付费的 PES(买家是 ES 的用户)和政府支付的 PES(买家是代表 ES 用户的其他人,通常是政府)。在实践中,PES 计划在 ES 需求的类型和规模、支付来源、支付的活动类型、使用的绩效衡量以及支付方式和金额方面有所不同。PES 的有效性和效率在很大程度上取决于程序设计[207]。

(1)谁是买方

Pagiola 等[211]认为用户付费的 PES 可能具有效率,因为 ES 价值信息的行为者直接参与其中,有明确的动机来确保机制的良好运行,可以直接观察服务是否被提供,并有能力在需要时重新协商(或终止)协议。他们将这种 PES 项目称为"科斯式",因为它与科斯定理中设想的谈判解决方案最为相似。在"政府资助"的 PES 项目中,买方是代表服务使用者的第三方,这种情况下的购买者不是 ES 的直接使用者,他们没有关于 ES 价值的第一手资料,一般也不能直接观察是否提供了 ES,且没有直接的动机来确保项目的有效运作;他们甚至会受到各种政治压力的影响。由于这些因素,这种项目不太可能有效率。然而由于交易成本的规模经济,政府资助的 PES 项目可能更具成本效益。

虽然有充分的理由期望用户资助的 PES 项目比政府资助的项目更有效,但在许多情况下,政府资助的项目可能是唯一的选项。政府可以通过强制收取使用费来解决搭便车问题。此外,政府、非政府组织或国际组织可以在降低交易成本促进科斯式谈判方面发挥重要作用。

(2)谁是卖方

ES 的潜在"卖家"是那些能够保障 ES 的行为者。总的来说,潜在的卖方是土地所有者。在土地私有制国家,绝大多数的 PES 项目是针对私人土地所有者的。当政府是土地所有者时,PES 也可以全部或部分针对公共土地,如保护区。在其他情况下,当地社区拥有共同的产权,或至少拥有土地的使用权和管理权,可作为集体的 ES 提供方[212]。在土地公有制国家,如我国土地归国家和集体所有,土地所有者或使用者可作为 ES 提供方。2021 年,中共中央办公厅、国务院办公厅印发《关于建立健全生态产品价值实现机制的意见》,提出使用者付费、保护者受益、破坏者赔偿的生态环境价值实现路径。

(3)支付金额和模式

许多 PES 项目对特定的活动采用固定的每公顷付款方式;或者根据所提供的 ES(效益目标)、ES 提供的成本(成本目标)或两者的混合,在空间及不同主体之间进行区分付款。对于支付方式,PES 通常是以现金支付的,但也可能涉及实物收益。如图 8-8 所示,提供给生态系统管理者的付款必须超过他们从替代土地使用中获得的额外利益,否则他们不会改变其行为;并且必须低于 ES 用户的收益,否则用户不愿意为其付款。

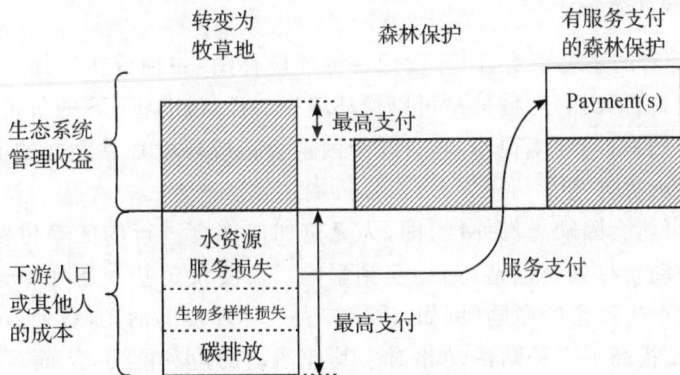

图 8-8 PES 的基本逻辑

图片来源:Pagiola and Platais,2007

在我国,生态补偿机制是采取财政转移支付或市场交易等方式,对生态保护者给予合理补偿。如 2022 年,财政部《关于下达 2022 年中央对地方重点生态功能区转移支付预算的通知》中,将转移支付预算下达各省(自治区、直辖市、计划单列市、含新疆生产建设兵团)。

8.5.3 PES 与其他政策工具

对于外部性问题的解决,环境经济学文献提供了许多可用的政府干预措施,如在资源环境经济一章中提到的环境税(environmental taxes)、命令控制监管(command-and-control regulation)以及发展中国家广泛使用的综合保护与发展(integrated conservation and development,ICDP)。依据对经济激励的依赖程度和保护目标与其他开发方法的整合程度这两个标准,Wunder[206]对 PES、环境税与补贴、综合保护开发项目(ICDP)、可持续的森林管理(SFM)以及命令控制等一系列保护方法进行了排序(图 8-9)。下面将 PES 与这些替代方法中的部分内容进行比较。

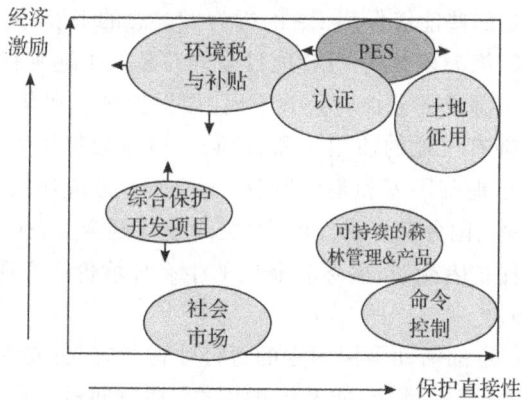

图 8-9　PES 与其他保护方法的比较

图片来源:Wunder,2005

8.5.3.1 PES 与环境税

从 PES 接受者的角度来看,PES 就像一种环境补贴:一种旨在增加对环境有益的活动的付款。理论告诉我们,环境补贴可以像环境税一样,帮助将 ES 的价值内化到私人土地使用决策中。然而,与环境税不同,有几个因素会造成环境补贴潜在的低效率,因此通常被认为是次优解决方案[213]。

首先,补贴可能会因缺乏额外性(即,为无论如何都会进行的活动付费)和泄漏(即,将破坏环境的活动转移到其他地方)而受到影响。需要设定基线条件来避免这些问题。补贴计划也可能产生反常的激励(例如,诱导扩大破坏环境的活动,以便日后获得更高的补贴)。环境补贴提高了受补贴活动相对于其他活动的盈利能力,从而可能导致受补贴活动的扩大,受补贴活动可能会取代其他环境有益的活动。

其次,环境补贴低效的另一个潜在原因是它们可能被滥用于保护主义目的。环境税(对破坏环境的活动收费)受到这些问题的影响较少,因此可能被认为优于环境补贴。然而,分配问题往往不利于环境税的使用,因为税收会将环境保护成本强加给土地使用者而不是服务使用者。在发达国家,具有强大政治影响力的农业生产者往往能够将政策导向环境补贴而不是税收。在发展中国家,ES 提供者比服务使用者的经济境况更差,因此对环境补贴的偏好远高于税收。

8.5.3.2 PES 与命令和控制监管

传统的命令控制监管,例如对进入和土地使用的限制,为实现保护目标提供了另一种方式。与其他基于市场的工具(例如环境税和可交易许可证)一样,PES 计划被认为比命令和控制监管更有效。这是由于命令控制监管倾向于为所有 ES 提供者规定相同水平的活动,而基于市场的工具则更加灵活。例如,要求保护森林的命令和控制法规将适用于所有森林,而不管它们提供的收益水平或保护它们的成本如何。

此外,在发展中国家环境中,指挥和控制方法受到治理能力不足、交易成本高以及与使用规则设计、监督和执行相关的信息问题的阻碍[214]。命令和控制规则的不灵活也会产生不利的分配后果。例如,许多贫困社区以森林为生,限制他们使用森林资源会造成经济困难并可能引发社会冲突[215]。更复杂的互动也是可能的:通过提高所保护资源对当地社区的价值,PES 计划可以增加当地人民自发实施资源使用限制的动力,从而帮助克服国家执法能力不足的问题。

8.5.4 PES 的市场化与非市场化

生态系统服务对人类福祉做出了重大贡献,有些是必不可少且无可替代的,几乎所有服务都变得越来越稀缺。提供生态系统服务是有实际成本的,必须开发合适的机制为其付费。传统经济学家将效率放在首位,追求基于市场的 PES,尽可能将生态系统服务商品化。生态经济学家认识到生态系统固有的复杂性,并将可持续性和公平公正置于效率之上,倡导不需要商品化的更具适应性的跨学科方法。

基于市场的 PES 计划是可能的并不意味着它们是可取的。虽然必须对竞争性和稀缺资源进行配给,但价格机制是通过购买力来衡量偏好的。当一项服务必不可少且不可替代,并且购买力的分配极不公平时,市场更倾向于为富人提供奢侈品而不是满足穷人的基本需求。至少在基本需求得到满足之前,分配必要和不可替代资源的民主机制可能比市场更可取。PES 系统应优先考虑必不可少的、不可替代的生态系统服务,尤其是那些供应不足以满足基本需求(或即将如此)的服务。这包括气候和大气的调节、水和食物的提供,以及维持所有其他服务的生物多样性。集体机构应该在 PES 中起主导作用,但不能忽视通过个人支付来增加公共服务的潜力[203]。

8.6 小结

城市地区的健康、可持续发展都依赖于生态系统及其组分产生服务的正常供给。本章首先对生态经济学、生态经济学与相关学科的关系进行阐述;其次对生态系统服务的概念和分类进行总结。十年生态系统评估将生态系统服务功能分为供给服务、调节服务、支持服务和文化服务四个大类。在此基础上,对生态系统服务经济价值评估方法等做了初步介绍。通常区分为三类不同的价值评估方式,包括基于市场价格或交易的方法、显示偏好法和陈述偏好法。最后,对于外部性问题的解决,环境经济学文献提供了许多可用的政府干预措施,生态系统服务付费是一种使用经济激励手段将环境的正外部效应内部化的方式。

9 公共物品与地方财政

国防、公安、教育、公园、高速公路、供水和防洪等公共物品具有不可分割性和极高的固定资本投资,在很大程度上取决于市场信号和政府干预的某种组合。而且,由于市场会失灵,这些物品难以通过市场价格体系供应。另外,并不是所有人都希望自由市场决定所有的经济事物,人们认为一定存在一些市场不能有效运行、但政府干预可以提高社会福利的领域。这不是要在自由放任的市场经济和中央集权的计划经济之间进行选择的问题,而是探讨市场和政府干预的哪一种组合更有利于满足人们的需要和愿望。

针对公共物品供给的基本经济问题主要围绕个人或社会群体必须尝试回答的几个基本问题:什么是公共物品?谁提供这些商品和服务?如何确定这些商品和服务的需求?公共物品的供给和需求均衡与一般商品有何不同?了解政府的财政职能是理解政府行为极为重要的一环[216]。政府职能有哪些需要中央政府行使,有哪些由地方政府进行安排更佳?政府如何决定生产什么产品或提供什么公共服务?政府干预的直接和间接成本是什么?

本章将对公共物品与地方财政进行重点分析。探讨公共物品分类、特征及其供给与需求,政府如何通过财政政策、货币政策以及直接监管政策等对宏观经济进行调控;探讨地方政府存在的必要性以及中央和地方政府的事权划分模式和具体分工;探讨地方财政收入和财政支出的构成和分类,并对其中的地方税收收入、土地财政以及公共支出的成本-效益等进行具体分析。

9.1 公共物品

9.1.1 物品特征

经济学家使用效用(utility)来描述人们从物品中得到的福利。经济物品是可以直接或间接改变某人效用水平的物品。此处物品不一定是以物质形态存在,物品概念既包括有形的产品也包括无形的服务[6]。可以根据物品的竞争性(rivalry)和排他性(exclusivity)特征对物品进行分类。

9.1.1.1 竞争性

竞争性指的是新增某物品的消费者会限制或排斥其他消费者消费该物品,即某一物品被某人使用后就无法被另一人使用。例如,对于某一棵产量一定的果树而言,任何一个消费者增加果实数量的获取,其他消费者能够获取的果实数量就减少了。如果想要满足更多消费者的需求,只能多种果树,提供更多的果实。非竞争性指的是当一种物品被提供,消费该物品人数的多少与该物品的数量或成本变化无关。也即,新增该物品的消费者所引起的边际成本为零[217]。值得注意的是,这里的边际成本指的是向新增消费者分配公共物品的成本,而非公共物品的生产成本。新增一单位的公共物品注定要耗费更多的资源,所以其边际成本为正[218]。以国防服务为例,作为一种典型的公共物品,一个国家国民所享受的国防服务并不会因为该国国民数量的增长而减少,而投入的国防经费一般情况下也不会随之增长。但如果国家希望增加国防建设的力度,投入的国防经费自然会随之增长。非竞争性特征提示我们,给此类商品定价是缺乏效率的[218]。

9.1.1.2　排他性

排他性是指可以将别的消费者排除在物品使用之外,即"谁消费,谁享用"。如果某人购买了一辆汽车,那么其他人就没办法消费那辆汽车。非排他性即当某物品被提供出来,任何人都无法排除该物品有效覆盖范围内其他人对该物品的消费[219]。即使没有为其付费的人也不能被排除在享受该物品带来的利益之外。这里所说的"无法排除",主要是从经济成本的角度出发的,也即就算阻止某人对一个非排他性产品的消费在技术上可行,也会因为经济成本过高而变得不值得[218]。此外,对于非排他性的物品,某人即便主观上不愿意消费这种物品,也无法加以拒绝[219]。同样以国防服务的非排他性为例,同属一国的国民既没有办法排除其他国民受到国防服务的保护,也无法把自己从国防服务的保护中排除出去。非排他性的特征提示我们,进行单位定价在大多数情况下也是不可行的,因为提供者很难把消费了物品却不愿意付款的人排除在受益范围内[218]。

9.1.2　公共物品

根据竞争性和排他性,可将物品分为四种类型(图 9-1):私人物品、(纯)公共物品、公共资源和俱乐部物品。同时具有竞争性和排他性的物品为私人物品(private goods)。除私人产品外,其他三类在一定程度上都可称为公共物品。

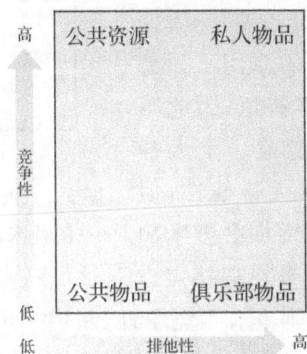

图 9-1　基于竞争性和排他性的物品分类

公共物品(public goods)也称公共产品或公共品,指的是一类具有共同消费性质的物品或服务[217]。公共物品的相关理论最早可以溯源到 18 世纪,但相对正式的理论提出一般被认为始于美国著名经济学家萨缪尔森在 1954 年发表的一篇论文[220]。这篇论文明确地为公共物品下了定义,即这是一类每个人对这类物品的消费都不会减少其他人对该物品消费的物品[221]。

9.1.2.1　按照排他性与竞争性分类

一般而言,现代经济学认为公共物品具有两大特征:非排他性和非竞争性。非竞争性和非排他性是将公共物品与私人物品相区分的两大特征。但各种类型的界限有时是模糊的,划分是非绝对的。实际中,竞争性和排他性都是相对而非绝对的概念。存在具有部分竞争性的物品,比如图书馆限制读者借书的数量;同时也存在具有部分排他性的物品,比如图书馆可以对本社区内居民免费,对社区外的访客收费[6]。现实生活中有许多物品只具有非竞争性和非排他性中的一种特征,我们一般将其归类为准公共物品。准公共物品又可进一步细分为公共资源和俱乐部物品[222]。

(1)纯公共物品

同时具有非竞争性和非排他性的物品品被定义为纯公共物品。它的定义是:当某物品已经提供给一个人时,还可以无额外成本地提供给其他人[223]。纯公共物品较为稀少。另外,排除任何人使用该公共物品是困难的(如果并不是不可能的)。纯公共物品具有地方公共物品没有的明显特征。即使在不好的国家政策的情况下,国际移民也不普遍[7]。纯公共物品的例子如国防、基础研究和气候变化举措等。例如,试图保护人们免受气候变化或保护生物多样性的服务将被归类为公共产品。在这些例子中,它们是非排他性的,因为没有人可以被排除在二氧化碳减排和气候变化的益处之外,而且它们是非竞争性的,因为生态系统所产生的边际成本不会增加[3]。

(2)准公共物品

除纯公共产品外,公共资源和俱乐部产品是准公共产品。

1)拥挤性公共物品,也被称为公共资源(common resources),它是一类具有非排他性却不具有严格非竞争性的物品[219]。一个人使用公共资源减少了其他人对它的享用。如海洋中的鱼,任何人都可以去海洋捕鱼,因此不具有排他性;但是同一条鱼仅能被一个人捕获,因此具有竞争性。公共资源无排他性,但消费的边际成本大于零,即消费增加会带来额

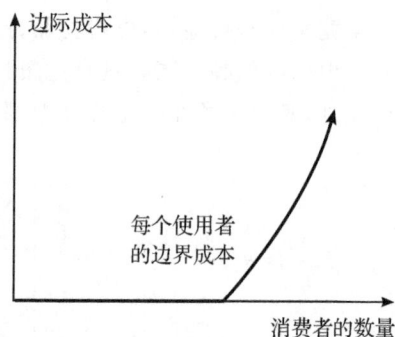

图 9-2　拥挤性公共物品的边际成本变化图
图片来源:Hyman, 2006

外成本(图 9-2)。当消费者的数量在拥挤点以下时,该物品具有非竞争性。而一旦消费者的数量超越了拥挤点,该物品则具有了竞争性,新增一个消费者的边际成本不为 0。假设城市中有一条道路,平时车流通畅,任何新驶入该路段的汽车都不会影响到其他汽车在该路段正常行驶。但到了上下班高峰期,道路中所容纳的车辆已经超越了拥挤点,新驶入的车辆会导致车流更加缓慢,发生剐蹭的概率更高,也即会导致所有这条道路的消费者获得的收益下降。这条城市道路就是一件典型的拥挤性公共物品。

2)价格排他性公共物品,也被称为俱乐部物品(club goods),指那些利益可以被定价的物品[218],具有排他性但不具竞争性。一旦成为某团体的成员就能享受该团体提供的服务。俱乐部物品的常见案例如收费道路、收费公园、图书馆、电影院。例如收费电视,这项服务只提供给缴费的人,但是某人观看电视并不妨碍其他人观看。这类物品或服务通过收取一定价格的费用将不付费者排除在外。一般来说,价格排他性公共物品使用者的数量都是有限的,原因主要有两点[224]:①当价格排他性公共物品使用者数量过多时,不可避免地会发生拥挤现象,从而破坏它非竞争性的特点;②从能力来说,该类物品具有排他性,有采取手段限制使用者的数量的基础。

9.1.2.2 按照地域范围分类

按照地域范围,公共物品又可划分为全球、全国和地方公共物品。相对于在全球范围内惠及全人类的全球性公共物品(如气候变化举措),和在一个国家范围内全体公民都可受益的全国性公共物品(如国防和法律制度等),地方性公共物品是受益范围在特定辖区范围内的公共产品。多数在地方生产和消费的公共物品会变得拥挤。拥挤降低了质量同时提高了使用商品的社会成本,使得其比公共物品更加具有竞争性。同样,地方性公共物品可以是部分排他的。地方公共物品多是由地方政府提供的,如小学中学、警察、消防、交通、休闲娱乐和健康设施、供水排水等[60]。

地方市政当局被认为是俱乐部,它们的地方公共物品可被称为俱乐部物品。它们可以由私人也可由公共部门提供,但并不确定地方政府或私人部门在提供公共物品上哪个更有效率。多数地方公共物品是俱乐部物品,如征收道路使用费减少拥堵,图书馆可以排除某些人借书或使用设施,消防站可以拒绝对其他地区的相关事务负责。某管辖权提供的物品会对相邻管辖权造成影响,同理某管辖权的限制等也会对相邻管辖权造成影响。如市中心的犯罪控制使得白天人们相对安全,即使很多人可能是生活在郊区并在郊区交税[7]。

9.1.3 公共物品的需求

9.1.3.1 私人物品的需求:横向加总

对公共物品的需求并不同于对私人物品的需求。为了更好地说明这种不同,我们需要先考察一下私人物品的市场需求是怎样得出的。假定社会中只有 A、B 两个人,他们都希望购买几盆盆栽放在自己的房屋内作为装饰。由于 A、B 两人对于盆栽的偏好不同,所以他们在某一价格水平下愿意消费的盆栽数量也是不同的。图 9-3 中(a)、(b)所示分别为 A、B 对盆栽的需求曲线,它们表明了 A 或 B 对于某一特定数量盆栽所愿意支付的最高价格[225]。

对于市场而言,我们只需要把 A 和 B 在某一价格水平下对盆栽的需求量相加,便可以获得市场对于盆栽的需求曲线。如图所示,A 在一盆盆栽价格为 3 元的时候,对盆栽的需求量是 2 盆,而 B 在盆栽价格为 3 元的时候,对盆栽的需求量为 1 盆。那么我们可以说,在盆栽价格为 3 元的时候,市场对于盆栽的需求量为 3 盆。当这一过程体现在图上的时候,实际上是将价格为 3 元时,A、B 需求曲线上对应点与纵轴的水平距离相加来获得市场在这 3 元价格水平下对盆栽的需求量。所以,任一价格水平下私人物品的市场需求其实是该价格水平下每个人对这一私人物品需求量的横向加总(horizontal summation)[225]。

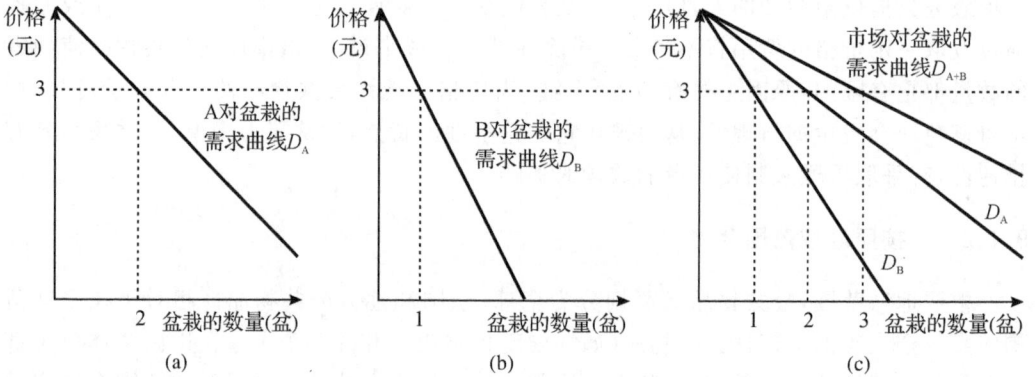

图 9-3　私人物品需求的横向加总

图片来源:Rosen & Gayer,2009

9.1.3.2　公共物品的支付意愿:纵向加总

同样是 A、B 两个人,现在他们离开家门,转而希望在一块公共用地上种植一些树木来提升景观水平。由于当树木种植下去后,A 对该景观的欣赏并不会影响到 B 对这一景观的欣赏,而 A 或 B 都不能将对方排除出这片景观,所以可以认为这些树木构造的景观属于一种公共物品。与盆栽类似,我们同样可以用需求曲线来描绘 A、B 各自对于树木的支付意愿(图 9-4)。此时纵轴的变量不再是市场价格,而变为每个人愿意为公共物品支付的最高金额。我们该如何根据个人的需求曲线来衡量集体对于这片景观的支付意愿呢?

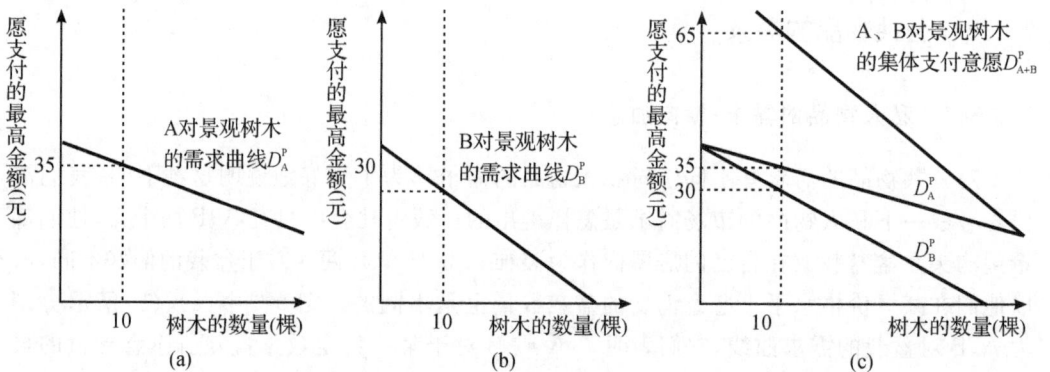

图 9-4　公共物品需求的纵向加总

图片来源:Rosen & Gayer,2009

如果我们将 A、B 的需求曲线横向加总,会发现存在 A 和 B 在同一价格水平下购买了不同数量的树木的情况。这对于私人物品,比方说 A、B 家中的盆栽,是很正常的情况。但公共用品提供的服务必须被等量消费[225],也就是说对于一片公共用地上的树木景观,如果 A 消费的是由 9 棵树构成的景观,那么 B 也只能消费这一片由 9 棵树构成的景观。所以,横向加总是不适用于计算公共物品的市场需求的。

假设现在需要购入第 10 棵树加入这片景观,A、B 的集体支付意愿其实是 A、B 愿意为某一数量物品支付价格的总和。如图 9-4 所示,A 愿意为公共用地上的第 10 棵树支付的价格是 35 元,而 B 愿意为第 10 棵树支付的价格是 30 元,那么 A、B 对第 10 棵树的集体支付意愿是 65 元。从图 9-4(c)可以看出,A、B 两个人组成的社会对某一数量树木的集体支付意愿是他们各自对这一数量树木支付意愿的纵向加总(vertical summation)[225]。

9.1.4 公共物品的供给

由于搭便车等问题的存在,私人市场无法有效提供公共物品[5]。利用市场自愿提供公共物品的潜在问题是搭便车。如城市地区的公园是一种广受欢迎的公共产品,可供所有人同等享受,具有非排他性和非竞争性,因为一个人对开放空间的视觉消费不会减少另一个人的访问量,也不会减少开放空间的数量。搭便车的存在意味着市场无法通过改变价格来有效地激励商品或服务的消费量——因为一些消费者总是能够以零价格消费。公有财产如社区财产、集体财产和国家财产等,一般也需要政府提供。政府提供公共物品也可能存在搭便车问题。地方政府如果以税收来维护和保留这些公园作为公共产品,这意味着那些不为税基做出贡献的人可以"搭便车",从中获得收益[3]。虽然搭便车现象是不可避免的,但在公共商品和服务的提供上,市场无法提供公共物品的社会最优水平,公共机构可能比私人垄断和市场更优。

9.1.4.1 公共物品有效供给理论

(1)局部均衡

一般来说,经济学中的"有效"指的是经济活动中边际收益等于边际成本[218]。公共物品的有效供应也不例外。我们可以认为,当社会对新增一单位公共物品的集体支付意愿等于生产一单位该公共物品的边际成本时,公共物品的供应是有效的。

依旧以景观树木的消费为例子,我们在前文中已经了解到 A 和 B 对景观树木的集体支付意愿是某一物品数量水平下他们愿意支付价格的总和。在此基础上,我们绘制一条市场对景观树木的供给曲线 S^p。S^p 和 D^p_{A+B} 的交点 E 即为达成公共物品有效供应的均衡点(图 9-5)。设 A 愿意出的价格为 P_A,B 愿意出的价格为 P_D,两人所愿意出的价格之和为 P,额外提供一棵景观树木的边际成本为 MC,那么这一均衡点可表示为:$P_A + P_B = P = MC$。

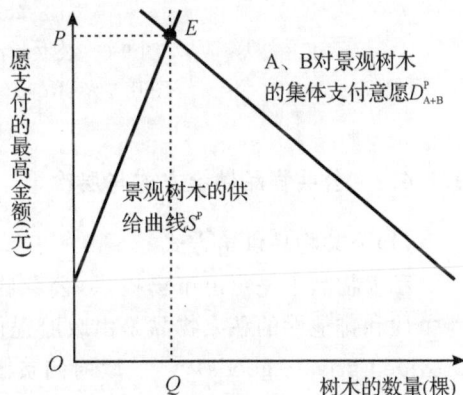

图 9-5 公共物品有效供应的局部均衡

图片来源:Rosen & Gayer, 2009

(2)林达尔均衡

既然公共物品的均衡价格是 A、B 两个人所愿意出的价格之和,那么便有人提出问题:在自愿和一致同意的前提下,是否真的能够存在一种均衡情况使得 A、B 都对某一个确定的公共物品方案满意并为此出资? 瑞典经济学家埃里克·林达尔(Erik Lindahl)通过证明肯定了这种均衡情况的存在。这种均衡也被称为林达尔均衡(Lindahl equilibrium)[226]。

林达尔均衡是一个围绕着分配规则展开的均衡[227],为了简要地说明它,我们需要提出四点假设:①社区中有两个参与决策者 A、B;②A、B 的协商过程是自由的,对最后方案的通过与否也是自愿的;③公共物品的边际成本是不变的;④A、B 的政治权力或议价能力是均等的。

图 9-6 描述了 A、B 两人愿意承担金额比例和公共物品数量之间的关系。可以发现这里主要存在着三种情况。当公共物品的数量为 Q_1 时,A 愿意承担的金额比例为 t_{A1},而 B 愿意承担的金额比例为 t_{B1},此时明显存在着 A、B 都可以负担更低金额比例,而公共物品数量更多的情况,所以这并非均衡的情况。当公共物品的数量达到 Q_2 时,A 愿意承担的金额比例为 t_{A2},而 B 愿意承担的金额比例为 t_{B2},此时公共物品供给过剩,A、B 的支付意愿都不强,都希望对方能够承担更多的份额,所以无法达成均衡。当公共物品数量为 Q_E 时,A、B 将都同意达成这一方案,$t_{AE} + t_{BE} = 1$,他们的自愿出资额恰好等于公共物品的边际成本,而这一点就是林达尔均衡。可以发现,这种状态就是帕累托最佳状态,A、B 任意一人都无法通过调整分配规则来使自己获益更多,而对方并无损失[228]。

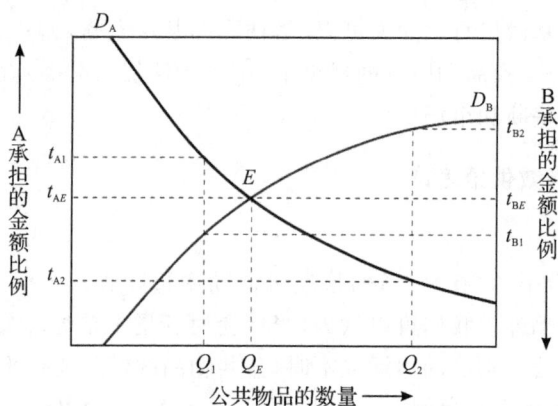

图 9-6 公共物品有效供应的林达尔均衡

图片参考:Rosen & Gayer,2009

9.1.4.2 公共物品供给方式与层次

(1)公共物品供给方式

私人物品不一定由市场提供,公共物品也不一定由政府提供。现实中,有一些具有竞争性和排他性的私人物品是由政府提供的,它们被称为公共提供的私人物品(publicly provided private goods)[225]。政府向贫困家庭提供的保障性住房就是其中较为典型的一类[229]。公共物品的生产和供给是两个不同概念,厘清这一关系可以更容易地理解公共物品的供给。以行道树为例,政府虽然提供了道路上的行道树,但一般这些树木并不是由政府部门负责种植的。公共供给的物品可以经由私人生产,这是当今许多公共物品供给模式的核心所在[230]。政府对于公共物品的提供主要有两种方式:①直接提供,如政府对于电力、国防等的提供;②间接提供,政府通过购买、参股、公私合作(public-private partnership，PPP)等模式提供公共产品[230]，如鸟巢国家体育场、杭州湾跨海大桥等都是通过 PPP 的方式提供的[231]。

空间中有的公共物品是由私人供给的。公共物品理论的现代扩展表明，并非所有公共物品都需要经由政府干预才能提供，私人部门可以通过以下两种主要的方式供给公共物品：①通过排他性技术。这是通过设置排他性技术使得消费者的真实需求量得以显现。其中一个很典型的例子就是设置了门禁的小区[232]。小区内部的绿地、健身器材、安保服务等本身都属于公共物品，小区的开发商和物业管理部门通过门禁的设置将这些物品的服务范围限制在了小区居民内，并通过房价、物业管理费等得到了提供这些物品的回报，阻止了周边居民"搭便车"情况的发生。这个例子中的门禁就是一种排他性技术。②将公共物品与私人物品搭配提供。有一些公共物品是很难为之设置合适的排他性技术的，比方说商业综合体就很难只把其底层的绿地提供给消费了商品的顾客。但为什么各大商业综合体却依旧着力于提升其底层绿地和开放空间的品质，而不是尽量简化降低成本呢？这主要是因为周边环境的美化可以提升商铺的租金，从而补偿其优化绿地的成本。这便是公共物品与私人物品搭配提供的案例。

(2)公共物品的供给层次

如果仔细思考一下生活中的公共物品，就会发现它们中的绝大多数都是有受益范围的。各国为气候变化做出的共同努力能够惠及全球，一个国家的国防设施则只能服务该国人民，而一个城市的市民活动中心甚至很难供另一个城市的市民使用。按照公共物品的受益范围或效用溢出范围可以将其分为国际公共物品、全国公共物品和地方公共物品[233]。

公共物品的覆盖受益范围决定了公共物品的提供是具有层次性的。受益范围覆盖全国的全国公共物品更适宜由中央政府提供。这主要是因为中央政府的组织管理范围具有全国性，它既能够获得在全国内配置资源的规模经济效益，又具备使全国人民共同承担成本的能力[234]。由各地方政府联合提供这类产品不仅会引发大量的交易费用，还很容易导致搭便车效应的产生。而对于地方公共物品，其覆盖的受益范围有限，地方政府更了解该区域消费者对公共物品的需求与偏好，故而能够更高效地提供相应的地方公共物品[234]。我国实行"属地管理"的行政体制，行政区划框定了地方政府权力的范围与边界，具有非常重要的意义。除去地理、历史、文化等背景因素的影响，各级政府行政区划的大小也主要受到了地方公共物品受益范围大小的限制[216]。

9.1.5 公共物品与最优辖区规模

对拥挤性公共物品，为了保持一定的服务水平，必须增加资源或投入。如人均公共物品成本随着服务人口的增加呈现出 U 字形曲线[图 9-7(a)]。公共物品总成本提高，但由于人口数量增加，因此人均成本又可能下降。成本先随着人口的增加而降低，即新增人口使得成本降低或不变，属于纯公共物品。如果成本随着新增人口的增加而提高，则变成准公共物品。因此 n^* 是最小化公共物品人均成本的人口规模。最优辖区的人口大小是额外的人口增加导致的损失正好被人口增加可分担的成本降低相互抵消。但实证研究证明曲线可能呈现多种形式，如一致下降或先上升再下降[60]。当存在多种公共物品的时候，最优的辖区人口数量是不同的[图 9-7(b)]。此时，可用前面所提到过的范围经济来解释同时提供多种服务的益处。

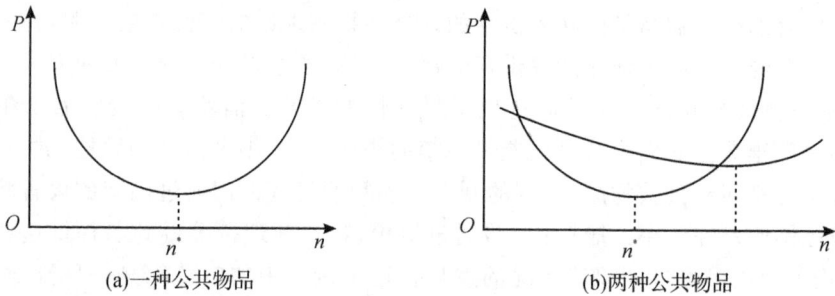

(a)一种公共物品　　　　　　(b)两种公共物品

图 9-7　公共物品的最优辖区规模

图片来源：Brueckner,2001

9.2　政府职能及经济政策

　　政府是一个非常古老的机构,可以追溯到 1 万年前左右新石器革命后不久的时期,人类社会开始出现从渔猎和采摘到畜牧业和耕种农业的生产方式改变。一个机构可以长期存在,一定是有它存在的理由。正如英国古典经济学的奠基人亚当·斯密 200 年前所说,政府的首要职责是保护社会免遭其他国家的暴力和侵犯,和尽可能保护每个社会成员免遭其他成员的压迫或不公[5]。一般来说,市场经济国家中政府主要采用财政政策、货币政策和直接监管三种政策工具对经济进行宏观调控[3]。

9.2.1　财政政策

　　财政政策是政府为了实现一定经济目标,以财政经济理论为依据,综合运用各种手段调整财政收支规模和平衡的政策措施[222]。

9.2.1.1　财政政策工具

　　财政政策工具是政府为达成目标采用的各种财政手段,主要有预算政策、税收政策、公债政策、政府投资政策等。预算政策主要是通过调节预算的总体支出规模来调节社会供需平衡,实现财政政策的目标。税收政策主要是通过调节税率、选择税种、制定税收优惠性及惩罚性措施等方法来实现对经济情况的宏观调控。税收政策对于政府公平地分配收入、稳定经济运行情况都有重要的意义。公债是一种财政信用形式,政府通过对其流动性程度和发行利率水平的调整可以起到改变社会经济资源的流动情况、调节经济运行态势、协调金融与财政关系的作用[222,235]。政府投资政策主要是指市场经济条件下,政府通过调节投资的规模与方向来影响社会总供需与经济结构,从而达成经济宏观调控的目的。其中,政府投资规模对社会总需求及未来社会总供给能力具有重要的影响,而政府投资方向的合理调整能够促进资源高效配置和产业结构优化升级[235]。

9.2.1.2　税收与政府支出

　　收入和财富的再分配可以使用财政政策原则——税收和政府支出来衡量。税收可以看作是从整个经济中的收入流中"退出"的部分。因此,它抑制了对商品和服务的需求。特定形式的税收可以影响地方的资源和塑造方式——税收通常以征税或税收减免的方式进行。如所得税、增值税或商品和服务税、管理税、营业税、垃圾填埋税(废物处理税)、拥堵税、气候变化税(对企业使用能源征税)。至于税收减免,政府可以提供较低的税收以鼓励某些活动。例如,土地整治减免可以鼓励开发商提供寻找清理污染土地的方法[3]。

　　财政方法的另一面是通过政府支出而不是税收。政府支出代表了对经济收入流动的"注入",因此刺激了经济体和地方的经济活动。每个国家都将有公共预算,可以制定计划和分配公共资金以实现其目标。政府支出包括卫生、教育、紧急服务和基础设施(道路、公共设施)等领域。政府支出可以采取政府赠款和补贴的形式,以鼓励和支持某些活动。

　　因此,中央政府或受到某些中央限制的地方当局可以调整公共支出和税收水平。政府可以通过提高税收和(或)减少支出以应对政府赤字,或反之。在税收方面,如果企业缴纳较低的税款,就会有动力进行投资,当然这意味着可用于公共支出或减少赤字的资金将减少。减少公共支出以减少赤字的风险被称为"节俭悖论(the paradox of thrift)",即减少公共支出反过来会减少总需求量,从而进一步抑制经济增长。如果采取例如促进低税收和高政府支出的方法,则意味着任何短缺都必须从经济的其他部分获取,例如从国际收支盈余中获取[3]。

9.2.1.3　财政政策的类型

　　(1)根据调节经济周期的作用分类

　　依据调节经济周期的不同作用,财政政策可被分为相机抉择的财政政策与自动稳定的财政政策。相机抉择的财政政策是政府根据社会经济情况,有意识地选择相应财政政策工具干预经济运行,实现政策目标的财政政策。具体而言,相机决策的财政政策涵盖了汲水政策和补偿政策。其中,汲水政策是政府在经济萧条时期以扩大公共投资规模为手段,增加社会有效需求,诱导经济复苏的一种短期财政政策。而补偿政策是政府为稳定经济运行情况的波动,采取一系列措施使得经济状态往当前运行态势的反方向调节的财政政策[235]。

　　与"有意为之"的相机抉择财政政策相反,自动稳定的财政政策指的是财政制度内部本身存在的、无须经常变动就能随着经济社会发展自动调节经济运行情况的机制。财政制度中具有这种"自动稳定"功能的代表性机制有累进所得税、政府福利支出和农产品价格维持制度等,它们具有自动调整经济和需求的灵活性,有助于经济稳定。对于累进所得税而言,由于其设置了一定的累进纳税条件,当经济萧条时期个人收入与企业利润下降时,政府税收会自动减少,防止个人消费与企业投资过度下降,抑制经济下滑态势。反之亦然。对于政府福利支出而言,经济衰退时期,领取失业救济和各种福利补贴的人数上涨,政府相关支出增加,抑制社会总需求下降,阻碍经济衰退的趋势。反之亦然[222,235]。对于农产品价格维持而言,当经济萧条国民收入下降时,农产品价格下降,政府按照支持价格对农产品进行收购,可维持农民收入和消费水平。而当经济繁荣国民收入上升时,农产品价格上升,政府减少农产品收购,抑制农产品价格上升和农民收入及消费增长。

（2）根据调节经济总量与结构的作用进行分类

依照对国民经济总量与结构的调节功能,财政政策可以被分为扩张性财政政策、紧缩性财政政策和中性财政政策。扩张性财政政策是以增加与刺激社会总需求为目的的财政政策。这种财政政策适用于社会总需求不足的情况,常用的手段有减免税收、增加公共支出等。紧缩性财政政策则是以减少和抑制社会总需求为目的的财政政策。此类财政政策适用于社会总需求过于旺盛的情况,恰当地运用此类财政政策可以抑制通货膨胀,达到社会供需平衡,常用的手段有增加税收、减少公共支出等[235]。中性财政政策指的是在经济稳定增长的时期,政府所实施的不产生扩张或紧缩效应的财政政策。此类财政政策也被称为均衡财政政策,它要求财政的收支情况保持均衡,避免预算赤字或盈余所带来的消极后果[222]。

9.2.2　货币政策

为了管理和引导国家的资源配置,政府干预可以采取货币政策的形式,尽管通过这种杠杆控制的直接影响有限。货币政策是一国政府围绕宏观经济目标制定的有关调整货币供应的基本方针与政策措施,它涵盖了信贷政策、利率政策、汇率政策等。在许多国家,中央银行负责实施货币政策。

9.2.2.1　货币政策工具

货币供应、货币价格(利率)和信贷是货币政策调节的三种杠杆。如通过设定利率以实现价格稳定。利率(货币成本)可能对价格变化率(通货膨胀)产生特殊影响。政府通常会制定目标通货膨胀率,通过设定基准利率来实现这一目标,所有其他金融机构也设定相应的利率[3]。

在社会主义市场经济体制下,货币政策已经从原来财政政策的从属地位中脱离,成为宏观经济治理的主要手段之一。根据我国现行的《中华人民共和国中国人民银行法》,货币政策是中国人民银行即央行在国务院领导下制定和独立执行的。货币政策的主要工具有针对银行金融机构的存款准备金制度、基准利率的确定、对商业银行提供的贷款等[222]。货币政策的执行不受地方政府、各级政府部门、社会团体和个人的干涉。简言之,与财政政策不同,地方政府并不能够对货币政策进行调控,货币政策执行效果的地区差别主要源于货币政策传导机制在地区间的差别[236]。

9.2.2.2　货币政策类型

如果利率提高,借钱就会变得更加昂贵。这通常会导致抵押贷款减少、贷款减少以及消费者支出减少。反过来会导致对大多数商品和服务的需求下降,这意味着供应商不太可能提高价格,甚至可能降低价格进行销售。如果利率降低,借钱就会变得更便宜。更多的人可能会申请抵押贷款,并为消费支出而借贷。消费者需求的增加将意味着供应商将更容易出售他们的产品,如果供给相对于需求较低,可能会导致价格上涨[3]。

因此,货币政策也可以被分为扩张性货币政策、紧缩性货币政策和中性货币政策。其中,扩张性货币政策是扩大货币供应量,降低利率水平,刺激社会总需求增长,遏制经济衰退迹象。而紧缩性货币政策则缩小了货币供应量,提高利率水平,抑制社会总需求增长,为过热的经济情况"降温"。中性货币政策则以货币中立为目的,力求货币政策不对经济运行产生影响[222]。

9.2.2.3 货币政策与财政政策

对财政政策而言,与货币政策进行恰当的搭配才能更好地实现宏观调控的目标。从"松紧"的角度来说,二者主要的搭配方式有四种[235]:

(1)"双紧"搭配,即紧缩性货币政策与紧缩性财政政策搭配。这种搭配可以抑制社会总需求的膨胀和通货膨胀,但也有阻碍经济增长、导致经济停滞的风险。

(2)"双松"搭配,即扩张性货币政策与扩张性财政政策搭配。这样政策组合可以起到扩大社会总需求、刺激经济增长、增加就业的作用,但有带来严重通货膨胀的风险。

(3)"货币紧财政松"搭配,即紧缩性货币政策与扩张性财政政策搭配。这种政策组合能够在避免通货膨胀的情况下,使经济保持适度增长,实现对经济的结构性调整。但如果财政政策过松,也有可能会使得财政赤字累积,对经济运行情况带来不良影响。

(4)"货币松财政紧"搭配,即扩张性货币政策与紧缩性财政政策搭配。此类政策组合可以在控制通货膨胀的同时,保持经济适度增长。不过,若是货币政策过松,财政政策再紧缩也无法遏制通货膨胀的发展。"一松一紧"的政策搭配都要考虑松紧搭配适度的问题,不然可能会起到适得其反的效果[222]。

9.2.3 直接监管政策

第三种可以采取的干预经济的方式是直接监管政策。由于某种原因(可能被认为是纯粹的法律而非经济干预来源),经济学文献很少提到这种直接干预的形式和监管的方法。这些措施是"客观具体的",通常涉及法规或立法。如空间规划建筑控制和规划许可等方面的直接立法或法规[3]。

在使用此类指令和法规时,它使政府能够鼓励经济中的某些活动,使其在资源配置中发挥作用。例如,法规可以强制执行标准,这些标准可以在减少环境负外部性的情况下提高环境绩效,还可以提高建筑安全和商业行为的标准。法规还可以保护消费者,如通过确保消费者获得商品信息,从而增强消费者的权利。此外,政府也可能会批准财产方面的法规以促进政治目标,例如出售基础设施和社会住房等公共资产。

尽管政策和立法是相互关联的,但它们各有不同的功能。政策是组织或个人采用或提出的行动方针或原则。法案等立法规定了法律,因此规定了个人和组织必须遵循的程序或标准。

9.3 政府职能分工

中央政府通过货币政策和财政政策等对失业和通货膨胀进行控制以稳定经济,通过税收和转移支付等进行收入再分配。地方政府的决定则直接影响辖区内居民。地方政府财政决定低收入家庭福利,决定小学和中学教育的质量,提供警察和消防、道路维护和公共服务(如供水、电,垃圾服务)、公园和娱乐设施,监督住房和社区开发建设项目。这就是为何要缴各种税以满足地方政府提供公共物品和服务[7]。

9.3.1 央地政府事权划分

9.3.1.1 事权划分原则与模式

各级政府清晰的事权界定是正确处理政府间财政关系的依据,中央政府与地方政府的事权划分需要遵守一定原则[237]:①市场基础原则。要以市场经济条件下政府的职能为基础,消除政府"越位""缺位"现象。②范围原则。按照各级政府的管辖范围来确定事权的归属。③效率原则。按照各级政府处理不同事务的效率来划分事权。④分级管理原则。如果一件事需要中央政府决策,且仅有中央政府才能处理,则由中央管理;但若中央决策后,地方政府可以处理,则可以由中央授权地方处理;如果地方可以决策和处理,那便由地方管理。⑤法制原则。所有政府事权的划分和调整都需要经过正当的法律程序,要保持相对稳定,不能任意变更修改。

依照这些原则,我们可以更容易地理解各级政府事权划分的一般规律与模式。一般来说,各级政府的事权大概可以分为三大方面[238,239]:①中央政府的专有事权。这类事权所关联项目体现了国家整体利益,由中央政府负责,经费由中央财政提供,包含国防外交、社会保障、社会福利等事务在内。②地方政府的专有事权。这类事权关系的都是地方性的社会事务和公共物品,由地方政府决策和落实。③中央和地方共有事权。部分事权所涉及的社会事务和公共项目虽是地方性的,但具有跨地区的外部效应,需要中央政府的参与和协调。中央政府和地方政府事权划分的基本框架如表 9-1 所示。

表 9-1　政府事权划分基本框架

内容	事权归属	事权划分理由
国防、外交	中央	全国性公共服务或物品
金融与货币政策		
管制地区间贸易		
全国性交通		
社会保障	中央、地方	收入再分配职能
环境保护	中央、地方	具有外溢效应的地方公共服务或物品
对农业、工业、科研的支持		
公共教育		
医疗卫生		
公共治安	地方	地方公共服务或物品
公园、娱乐设施		
地区性交通		
供水、下水道和垃圾处理		

资料来源:闫坤,于树一,2013

9.3.1.2 央地政府职能分工

美国著名学者马斯格雷夫(Richard Abel Musgrave)曾在 20 世纪 50 年代提出了市场经济国家中政府的三大职能,即资源配置、经济稳定及收入分配[240]。那么中央政府和地方政府是怎么就三大职能进行分工的呢?经济稳定职能主要由中央政府来履行,地方政府起支持性的作用[233]。经济稳定是国家层面的宏观政治目标,通常需要货币手段、财政手段等政策工具的相互配合以完成目标。对于地方政府而言,其既不会以全国经济稳定作为施政目标,也没有能力或权限使用相关的政策工具。例如,各个地方政府是不能够独自发行货币或者实施相互独立的货币政策的。同时,各个地方政府追求辖区稳定的行为,往往有可能导致全局的不稳定[239]。所以在稳定经济这一职能上,中央政府为主导,地方政府在有限的范围内发挥其支持、补充的作用[233]。

收入分配职能也主要由中央政府承担。"公平"问题是收入分配职能的关键所在,也是划分这一职能归属的关键所在。假设有一个国家,其内有 A、B 两市,它们的政府都掌握了收入分配的财政职能,两市人口可以自由流动。其中 A 市资源禀赋好,较为富有,而 B 市由于种种原因,贫困人口较多。出于公平的考虑,B 市决定增大市内收入再分配力度,提高对富人的征税,并将其投入扶贫等工作中。但很明显,B 市的富人并不会赞同政府的这一决策,他们会搬迁到 A 市以享受更低的税率,而 A 市的穷人则可能会流入 B 市以享受 B 市的福利。长此以往,B 市的税收不断缩水,再分配财政政策难以为继。此外,当 A、B 两市的收入再分配职能各自独立时,经济理性且富有的 A 市政府必然不愿意对较贫穷的 B 市进行扶助,国内内部的贫富差距难以协调和缩小。从这个假设的例子可以看出,地方财政既不能实现人与人之间的收入再分配,也不能实现地区间的收入再分配。与之相比,中央政府则可以在全国范围内统一协调落实收入分配制度,调节地区间关系,实现公平原则[239]。当然这也并不是指地方政府完全不应具备收入分配职能,现实中各地区之间人口等要素的流动并不如 A、B 两市一样完全自由,地方财政仍有参与收入再分配的空间[233]。

资源配置职能由中央政府与地方政府共同承担,但以地方政府为主要履行者。所谓的资源配置职能,实质即为政府有效率地对公共物品进行提供[233]。正如前文所言,不同的公共物品有不同的受益范围。虽然中央政府仍需要主导全国公共物品的提供,但这一财政职能仍以地方政府为主力,而地方政府相比中央政府的优势就在于与民众的"接近"。一方面,人们对于地方公共物品的喜好有一定的地域性且不可能一成不变,地方政府更容易了解到民众的需求、偏好等信息,也能够更快地捕捉到民众需求的变化,从而能够更有针对性地对公共物品进行供给。而中央政府获取相应的信息则需要耗费极大的人力、物力、财力,在提供效率上明显不如地方政府。另一方面,民众也与地方政府更加接近,他们更容易观察到政府的行动,从而可以对地方政府进行有效的监督,保证地方政府在提供公共物品时的责任性[233]。但值得注意的是,中央政府并非完全退出了提供地方公共物品的过程。部分地方公共物品的受益范围跨越了几个区域,如果只由各个地方政府进行配置很容易产生外部性的问题。这种时候中央政府的介入和协调才有利于更好地对资源进行配置[239]。

9.3.2 地方政府存在的必要性

世界上许多国家都拥有地方政府,资源配置的职能主要由地方政府承担。经济学家为地方政府存在的必要性提供了理论依据。

9.3.2.1 埃奇沃斯盒

生产可能性曲线表明社会将有两种商品的不同组合。一旦最优的组合生产出来,问题就变成如何有效地分配这些产出[7]。埃奇沃斯盒(Edgeworth Box)是以英国经济学家埃奇沃斯(Francis Ysidro Edgeworth,1845—1926)名字命名的,是福利经济学中研究资源最优配置的图形理论。埃奇沃斯盒揭示了消费总量或经济投入品总量固定时如何有效配置资源的问题,在注重效率的同时关注公平,也从侧面解释了政府资源配置的必要性。

埃奇沃斯盒证明重新分配商品以改进社会福利是可能的。社会可以在不提高两种商品生产的情况下,通过改变两种商品的配置进而提高福利。埃奇沃斯盒显示如何在两个个体间有效地分配两种商品,其长和高分别代表两个消费者或生产者所拥有的两种商品或生产要素总量。盒中各点代表两种商品或生产要素在两个个体间的配置状态。两组无差异曲线表示:随着与个人原点距离的增加,效用逐渐增加。其关键是交换契约曲线(exchange contract curve),是两个个体无差异曲线相切点的集合或轨迹。当分配位于该曲线上时,这种分配不可能在不牺牲某人福利的情况下再改进了。

图 9-8 假设最初葡萄和苹果两种商品配置在 A 点,社会可以在不提高两种商品生产的情况下提高甲和乙两人的福利。如果贸易将配置从 A 点移到 B 点,甲的福利提高了,乙的福利不变(因为两点都在乙的无差异曲线上)。如果从 A 点移动到 C 点,甲的福利不变,乙的福利提高了。而如果从 A 点移动到 D 点,由于 D 点在两人的更高的无差异曲线上,则两人的福利都提高了。

即,如果分配从 A 点移动到契约曲线上 B 点左下方的任何点,甲的受益将建立在乙牺牲的基础上。如果分配从 A 点移动到曲线上 C 点右上方(东北方向)的任何点,乙的受益将建立在甲牺牲的基础上。而如果从 A 点移动到 B 和 C 之间的任何点,两人的福利都将提高。

埃奇沃斯盒是应用帕累托最优的一种方法,以客观评价产出的再分配是否有效率。从 A 点向 B、C 两点所在的无差异曲线间移动的再分配,可称为帕累托改进。因为一个或两个人的福利提高并没有降低任何人的效用。当位于交换契约曲线上时,帕累托最优发生了。因为没有不损害其他人福利的改进的可能了[7]。

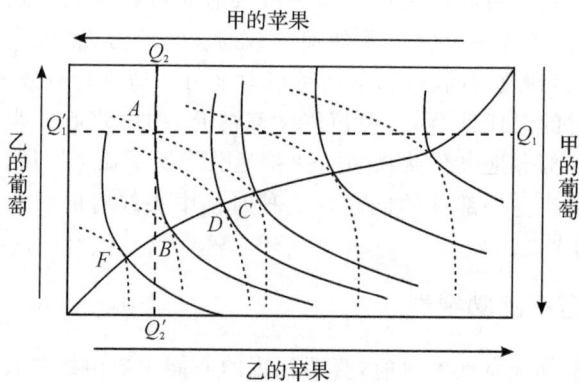

图 9-8　埃奇沃斯盒

资料参考:Edwards,2007

9.3.2.2 蒂伯特的"用脚投票"理论

地方公共财政的开创性论文是美国学者查尔斯·蒂伯特（Charles M. Tiebout）在1956年发表的[241]。人们在各辖区间流动的能力使得一个解决公共物品问题的方法产生了[225]，即"用脚投票"（voting with feet）。蒂伯特模型也被称为地方公共服务的完全竞争市场理论[239]，是地方公共财政理论的基石。对地方公共物品，如果搬迁能够给他们带来更好的公共物品，公民可用脚来投票，搬迁到提供更优公共物品的辖区，或"公共物品供给—税收"组合最令他们满意的区域居住[7]。人们可以通过搬迁到自己适当的城市或区域以满足自己对于公共物品的偏好，而不需要通过真正的投票过程来改变公共政策[219]。这种思路非常类似于个人在市场上购买私人物品的思路。正如经济学家认为公司之间的竞争确保消费者对产品选择，政府之间的竞争似乎允许消费者自己投票并选择最适合他们需求的政府[2]。同时，由于人们会自然地搬迁到能使自己效用最大化的地区，地方政府也会着力于优化自己提供公共物品和公共服务的质量与成本。在蒂伯特模型的均衡状态下，不同的人群会根据他们对公共物品的偏好集聚在不同的社区，公共服务也会以最小的成本被提供。

虽然把富人和穷人分到不同的辖区满足了不同人群希望的公共物品，是有效率的，但不一定公平。如基于教育的用脚投票使得穷人集中在不好的学区。因此，政府应该资助穷的学区，以使穷人的孩子不要受到影响。另外用脚投票按照收入分成均质社区，降低了同辈和同学的影响[60]。

蒂伯特模型中包含的前提假设条件是[7]：

- 搬迁成本低或无成本；
- 人们具有完备的地方服务质量的知识；
- 足够多的地方行政提供一系列公共物品；
- 所有社区无论规模多大，都具有同样的服务成本函数；
- 公共物品不造成任何正的或负的外部性；
- 辖区没有社会歧视。

尽管我们无法完全满足蒂伯特模型的前提条件，但是在现实世界中也可以找到蒂伯特模型的证据[242]。经济学家经过半个世纪的实证检验证明，该模型的理论可以解释很多发达国家如美国等城市居民分布和迁移情况[28]。但与具有独特社会文化背景的中国的情况存在一定差距。例如，由于户籍制度等原因，人们不可能完全自由地流动于各个地区。现实中，就业机会也无疑影响着人们对于地区的选择，每年大量的"京漂""沪漂"正是被大城市优质的就业机会所吸引的。但我们并不应该就此放弃蒂伯特模型带给我们的启迪。蒂伯特模型解答了人们为何会集聚在某一个地方政府周边这一关键问题[239]，也在很多具体问题中休现出一定的现实解释力。

排他性分区法规（exclusionary zoning）

蒂伯特模型提出之后，对模型假设条件的研究仍在不断推进与完善。其中就有学者提出排他性分区法规也应是蒂伯特模型的重要前提条件[243]。排他性分区法规指的是对特定区域建造的房屋类型、面积、高度等进行限制的法规，其目的通常是限制某一类人群进入该区域[244]。排他性分区法规对于蒂伯特模型的重要之处在于，在该模型的均衡中人们会根据对于公共物品的需求集聚在不同区域。若收入与对公共物品的需求正相关，就会按照收入来划分社区。在高收入人群集聚的社区，由于居民的财产价值较高，社区可以通过较低的税率来征收财产税，同时也能够有充足的资金来提供较好的公共服务。此时，低收入的居民会选择搬到这一社区，建造面积较小的住房，同时享受低税率带来的低税收支出和高品质公共服务。由于社区平均收入的下降，社区按原税率所征收到的税收难以支持原水平公共服务的提供，结果则要么是税率提高，要么是公共服务质量下降。蒂伯特模型假定了人们可以自由流动，富裕的居民显然不会满意这种情况的发生，而会"用脚投票"离开原社区。但问题在于，低收入的居民也可以"用脚投票"，继续跟随富人进行搬迁，模型无法进入一种稳定的均衡状态。排他性分区规划法则可以防止这类现象的发生，达成稳定的帕累托效率均衡[225]。

9.3.2.3　其他相关理论

（1）斯蒂格勒的最优分权理论

著名的经济学家乔治·斯蒂格勒（George Joseph Stigler）曾在《地方政府功能的有效范围》一文中通过两条基本原则论述了地方政府存在的意义[245]。原则一，地方政府距离自己的民众更近，更容易了解他们的偏好与需求。原则二，民众有权利对公共物品及公共服务的种类、数量等进行投票表决。基于这两条原则，斯蒂格勒主张与居民对公共物品需求相关的决策应当在最低行政层级的政府部门进行，这有利于实现有效资源配置与公平分配[246]。值得注意的是，斯蒂格勒并未否定中央政府的重要意义。行政级别较高的政府在稳定经济、解决分配不平等问题等方面依然是重要的。

（2）特里希的偏好误识理论

理查德·特里希（Richard W. Tresch）则从政府对民众偏好认识的角度论证了地方财政存在的必要性。他质疑了以往分权理论中中央政府能够完全掌握社会福利函数序列的假设。特里希认为，如果一个社会能够获取完全的信息，且经济活动也能做到完全确定，那么由中央还是地方政府提供公共产品都是无差异的，地方政府也没有存在的必要[246]。然而，现实中社会经济活动并不具有确定性，信息失真或传递阻隔等情况也十分常见。中央政府在这一信息不完全的条件下，会存在"偏好误识"的情况，错误地把自己的偏好强加于社会[245]。相较而言，地方政府更了解本地区居民的需求偏好，具有信息优势。回避风险的社会更倾向于由地方政府来提供公共物品[234]。

（3）奥茨的分权定理

瓦勒斯·奥茨（Wallace E. Oates）在其 1972 年出版的《财政联邦主义》[247]一书中基于一系列的假定求解出了资源配置处于社会福利最大化时的一般均衡模型。他比较了在一定限制条件下，中央政府集中供应和地方政府分散供应公共产品的效率，强调了地方政府的比较优势，提出了分权定理[248]。奥茨认为，中央政府难以完全顾及不同子人口群体的特殊需求，为了公平，它只能将等量的公共物品进行统一分配。然而这种分配由于忽视了不同人群的异质性，不能够使社会福利最大化，降低了资源配置效率。相较而言,由地方政府将一个帕累托有效的产出量提供给民众会比中央政府的提供方法更具有效率优势。奥茨相信,在人口异质性很强、各人群需求偏好差异性很大的情况下,地方政府在公共物品供给上的效率优势就会更为明显[234]。

(4)埃克斯坦的按受益原则分权理论

论述地方政府财政职能的必要性的理论还有很多,比如美国学者阿图·埃克斯坦(Otto Eckstein)提出的按受益原则分权理论[249]。该理论认为,各级政府的职能应该根据公共物品的受益范围来确定,有益于全体国民的公共物品由中央政府提供,只惠及局部地区的公共物品由地方政府提供。部分公共物品虽然只能惠及部分人群,但对于社会和国家的发展至关重要,如义务教育等,也应当由中央政府提供[234]。

9.4　地方财政

9.4.1　公共财政基本理论与原则

关于公共财政,目前经济学家使用的有两个基本理论[7]。①新古典公共财政理论:理查德·马斯格雷夫(Richard Musgrave)的经典教材《公共财政原理》(*The Theory of Public Finance*,1989)认为市场经济有缺陷,政府使用其权力克服市场失灵,以获得更好的社会产品。②公共选择理论(public choice theory):用"一群建立自己的议程和最大化个人效用函数的纯粹自私的公务员"的概念取代了"仁慈的独裁者"的假设。公共公务员像私人市场参与者一样,追求他们自己的利益。在这种观点下,政府官员不可能最大化公共利益。即使他们试图最大化社会福利,但决策也会导致最大化利益集团和寻租者的福利。

公共财政基于受益原则和支付能力两个原则[7]。受益原则(benefit principle)认为公共物品有正外部性,受益者应该支付。支付能力(the ability to pay)关注公平和平等贡献。如果所有人都从纯公共物品中受益,则每个人应该同等地贡献是合逻辑的。如果金钱的边际效用递减,则富人应该支付更多,这样整个社会福利才会提高。

9.4.2　地方财政收入的构成

提供公共物品需要财政来源。地方财政收入指的是地方政府为了履行职能,满足地方财政支出需要,通过一定形式和程序从微观经济主体取得的归地方政府支配的财政资金[250,251]。地方服务在某种程度上是竞争性和排他性的,按照边际成本定价将导致有效的生产和消费。对于外部性较低的俱乐部物品,使用费是有效的财政手段,如供水和垃圾处理等。在美国,地方政府三分之一财政来源于房产税、销售税和个人收入所得税。另外三分之一来自政府间资金,其他来源于使用费、罚金、停车罚单和其他一些收入来源[7]。其中使用费是对地方服务使用的价格。加拿大 2008 年所有各级政府财政收入中,收入所得税和消费税最高,分别占 GDP 总量的 16.8% 和 7.0%,其次是财产税、健康和社会保险金等,另外非税收收入也占到 GDP 的 6.6%[5]。下面着重以我国的地方财政收入为例进行阐述。

9.4.2.1　基于预算管理角度分类

从预算管理的角度来看,地方财政收入可分为财政预算收入和预算外收入两类。其中地方财政预算收入涵盖了各项税收收入、地方所属企业收入、中央财政的调剂、补贴拨款及其他收入。而地方财政预算外收入包括了土地出让金、资本融资、城市公用事业收入、市场管理收入等[252]。其中土地出让金是地方财政预算外收入最主要的来源[252,253]。

目前我国地方政府的土地财政收入主要来源于土地非税收入、土地相关税收和土地抵押融资。其中土地非税收入包括土地出让金、土地租金和其他收入。土地相关税收包括城镇土地使用税、房产税、土地增值税、耕地占用税、契税等直接税收收入和房地产与建筑业营业税等间接税收收入。土地出让收入是预算外收入的最主要部分[252]。土地出让收入占地方一般公共预算收入的比重反映了地方对土地财政的依赖程度。以2019年为例,土地财政依赖度较高的省份这一比例高达90%～120%。

9.4.2.2　按照收入来源分类

按照收入来源进行分类,地方政府的财政收入可分为税收收入、非税收入、地方政府债务收入、转移性收入和其他收入[254,255]。地方税收收入是根据行政事权划分状况,按照财政管理体制规定,由地方享有的各类税收收入的总称[256]。税收收入是一种稳定可靠且规范的财政收入来源,一般是地方财政收入的主要组成部分[251]。

地方非税收入指的是税收以外,地方政府"依法利用政府权力、政府信誉、国有资产等或提供特定公共服务、准公共服务取得并用于满足社会公共需要或准公共需要的财政资金"[257]。地方非税收入也是财政收入的重要组成部分,具体可包括国有土地有偿使用收入、国有资本经营收益、罚没收入、捐赠收入、政府住房基金收入等[251]。

地方政府债务收入是指地方政府通过信用方式筹集的收入[258]。作为财政收入的一部分,地方政府债务收入与税收收入有三个最明显的不同点。首先,地方政府通过公债筹集资金时,投资者的认购行为是出于自愿的,而税收则是强制征收的。其次,地方政府通过公债筹集的财政资金是有偿的,地方政府必须按期还本付息,但税收的征收是无偿的,地方政府没有偿还的责任。最后,公债是否发行、如何发行等是地方政府根据财政情况等灵活确定的,但税收则必须依照法律,按先前确定的征税对象和比率进行征收[233]。从有偿性可以看出,地方政府债务收入是一种不完全的财政收入,在获取收入的同时也成为预期的财政支出[239]。

转移性收入是各级政府间财政资金调拨及本级政府间不同性质财政资金调剂所形成的收入[259]。参考财政部2022年政府收支分类科目的设置,转移性收入包含了返还性收入、一般性转移支付收入、专项转移支付收入、上解收入、调入资金、债务转贷收入、接受其他地区援助收入、动用预算稳定调节基金等[255]。其中,返还性收入、一般性转移支付收入、专项转移支付收入是上级政府财政转移给下级政府财政的款项,上解收入、债务转贷收入是下级政府财政从上级政府处收到的款项。调入资金、动用预算稳定调节基金属于政府财政不同性质财政资金的调剂,接受其他地区援助收入则是为了反映受援方政府接受可统筹使用的各类资金收入[259]。

其他收入则包括了制度外基金、制度外收费等制度外收入[254]。所谓的制度外收入,指的是地方政府依靠行政权力或垄断地位,通过各类非税收入形式筹集的不纳入预算内、外制度管理的财政收入[260]。此类收入本质上是一类非规范性的、没有依照法定程序通过正式批准的收入,是一种管理失控状态下的收入。这类收入的存在有可能对社会的公平和效率造成损害,亟待改革与规范[260,261]。

租、税、费辨析

土地收入中涉及了租、税、费等不同形式的财政收入。以下将简要对这三种收入的区别进行辨析[262,263]。租的征收依据是财产所有者的财产权利。凭借所有权,财产的所有者应获得所有者收益。当财产的所有权与使用权分离时,使用者需要向所有者支付租金。土地出让金就属于租金性质。税的征收依据是国家的政治权力,它是政府为了实现公共财政职能而征收的。租和税都是国家参与社会分配的形式,但两者参与的环节不同:租参与的是初次分配,而税参与的是再次分配。费的征收依据是国家的管理权力。作为社会事务的管理者,国家有权在依法依规提供公共物品和服务的过程中,向特定服务对象收取相关费用,或对违反法律、法规等规则的行为人进行处罚,获取各种行政事业性收费或罚没收入。

9.4.3 地方税收收入

地方税收收入是地方财政收入的主要组成部分。现代税收体系已日趋完善,税种的名目也渐渐复杂起来。为了更好地认识和了解税收体系,人们提出了许多的税收分类方法来揭示不同税种之间的区别、联系,展示税收体系的不同侧面。下面,我们将主要介绍对我们理解地方财政的一些相关问题具有重要意义的三种税种分类方法和税收构成。

9.4.3.1 地方税收类型

(1)以税收管理和收益权限作为分类标准

依照不同税收的管理与收益权限,我们可以将税收分为中央税、地方税和中央地方共享税。其中,中央税指的是由中央政府征收管理、收入归中央一级的税收。中央税一般征收范围广、收入高,代表性的税种有关税等。而地方税则指由地方政府征收管理,收入归地方一级的税收。地方税与地方经济关系密切,适宜由地方政府立法或自定办法进行征收,代表性的税种有城市建设税、城镇土地使用税、土地增值税、耕地占用税、房产税、车船税等。中央地方共享税是由中央立法,收入按照一定比例分配给中央和地方的税。此类税包含了一些涉及中央政府与地方政府共同利益,需要依靠地方政府征收的税种,代表性的税种有我国的个人所得税、资源税等[264,265]。我国地方政府的税收收入既包括了地方税收入,也包括了中央地方共享税收入中分配给地方政府的部分。

(2)以征税对象的不同性质作为分类标准

按照征税对象的不同性质,税收一般可被分为流转税、所得税、资源税、财产税、行为税。流转税指的是以商品流转额或非商品流转额为征税对象的税种,它的基本特点是税收收入不受商品成本影响,但很容易受到商品价格的影响。在我国,此类税涵盖了增值税、消费税等在内的多个税种。所得税,也称收益税,以收益额作为征税对象,多采用累进税制,代表性的税种有我国现行的个人所得税、企业所得税等[264,265]。资源税向开发、利用各类自然资源,使用土地的企业、单位和个人征收税款[264,265]。我国现行的资源税、城镇土地使用税是资源税类代表性的税种[264]。财产税是一种按纳税人财产数量多少或价值高低进行征税的税类。财产税对于调节社会贫富差距有重要的意义,但目前占我国税收收入比例较小,种类也较单一,仅有房产税等不多的几类[266]。行为税是政府为了调节某些特定对象的某些特定行为所征收的税类。这类税收往往具有较强的时效性,代表性的税种有我国现行的印花税、土地增值税、耕地占用税、城市维护建设税等[265]。目前对于部分税种的归类存在不同意见,比方说有学者认为城镇土地使用税应归类于行为税[267],具体情况可结合分类的目的、标准等进行进一步的分析。

(3)以税负能否转嫁作为分类标准

以税负能否转嫁作为标准的分类方法是西方学界较为流行的分类法[264]。以税负能否转嫁作为分类标准,税收可被分成直接税和间接税。其中,直接税指的是税负不能转嫁,纳税人与税收实际负担人一致的税类。以个人所得税为例,当某人为自己的收入缴纳个人所得税时,纳税人和税收负担人均为他自己。类似的税种还有企业所得税、车辆购置税等。与之相反,间接税指的是税负可以转嫁,纳税人不是税收实际负担人的税类。以消费税为例子,按我国规定,某商品消费税的纳税人是其生产企业,但生产企业在定价时会将其缴纳的税款计算在成本内,于是该商品消费税的负担人就变成了消费者。所以消费税就是一种可以被转嫁税负的税种,类似的税种还有增值税、关税等[265]。

9.4.3.2 地方政府税收构成

地方政府税收收入来源于许多不同的税种,表 9-2 以杭州市为例展现了地方政府一年税收收入的组成与各税种收入的占比大小。

表 9-2 杭州市 2020 年全市税收收入构成

税种	税收分类	全市收入(万元)	占比
国内增值税	中央地方共享税(50:50)	6283057	31.76%
企业所得税	中央地方共享税(60:40)	3997302	20.20%
个人所得税	中央地方共享税(60:40)	1999483	10.11%
资源税	地方税	18557	0.09%
城市维护建设税		1138295	5.75%
房产税		672537	3.40%
城镇土地使用税		143926	0.73%
土地增值税		1609298	8.13%
车船税		127466	0.64%
耕地占用税		417613	2.11%
契税		3031748	15.32%
环境保护税		2120	0.01%
印花税		329993	1.67%
其他税收	/	14557	0.07%
税收收入总额	/	19785952	

注:中央地方共享税括号内的数字表示了中央与地方的分配比例。资源税中海洋石油资源资源税上交中央政府,印花税中证券交易印花税上交中央政府。

资料来源:杭州市统计局,2021;黄蕾,2019

虽然这里只是以杭州市税收收入的构成情况为例,但我们可以从中了解到我国地方政府税收构成的特点。首先,中央地方共享税构成了地方政府税收收入的主要部分,地方税中缺乏主体税种[268,269]。在杭州市的税收收入中,中央地方共享税的贡献超过了60%,地方税虽然种类繁多,但每一个单独的税种对税收总额的贡献度都有限,没有起到支撑作用的主体税种。这一情况在全国其他地方也是类似的[268]。

其次,目前地方政府的税收主要源自生产、流转环节。从表 9-2 可以发现,地方政府税收收入中占比最高的两种税分别是国内增值税和企业所得税,而这两种税的收入都是基于企业的产出和扩大[270]。对于地方政府而言,为了获取更多的财政收入,会着力于通过一系列政策优惠招商引资,扶持商品的生产和批发行业,但却相对轻视了公共物品的供给与完善[271]。相对而言,以"谁受益谁缴税"为特点的各类受益税[272]能够更直接地激励地方服务供给公共物品[270]。

最后,地方税中很大一部分的税收收入都与土地和房地产密切相关[273]。地方税中土地增值税、耕地占用税、房产税、城镇土地使用税、契税都与房地产联系紧密,但或多或少地存在着税种老化的问题,已经不能很好地适应现实情况,比如城镇土地使用税和耕地占用税采用定额税率,未考虑不同地区土地收益的差距,房产税以原值或租金计税,无法正确反映房地产市面价值等[274]。房地产税改革一直是近年的热点话题,这一改革对于我国地方政府的税收收入意义重大[275]。

> ## 房地产税的三种类型
>
> 目前,世界上已经有许多国家对房地产税的征收进行了实践探索,依据不同国家国情、财政体制等,也发展出了许多不同的方式。一般,我们可以根据房地产税的功能地位将各国的房地产税划归为三种类型[275]。第一种类型是以筹集地方财政收入为主要功能的房产地税,代表性的国家有美国、英国、加拿大等。这种类型的房地产税一般以房地产的评估价值作为计税依据(英国也会将营业房屋的租金作为计税依据),税收收入稳定持续且相对公平合理,多能成为地方政府的主体税种,为地方政府提供财政支持[275]。第二种类型是以日本和韩国为代表国家的、以调控房地产市场为主要功能的房地产税。政府设立和调整这类房地产税或房地产税收体系一般都是为了抑制房价高速攀升或遏止房地产市场投机,但从日本和韩国的经验来看效果并不佳[276]。第三种类型的房地产税是以调节收入分配为主要功能的,代表性的国家为新加坡。新加坡的房地产税对私人住宅采取超额累进税率,低收入人群税收负担最低可以低至 0,同时富人住房的税率可高达 20%。这一财政政策的设置对社会贫富差距的缩小意义重大。但新加坡房地产税的良好收效主要立足于其特有的国情、住房制度等,其他国家借鉴的时候不宜盲目模仿复制[276]。中国房地产税的功能地位、制度设计还需要基于本国情况深入地探讨和考量。

9.4.4 土地财政

9.4.4.1 分税制改革

分税制改革是我国财政体制的一次重大变革,扭转了"两个比重"不断下跌的趋势

（图 9-9）[216,277]。与此同时,分税制改革也对地方政府的行为模式产生了深远的影响,并在一定程度上推动了土地开发和城市化的浪潮[278]。

（1）分税制改革前（1980—1993 年）

新中国成立以后,我国的财政管理体制以高度集中、统收统支为基本特征。这种财政体制是计划经济制度下的产物。随着中国经济社会的不断发展,其弊病逐渐显露,已经妨碍了当时中国的经济发展[279,280]。1980 年以后,国家进行了以分权为主要趋势的财政体制改革,划分了中央与地方的财政收支,建立了财政包干体制[277]。1993 年 12 月 15日,国务院发布了《关于实行分税制财政管理体制的决定》,分税制改革于 1994 年 1 月 1日正式实行[281]。

（2）分税制阶段（1994 年至今）

一般认为,分税制改革有三项主要的内容。其一,中央政府和地方政府明确划分了事权和财政支出范围[282]。其二,中央和地方明确划分了各自财政收入的范围,采用了分税种划分收入的方法。根据事权和财权相结合的原则,税种被划分为三大类,即中央税、地方税和共享税。诸税种中最重要的税种——增值税由地方税改为共享税,中央占75%,地方占 25%。这一变革成功地使中央财政收入占总财政收入的比重快速上升,中央财政收入和地方财政收入的地位相互掉转[277]。其三,分税制改革建立了税收返还和转移支付的制度。税收返还制度是为了防止地方政府收入急剧下跌,保障地方政府履行职责的能力而设立的增值税、消费税返还机制[283]。转移支付体制主要是通过将收入转移到不发达地区来实现财政制度的地区均等化目标[277]。除了这三项主要内容之外,分税制改革还着手清理了地方预算外资金,规范化了政府的收费项目等[282]。

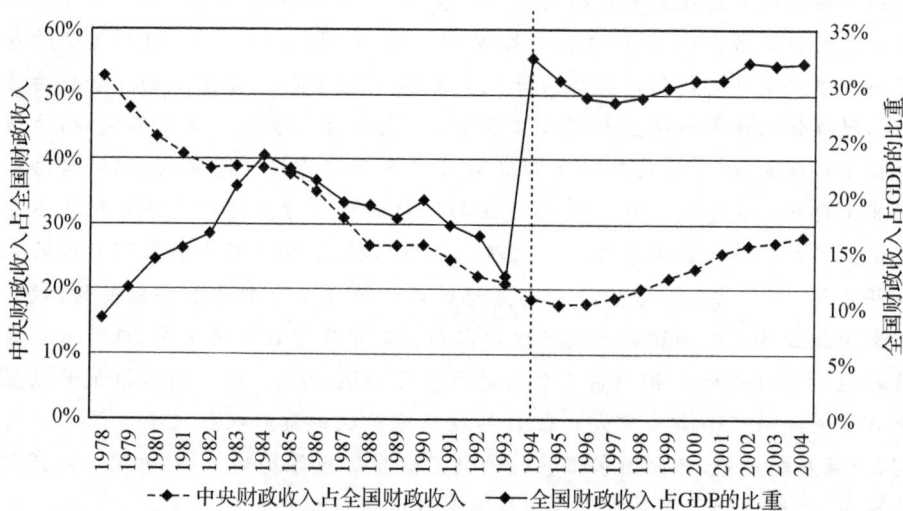

图 9-9 1978—2000 年"两个比重"变化图

资料来源:国家统计局,2021

9.4.4.2 土地财政

分税制改革之后,中央将财权逐步上收,但地方政府和中央政府的事权分配却没有发生变化,地方政府在巨大的财政支出压力面前需要积极寻找新的资金来源。1994年城镇住房制度改革开始推行,1998年修订后的《中华人民共和国土地管理法》正式实施,沿海外向型经济的迅速发展,2003年土地"招拍挂"制度的建立……众多因素使得城镇土地的价值快速提高,与土地相关的收入成为地方政府财政收入主要的构成部分[284]。土地财政帮助地方政府以前所未有的速度积累起原始资本,推动城市化高速发展,也随之带来了一系列的潜在风险[285]。

一般认为,土地财政是"一种对土地资源高度依赖、土地相关财政收支占政府总收支比重较高的财政运行形态"[286],其实质是"地方政府利用土地资源的资本化扩大财政空间,增加政府可支配的财政资源,增强政府财政调控能力"[286]。地方政府通过土地资源获得的收入可以被分为直接收入和间接收入两大类。

土地直接收入包括了五项与土地、房屋有关税种的税收收入及以土地出让金为主要构成部分的非税收入。与土地直接相关的五个税种分别是城镇土地使用税、土地增值税、耕地占用税、契税和房产税。从1998年到2017年,我国这五个税种的税收收入快速增长,年平均增长率超过了20%。土地直接非税收入除了土地出让金之外,还包括了其他政府以土地为对象收取的费用。但其中最为重要的还是政府出让土地所得到的租金——土地出让金[287]。在政府直接土地收入(税收收入＋土地出让金)中,土地出让金自2001年起就在土地直接收入中占比超过七成,是其中绝对的主体[288]。

土地的间接收入主要来自土地密切相关的建筑业与房地产业。其中,与土地间接相关的税收收入有土地开发公司的营业税、建筑业和房地产业的营业税和企业所得税、房产税。而与土地间接相关的非税收入主要是指政府部门的各类收费。土地间接收入的规模远小于直接收入,但达到了万亿元级别,是地方财政收入不可忽视的来源[288]。

9.4.5　财政支出

作为财政收入的归宿,财政支出与收入一起构成了财政分配的体系,对社会再生产的各个环节都具有极其重要的意义[280,219]。通过财政支出的情况,我们可以清晰地了解到一定时期内政府活动的范围、内容、重点及政策导向,获知政府对经济社会生活的介入水平与情况[280]。政府每支出一笔资金都是非常严肃的事情,需要经过严格的考量与审核,力图把钱花到"刀刃"上。但问题在于,政府到底应该如何确定"刀刃"在哪里,如何了解某个项目到底值不值得投资呢?

9.4.5.1　财政支出及类型

财政支出(fiscal expenditure),也可称为公共支出,是政府为履行自己的职能,将财政收入按照一定原则和计划,分配、支付给满足社会共同需要的公共物品和服务的过程[289]。财政支出的体系庞大,基于一定标准和依据对其进行有效分类,能够帮助我们更好地认识财政支出的构成情况,更合理地分配和使用财政资金。对财政支出进行分类的角度有很多,以下将简单地介绍几种常见的财政支出分类方法。

(1)按照政府职能分类

财政支出的直接目的是满足政府执行具体职能的物质需要,可依照政府的职能对财政支出进行分类[290]。这也是西方最主要的财政支出分类标准之一[219]。不同的国家与地区的分类情况不同,我国一般会依照政府职能将财政支出分为经济建设性支出、社会服务性支出和维持性支出三类。经济建设性支出是包括基础设施建设支出、应用性科研支出等在内的,用于经济发展方面的支出,其配置资源的能力较强。社会服务性支出用于提供公共物品与服务,以提高人民生活质量、提升社会福利水平,涵盖了文化教育卫生支出、环境保护支出等在内。维持性支出则是政府为了保证国家、社会有序运转所付出的资金,包括行政管理费、国防支出等[291]。

(2)按照经济性质分类

财政支出的经济性质指财政支出是否直接与各类资源、要素相交换[280]。依照这一性质,财政支出可分为两大类,消耗性支出(exhaustive public expenditures)和转移性支出(transfer expenditure)。

消耗性支出,也称购买性支出,指政府购买经常性的商品、劳务时所发生的支出[290]。这类支出遵照等价交换原则进行,政府一边支出财政资金,另一边也获得了相应的商品与劳务来实现其职能。发生消耗性支出时,政府在市场上的身份是商品和劳务的购买者,其行为对社会的生产和就业有比较直接的影响[290,219]。转移性支出,又称无偿支出,指的是政府无偿、单方面支出或转移的财政资金。这类支出主要涵盖了财政补贴、社会救济等方面的支出[219]。政府在支出转移性的财政资金时,它仅仅转移了资金所有权,而没有取得相应的商品或劳务,所以这类支出更多地影响了收入分配,而不能直接影响社会生产和就业[280]。消耗性支出和转移性支出的比例关系可用于分析政府财政支出对市场经济产生影响的方式[219]。

(3)按照行政层级分类

一国财政支出的层级结构一般都与其政权组织的层级结构关系密切,各层级的政府都有与行政层级相对应的财政职能与支出范围。一般可将财政支出简单分为中央财政支出和地方财政支出。两者的相对地位、关系则根据各国行政结构的不同而有所不同[219]。例如,美国是一个联邦制国家,按照行政层级其财政支出可分为联邦财政支出、州财政支出和地方财政支出,三者相对独立。而单一制国家日本的财政支出行政结构为中央财政支出、都道府县财政支出和市町村财政支出,后两者可以统称为地方财政支出[292]。我国财政支出结构为五级,分别是中央财政支出、省级财政支出、市级财政支出、县(市)级财政支出和乡(镇)级财政支出[293]。

9.4.5.2 财政支出规模与结构

(1)财政支出规模

财政支出规模是政府在一定时期内安排财政支出的数量,它既可以表现为支出数额的合计绝对量,也可以表现为财政支出占同年度 GDP 的相对量[290]。

财政支出规模的衡量指标包括了绝对指标和相对指标两类。财政支出规模的绝对指标是指预算年度内,政府实际安排使用的财政资金数量总额,一般以一国货币单位表示[219]。绝对指标能够直观地反映一定时期内政府支配社会资源的总量[280]。以杭州为例,2020 年杭州市一般公共预算支出为 2069.66 亿元,比 2019 年增长了 116.80 亿元[294]。绝对指标虽然直观,但不能很好地反映政府所支配的资源与社会资源总量的相对关系,也很难展现政府经济活动在社会经济活动中的地位。此外,绝对指标也不适用于需要相互比较的分析场景。横向上,绝对指标以一国货币为单位,不同国家间进行比较存在困难;纵向上,绝对指标展现的是公共支出规模的现价,若不同年份间物价水平相差较大,则失去了数值间相互比较的意义[219]。

相对指标在一定程度上可弥补绝对指标的不足之处。财政支出规模的相对指标指预算年度内,政府实际安排使用的财政资金与相关经济总量指标如 GDP 等的比值。相对指标将财政支出与宏观经济运行情况联系起来,反映政府对于经济运行的介入程度,展现政府在各经济主体中的地位与重要性。可以说,相对指标更客观、全面地反映了财政支出的情况。最常用的相对指标是一定财政年度内财政支出占 GDP 的比重,用公式可表示为[219]:

$$财政支出占 GDP 比重 = \frac{年度财政支出总量}{年度 GDP} \times 100\%$$

此外,还有一些常用的相对指标可用于描述财政支出规模的其他方面。财政支出边际系数可用于描述政府对于新增 GDP 的控制程度,其表达式为:

$$财政支出边际系数 = \frac{年度财政支出增加额}{年度 GDP 增加额} \times 100\%$$

财政支出弹性系数则体现了财政支出数额对 GDP 变化的敏感程度,其表达式为:

$$财政支出弹性系数 = \frac{年度财政支出增长率}{年度 GDP 增长率} \times 100$$

以杭州市为例,2010—2020 年财政支出及其占 GDP 的比重如图 9-10 所示。财政支出的规模在不断上涨,其占 GDP 的比重也维持着增长的趋势。2020 年杭州财政支出占 GDP 的比重为 13%,与 2010 年相比提高了 1.9%。

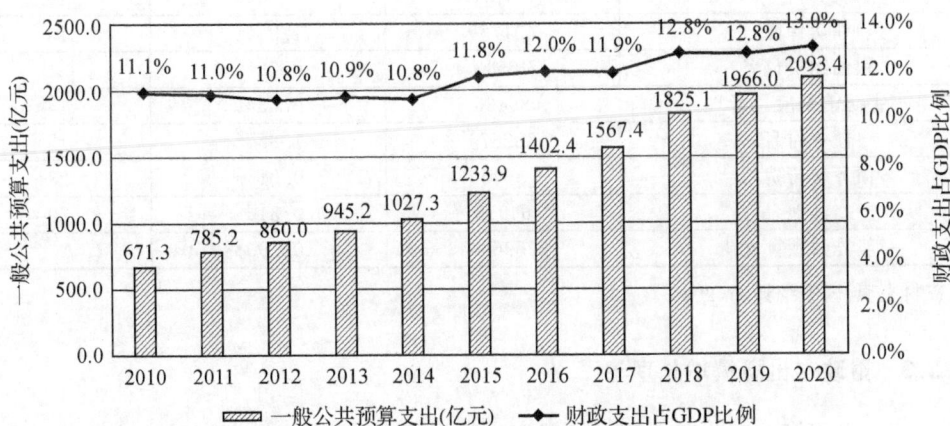

图 9-10　杭州市 2010—2020 年财政支出规划及其占 GDP 的比重

资料来源:国家统计局,2021

(2)地方财政支出结构

财政支出结构指各类财政支出及其组合占财政支出总额的比重,它可以反映政府政策的取向与重点[251]。一般学者们比较关注的支出占比有基本建设支出占比、科教文卫支出占比、社会保障支出占比等。

财政支出的结构与空间规划关系密切。政府每年财政支出规模有限,一般来说,当年政府财政支出结构偏向何处,规划实施的重点就落于何处。此外,财政支出的情况还会影响到规划的实施时序,进而影响到总体规划的落实效果[295]。以杭州市为例,2020年一般公共预算支出数额最大的项目依次是教育、城乡社区、社会保障和就业,占比分别为19.53%、13.07%和12.23%。

表 10-3　杭州市 2020 年全市一般公共预算支出构成

项目	金额(万元)	占比	排序
一般公共服务	1903776	9.20%	4
国防	11396	0.06%	22
公共安全	1257777	6.08%	7
教育	4042682	19.53%	1
科学技术	1443254	6.97%	6
文化旅游体育与传媒	400728	1.94%	14
社会保障和就业	2531543	12.23%	3
卫生健康	1490008	7.20%	5
节能环保	533234	2.58%	11
城乡社区	2705431	13.07%	2
农林水	1029656	4.98%	8
交通运输	583462	2.82%	10
资源勘探工业信息等	828444	4.00%	9
商业服务业	530055	2.56%	12
金融	80600	0.39%	19
援助其他地区	158750	0.77%	17
自然资源海洋气象等	177203	0.86%	16
住房保障	401739	1.94%	13
粮油物资储备	46543	0.22%	21
灾害防治及应急管理	89436	0.43%	18
债务付息	382879	1.85%	15
债务发行费用	3045	0.01%	23
其他	64913	0.31%	20
一般公共预算支出	20696554	100.00%	

资料来源:国家统计局,2021

9.4.5.3　财政支出规模增长理论

　　财政支出规模的变化并非毫无规律可言,有许多的学者提出了财政支出规模变化的相关理论。以下将简要介绍三个关于财政支出规模变化的宏观理论,即瓦格纳法则、梯度渐进增长理论和经济发展阶段理论[296]。

　　(1)瓦格纳法则

　　瓦格纳法则(Wagner's Law),又称政府活动扩张法则(the law of expanding state activity),是由德国著名的财政学家阿道夫·瓦格纳(Adolph Wagner)提出的[297]。他在考察了日本、美国及欧洲多国的财政支出情况后,指出政府财政支出与经济增长间存在一种函数关系:随着人均收入的提高,政府支出占GDP的比重也会不断提高[219]。瓦格纳认为,这种财政支出增长的趋势可以从政治和经济两个方面加以解释。从政治方面来说,瓦格纳指出随着经济的工业化,市场中不同主体的关系将会日趋复杂。人们需要完善的商业法律、契约以及执行相关条款的司法组织来维持市场的有序运行。政府不得不增加财政支出,为治安与法律设施配置更多资源来适应市场的变化[280]。而在经济方面,经济的发展将会推动城市化进程,人口居住密集度的日益提高会导致一系列具有外部效应的问题,政府需要对此进行干预和管理。另外,瓦格纳认为教育、文化、娱乐等公共服务需求的收入弹性大于1,换句话说,当实际收入增长时,这些项目财政支出的增长将会快于 GDP 的增长[219]。瓦格纳法则可表示为图 9-11。

(2)梯度渐进增长理论

梯度渐进增长理论是由英国经济学家皮考克(A. T. Peacock)和怀斯曼(J. Wiseman)在 20 世纪 60 年代提出的。他们对英国 1890—1955 年财政支出的相关统计资料进行了研究,得出结论:在一个较长的时期内,英国的财政支出并不是呈直线型增长的,而表现为阶梯性的非连续增长[219]。正常时期,财政支出呈直线型增长。但若到了战争或自然灾害等特殊时期,财政支出会发生跳跃性的增长,私人支出相应减少。当特殊时期结束后,财政支出并不会落回原水平,而只是会部分回落,然后以此为起点开始正常时期的直线型增长[289]。梯度渐进增长的模型如图 9-12 所示。

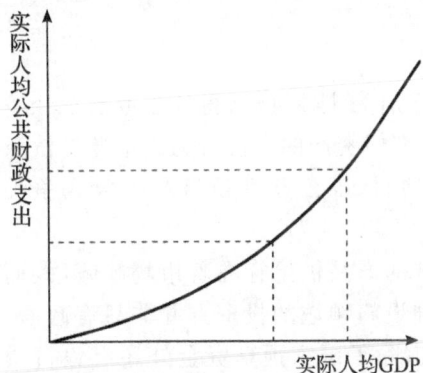

图 9-11　瓦格纳法则示意图　　　　　图 9-12　梯度渐进增长理论示意图
资料来源:黄恒学,2021　　　　　　　资料参考:黄恒学,2021

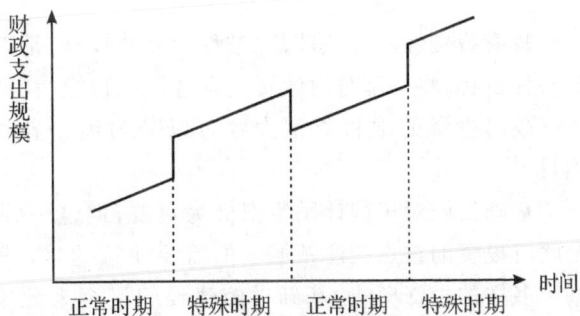

皮考克和怀斯曼解释了财政支出规模发生梯度渐进增长的原因。首先,他们基于现实提出了一个假设:政府倾向于多支出,但公民不愿意承担过重税负,政府在制定财政支出计划时会受到公民可容忍纳税水平的限制。在这一基础上,两位经济学家指出影响政府财政支出的原因可以被分为内在原因和外部原因。内在原因指的是,正常时期经济不断发展,人们的收入水平上升,税收也会随之上升。在公民可容忍纳税水平的限制下,财政支出的提高与国民生产总值(GNP)的上升表现为线性关系。外在因素则是指社会剧烈动荡及其带来的连锁反应。在社会面临诸如战争、经济危机、自然灾害等大事件时,政府需要发挥更大的作用来应对危机,相应地,也需要支出更多财政资金支持政府办事。所谓"共克时艰",公民在危机面前也会提高可容忍的纳税水平,让应对危机的财政支出代替私人支出。而这也被称为外部因素所引发的替代效应(displacement effect)。在危机结束后,财政支出也不会立刻退回原水平。一方面,危机结束后,战争赔偿金、国债利

息支出等使得财政支出仍维持在较高水平。另一方面,危机引发了政府和公民对社会的审视与反思,使得他们愿意提高财政支出来解决社会上存在的许多隐患。这也被称为审视效应(inspection effect)[296,297,219]。

该理论认为公共收入与财政支出总是同步增长的,所以他们这一理论有时也被称为"公共收入引致论"[219]。

(3)经济发展阶段增长论

美国经济学家马斯格雷夫(R. A. Musgrave)和罗斯托(W. W. Rostow)在深入研究了经济发展史及其中财政支出的变化情况的基础上,提出了财政支出增长的经济发展阶段理论。经济发展阶段增长论描述了财政支出在长时期中增速与结构的变化情况[296]。他们认为,在经济发展的早期阶段,政府投资在社会总投资中所占比重较高。这主要是因为政府需要投入大量资金提供交通系统、环卫系统、水利系统等社会基础设施。到了经济发展的中期,基础设施的建设已经基本完成。虽然政府的投资仍在持续增长,但公共累积支出占社会总累积支出的比重会有所下降。这一阶段政府投资仅作为私人投资的补充而存在,投资重点是矫正市场失灵。在经济发展的成熟阶段,人们对生活水平的要求不断提高,政府的投资从基础设施领域转向教育、保健、福利等领域,公共积累支出又会表现出较高的增长率[219,297]。

9.4.5.4　基础设施投资模式

政府投资性支出,有时也被称为公共投资,是以政府为主体,以获得社会或宏观经济效益为目标,将一部分财政资金有选择地转换为公共部门资产的经济行为。市场经济条件下政府投资的项目类型大致可以分为纯公益性项目、准公益性项目和一般竞争性项目[222]。

基础设施对于国计民生都极为重要,但这一领域的产品供给存在着市场缺陷,故而是政府投资的重点关注领域。但需要注意的是,基础设施领域的投资方并非只有政府。基于多样的投资模式,基础设施建设的资金来源渠道除了国家预算资金外还有银行贷款、地方自筹资金、资本市场基于债券或股票筹措的资金、国外资本、私人资本等[222]。这些资金是如何筹措并投资到基础设施领域的呢?以下将简要介绍几种典型的基础设施投资模式。

(1)政府筹资

政府筹资,免费提供或进行非商业化经营是政府在基础设施领域非常常见的一种投资方式。这种投资方式对政府财政的压力较大,一般来说,政府对以下这几种类型的基础设施项目会选用这种投资方式:①项目兹事体大,关乎国计民生,比如长江三峡工程等;②项目与国家安全密切相关,如核电站、航空航天事业等;③涉及垄断行业的基础设施项目;④排他性非常明显、单项投资不大、投资项目数众多的项目,如市区道路、过街天桥等[222,298]。

(2)PPP模式

PPP(public-private partnership)模式即公私合作模式,是20世纪90年代兴起的一种政府与社会资本合作投资经营的融资模式。具体而言,它是指政府与私人组织之间围绕着某项目而形成一种合作关系,通过这种合作,双方都以实现比预期单独行动更优的结果。在基础设施投资领域,公共部门与私人部门可以发挥各自的优势来建设、经营基础设施,分享收益,共担风险。

从广义来说,PPP 模式本身并不指向一种具体的运作模式,它包括了多种运作模式,比如融资性质的 BOT(build-operate-transfer)、BOO(build-own-operate)、BLOT(build lease operate transfer)、DBO(design-build-operate)等;或者非融资性质的 TOT 等。这些模式政府部门和私人部门的风险分配,可以应用的项目类型各不相同[299,300]。

(3)TOT 模式

TOT(transfer-operate-transfer)模式即转让-经营-转让模式,是 PPP 模式项目的一种重要运作方式。指政府将已建成的基础设施项目一定年限内的经营权等有偿地移交给法人组织,法人组织对基础设施进行商业化经营以获取合理收益,合约期满后法人组织将项目重新交还政府。该方法有以下几个优点。对于政府而言,它让政府保有最终决策权,一定程度避免了基础设施经营不当对国家安全和社会福利的威胁,又使得政府可以从具体细致的经营任务中解脱。对于经营者而言,它让法人组织有经营自主权,责任明确,成本效益相对透明,经营效率更高。此模式适用于港口、中小型机场等具有一定排他性且较适宜进行市场经营的基础设施[222,300]。

(4)民间投资经营,政府监管

在现实中,也有部分基础设施的投资经营过程没有财政资金的参与,而主要由私人部门负责投资经营,政府部门主要起到一个监督管理的作用[222]。这种模式较常见于社区内部分小型基础设施的投资经营活动。

9.4.6 公共支出的成本-收益分析

获得巨大的收益不一定说明政府干预的合理性,巨大的成本也不一定说明政府干预是不明智的。重要的是实际的收益和成本之间的平衡[5]。在决定是否、何时、如何以及多大程度上进行干预时,必须考虑政府干预的成本和收益。福利经济学为这个问题提供了理论框架,比较项目实施前后的社会福利函数,如果社会福利增加,那么这笔支出就值得。但我们很容易发现,衡量比较社会福利函数并不是一件简单的事,每天都要进行无数决策的政府部门既没有时间也没有资源将这套理论用于实处。面对这一问题,一套基于福利经济学理论框架但更为实用的决策程序应运而生,那就是成本-收益分析(cost-benefit analysis)[301]。

公共支出的成本-收益分析,也可被称为社会成本-收益分析,其关键就是通过一系列的方法评估某一项目的边际社会收益和边际社会支出。若项目的边际社会收益大于边际社会支出,则政府部门可以将资源配置到这一项目上,反之亦然[233]。成本-收益分析一般需要明确项目要达成的目标和要解决的问题,调查了解能够达成该目标的各个可能的投资方案,对每个方案的成本与收益进行估算、评价、对比每个方案的成本与收益,综合运用多种评价标准考虑各方案的优劣次序,并根据现实情况进行决策与选择[297,302]。

9.4.6.1 测度公共成本与收益

以下将简要介绍几种测度公共部门项目成本、收益的方法。

（1）市场价格法

部分项目中,政府投入和产出的物品都是在市场上进行交易的物品,它们本身就具有自己的商品价格,那么以市场价格作为成本、收益测度的基础是否合理呢? 有人可能会指出,市场价格存在许多的缺陷,它们不一定能够反映商品的边际社会成本与收益。但相比复杂模型等其他渠道提供的价值信息,市场价格易得且真实。只要它没有明显的缺陷,就是成本、收益测度可采用的数据来源[225]。

（2）影子价格法

当市场失灵时,商品市场价格与其边际社会成本出现了较大偏差。此时,决策者可以考虑采用商品的影子价格(shadow price)来进行成本-收益分析。影子价格是对没有价格可参照或有价格但不能反映相应边际社会成本的商品或劳务所设定的一个较合理的替代价格[303]。

（3）消费者剩余法

消费者剩余的方法也是回答这一问题的经济学工具。决策者可通过衡量初始状态与新的均衡状态下消费者剩余的变化来衡量消费者整体境况的改善或恶化。若决策者可以估算出商品的需求曲线等,则消费者剩余法可以帮助计算出使市场价格发生改变的公共项目收益[225]。

（4）时间价值估算

时间是一种在市场上买不到的物品,决策者难以根据市场价值或者变化来计算时间的价值,但时间又经常是项目落实与否需要考虑的维度之一。例如,当政府决定投资建设一条路,而这条路能将 A、B 两点之间的交通时间缩短 30 分钟,那么这 30 分钟是否值得政府高昂的投资呢? 决策者往往会通过一个代理来估算时间的价值,如将通勤时间用于工作所能获得的收入或者改换更快的交通工具所需付出的票价。对于时间价值的估算方法还有很多,它们各有自己的不足和优点,但重点是决策者应当认识到时间的价值应该被纳入成本-收益分析中[225]。

（5）生命价值估算

生命到底价值几何? 恐怕最有智慧的哲学家都难以简单地回答这个问题。但在成本-收益分析中,决策者有时候却需要将生命转换为一个确切的价值。这似乎是个不可能的任务,经济学家们也只能选取一些角度切入这个问题,将价值无限的生命暂时压缩成一串数字。常用的切入角度有两种,一种是评估个人死亡所损失的收入,另一种是测度人们对降低死亡率的支付意愿。

从收入的角度来说,一个人生命的价值可以被换算为他一生净收入的现值,这也是法院中计算赔偿数额常采用的方法。但这种计算方法存在一个明显的缺陷,缺乏收入能力的人比如老年人、残疾人等,他们的生命在这套计算方法下价值为 0。这显然不符合一个政府应有的价值观,也无疑会导致许多民生项目的夭折,所以这种方法较少被采用。从降低死亡率角度来说,测度一个人生命价值可能很难,但是测度人们愿意为了降低死亡率付出多少金钱可能相对简单[225]。在这里生命价值其实被转换为了统计生命价值(value of a statistical life),它指的是个人愿意为死亡率的极小降低支付多少费用。

9.4.6.2　成本-收益比较

分别完成了对项目成本和收益的分析后,决策者需要采用一定的方法对成本和收益进行比较并给出最终的决策。假设现在政府部门面前有两个不可兼得项目 x 和 y,其中项目 x 的收益和成本分别是 B_x 和 C_x,项目 y 的收益和成本分别是 B_y 和 C_y。政府部门的决策者需要考虑两个问题:①这两个项目是否值得被选择? ②如果这两个项目都值得被选择,哪一个更好?

(1)净收益或净现值标准

当这两个项目的成本和收益都是即时发生的时候,我们只需要计算并比较两个项目的净收益 $B_x - C_x$,$B_y - C_y$,就可以很好地回答这两个问题。①当项目净收益为正的时候,项目才值得被选择;②净收益更大的项目更好。但正如前文所说,许多项目成本和收益都需要经历一定的时间才能实现,我们需要把净收益换算为现值。

计算出项目 x 和 y 的净现值后,我们就可以拓展即时项目的比选规则,得到项目评估的现值标准(present value criteria):当项目的净现值为正时,项目才值得被选择;净现值更高的项目,更值得被优先考虑。可以发现,现值标准里贴现率的大小对于决策结果影响重大,所以应该审慎地选择合适的贴现率[225]。

(2)内部收益率

除了现值标准外,还有一些常用的成本-收益比较方法,比如项目的内部收益率与收益-成本比率等。项目的内部收益率实际上等于项目净现值恰好等于 0 时的贴现率,内部收益率越高的项目越值得选择。但该比较标准不适用于评估规模不同的项目。有时候虽然 A 项目比 B 项目内部收益率低,但由于 A 项目规模更大,其获利反而会超越 B 项目[225]。

(3)收益-成本比率

另一个非常常用的成本-收益比较方法是收益-成本比率(benefit-cost ratio),即 B/C。其评价标准是:项目的收益-成本比率大于 1 时,项目才具有可行性;在项目可行的前提下,收益-成本比率越高的项目,越值得被选择。但收益-成本比率在比较同样具有可行性的项目时存在一定的模糊地带。

9.4.6.3 成本-收益分析评价

成本-收益分析是一种非常常用的分析方法,但人们在使用这一方法的过程中也存在着许多值得注意的地方。正确地识别成本-收益的分析不确定性及一些常见的错误有利于我们更好地完成和评价一套成本-收益分析。①要注意收益与成本的计算口径一致。②要注意成本与收益的归类问题。比方说,有的项目将创造就业机会视作项目亮点,并将劳动力工资算作项目收益,这也是有问题的。劳动力的工资应该是项目的成本,而非项目的收益。③要注意重复计算的问题。一块用地有多种可能的用途,但它在一段时间内只能用作一种用途。在成本-收益分析时,分析者要避免将不可能同时发生的收益加总,发生重复计算的错误。④要注意收益或成本的不确定性。假设一个项目有 50% 的概率没有收益,有 50% 概率有 2000 元收益,那么分析者应该如何计算它的收益呢?很明显,不管是取 0 元还是 2000 元都是失之偏颇的。在项目的收益或成本存在不确定性时,分析人员需要根据相关人员的风险厌恶程度、收益或成本的概率分布情况等,计算一个确定性等价再将其纳入成本-收益分析中[138]。

9.5 小结

本章总结了公共物品分类、特征及其供给与需求。根据竞争性和排他性，将物品分为私人物品、（纯）公共物品、公共资源和俱乐部物品四种类型。局部均衡、林达尔均衡等是公共物品有效供给的基础理论。公共物品可以由政府供给，也可以由私人提供。一般来说，市场经济国家中政府一般采用财政政策、货币政策和直接监管三种主要政策工具对经济进行宏观调控。埃奇沃斯盒、蒂伯特用脚投票等诸多理论可用于理解地方政府存在的必要性和中央地方政府的事权划分。接着对地方财政收入和财政支出的构成和分类进行总结，并对其中的地方税收收入和土地财政收入等进行了具体分析，通过瓦格纳法则、梯度渐进增长理论和经济发展阶段理论三个关于财政支出规模变化的宏观理论分析财政支出规模变化规律。最后对基础设施投资模式以及公共支出的成本-效益分析及方法进行了简要介绍。

参考文献

[1]Samuelson P A. Economics：An Introductory Analysis[M]. New York：McGraw-Hill，1948.

[2]Glaeser E L. The Economics Approach to Cities[M]//NBER Working Paper Series. National Bureau of Economic Research，2007.

[3]Squires G. The Economics of Property and Planning[M]. London and New York：Routledge，2022.

[4]Mankiw N G. Principles of Microeconomics（7th Edition）[M]. Boston：Cengage South-Western，2015.

[5]Ragan C T S，Lipsey R G. Economics[M]. Vancouver：Pearson Canada，2011.

[6]Berck P，Helfand G. The Economics of the Environment[M]. New York：Pearson Addison-Wesley，2013.

[7]Edwards M E. Regional and Urban Economics and Economic Development：Theory and Methods[M]. New York：Routledge，2007.

[8]Jones C. Urban Economy：Real Estate Economics and Public Policy[M]. London and New York：Routledge，Taylor & Francis Group，2022.

[9]Haaren C V，Albert C，Galler C. Spatial and Landscape planning：A place for ecosystem services[M]//Routledge Handbook of Ecosystem Services. London and New York：Routledge，2016：568-578.

[10]Othengrafen F. Uncovering the unconscious dimensions of planning：Using culture as a tool to analyse spatial planning practices[M]. Farnham，Surrey，England；Burlington，Vt.：Ashgate Pub. Company，2012.

[11]Camagni R. Territorial Impact Assessment（TIA）：A Methodological Proposal [M]//Seminal Studies in Regional and Urban Economics，R. Capello，Editor. Berlin：Springer，2017.

[12]Hanlon W W，Heblich S. History and Urban Economics[M]. National Bureau of Economic Research，2021.

[13]Howard E. Garden Cities of Tomorrow[M]. London：Swan Sonnenschein，1902.

[14]Geddes P. City Development：A Study of Parks，Gardens，and Culture-Institutes [M]. Edinburgh：Geddes and Company，1904.

[15]Geddes P. Cities in Evolution: An Introduction to the Town Planning Movement and to the Study of Civics[M]. London: Williams & Norgate, 1915.

[16]Hall P. Cities of Tomorrow: An Intellectual History of Urban Planning and Design in the Twentieth Century[M]. Oxford, UK; New York, NY, USA Blackwell, 1988.

[17]Taylor N. Urban Planning Theory Since 1945[M]. London: SAGE Publications Ltd, 1998.

[18]Jacobs J. The Death and Life of Great American Cities[M]. New York: Random House, 1961.

[19]Hall P. Urban and Regional Planning[M]. London: David & Charles, 1975.

[20]Evans A W. Economics and Land Use Planning[M]. New Jersey: Wiley-Blackwell, 2004.

[21]Campbell S. The planner's triangle revisited: Sustainability and the evolution of a plan-ning ideal that can't stand still[J]. Journal of the American Planning Association, 2016, 82(4): 388-397.

[22]Mill J S. Principles of Political Economy with Some of their Applications to Social Philosophy[M]. London: John W. Parker, 1848.

[23]Marshall A. Principles of Economics[M]. London and New York: MacMillan, 1890.

[24]Robbins L. Nature and Significance of Economic Science[M]. London: Macmillan & CO. Limited, 1932.

[25]Stiglitz J. Economics(2nd Edition)[M]. Scranton, Pennsylvania: W W Norton & Co Inc, 1997.

[26]Mankiw N G. Principles of Microeconomics[M]. Fort Worth: Dryden Press, 1997.

[27]O'Sullivan A. Urban Economics (9th Edition)[M]. New York: McGraw-Hill, 2019.

[28]周伟林,严冀. 城市经济学[M]. 上海: 复旦大学出版社, 2012.

[29]Kuhn T. The Structure of Scientific Revolutions[M]. Chicago: University of Chicago Press, 1962.

[30]Lakatos I. The Methodology of Scientific Research Program[M]. New York: Cambridge University Press, 1978.

[31]Friedman M. Capitalism and Freedom[M]. Chicago: University of Chicago Press, 1962.

[32]Hayek F A. Road to Serfdom[M]. Chicago: University of Chicago Press, 1944.

[33]Smith A. An Inquiry into the Nature and Causes of the Wealth of Nations[M]. London: W. Strahan and T. Cadell, 1776.

[34]Ricard D. On the Principles of Political Economy and Taxation[M]. London: John Murray, Albemarle-Street, 1817.

[35]Keynes J. The General Theory of Employment, Interest and Money[M]. New York: Cambridge University Press, 1936.

[36]蔡之兵,周俭初. 城市经济学发展历程研究综述[J]. 城市观察, 2011, 6: 149-157.

[37]Weber A. Theory of the Location of Industries[M]. Translated by Carl J. Friedrich. Chicago: University of Chicago Press, 1929.

[38]甄峰. 城市规划经济学[M]. 南京:东南大学出版社,2011.

[39]Baskin C W. Central Places in Southern Germany by Walter Christaller[M]. Engewood Cliffs,New Jersey:Prentice-Hall,INC,1966.

[40]赵民,陶小马. 城市发展和城市规划的经济学原理[M]. 北京:高等教育出版社,2001.

[41]Alonso W. Location and Land Use Toward a General Theory of Land Rent[M]. Cambridge:Harvard University Press,1964.

[42]谢文惠,邓卫. 城市经济学[M]. 北京:清华大学出版社,1998.

[43]巴顿. 城市经济学——理论和政策[M]. 北京:商务印书馆,1984.

[44]赫希. 城市经济学[M]. 刘世庆,等译. 北京:中国社会科学出版社,1987.

[45]山田浩之. 城市经济学[M]. 魏浩光,译. 大连:东北财经大学出版社,1991.

[46]伊文思. 城市经济学[M]. 上海:上海远东出版社,1992.

[47]郭鸿懋. 作为空间经济学分支的城市经济学研究——中国城市经济学研究三十年的梳理与思考[J]. 经济社会体制比较,2010,2:5-14.

[48]王雅莉,张明斗. 城市经济学[M]. 北京:中国财政经济出版社,2017:467.

[49]饶会林. 城市经济学[M]. 大连:东北财经大学出版社,1998.

[50]Button K. Urban Economics:Theory and Policy[M]. London:Macmillan,1976.

[51]Quigley J M. Urban Economics[M]//The New Palgrave Dictionary of Economics (2nd Edition),S. N. Durlauf and L. E. Blume,Editors. Palgrave Macmillan,2008.

[52]陈滢,傅十和,张希睿. 城市经济学学科介绍及国内外前沿[J]. 经济资料译丛,2020,4:22-27.

[53]李情达. 区域经济学与空间经济学关系研究[J]. 时代金融,2015,2(580):45-46.

[54]郝寿义,马洪福. 国外区域和城市经济学研究及其对中国的启示[J]. 区域经济评论,2017,4:15-24.

[55]McCann P. Modern Urban and Regional Economics[M]. New York:Oxford University Press,2013.

[56]高鸿业. 西方经济学[M]. 北京:中国人民大学出版社,2018.

[57]冯云廷. 城市经济学[M]. 大连:东北财经大学出版社,2008.

[58]Junius K. Economies of Scale:A Survey of the Empirical Literature in Contemporary Issues in Urban and Regional Economics[M]. Nova Science Publishers,Inc,2005.

[59]Duranton G ,Puga D. Micro-foundations of Urban Agglomeration Economies[M]// Henderson J V and Thisse J F ,Ed. (s). Handbook of Regional and Urban Economics,Elsevier,2004,(4):2063-2117.

[60]Brueckner J K. Urban Sprawl:Lessons from Urban Economics[M]//Brookings-Wharton Papers on Urban Affairs. Washington,D. C. :Brookings Institution Press,2001.

[61]McDonald J F. Fundamentals of Urban Economics[M]. New Jersey:Prentice Hall,1997.

[62]Bleakley H,Lin J. Portage and Path Dependence[J]. The Quarterly Journal of Eco-

nomics,2012,127(2):587-644.

[63]Luque J. Urban Land Economics[M]. Berlin:Springer,2015.

[64]Brueckner J K,Fansler D A. The economics of urban sprawl:Theory and evidence on the spatial sizes of cities[J]. The Review of Economics and Statistics,1983,65 (3):479-482.

[65]McGrath D T. More evidence on the spatial scale of cities[J]. Journal of Urban Economics,2005,58:1-10.

[66]李天健,侯景新. 城市经济学发展五十年:综合性回顾[J]. 国外社会科学,2015(3): 39-50.

[67]Redding S J and E. Rossi-Hansberg,quantitative spatial economics[J]. Annual Review of Economics,2017,9:21-58.

[68]Capello R. Regional Economics[M]. New York:Routledge,2007.

[69]Papageorgiou Y Y,Pines D. An essay on urban economic theory[M]. Boston/Dordrecht/London:Kluwer Academic Publishers,1999.

[70]韦伯. 工业区位论[M]. 李刚剑,译. 北京:商务印书馆,2010.

[71]Balchin P,Isaac D,Chen J. Urban Economics:A Global Perspective[M]. London: Palgrave,2000.

[72]Hotelling H. Stability in Competition[J]. The Economic Journal,1929,39(153):41-57.

[73]冯·杜能. 孤立国同农业和国民经济的关系[M]. 北京:商务印书馆,2017.

[74]Hall P. Von Thunën's 'Isolated State'[M]. Oxford:Pergamon,1966.

[75]Isard W. Location and Space-economy:A General Theory Relating to Industrial Location? Market Areas,Land Use,Trade and Urban Structure[M]. Cambridge:MIT Press,1956.

[76]Beckmann M. Location theory[M]. New York:Random House,1968.

[77]Wingo L. Transportation and Urban Land[M]. Washington,D. C. :Resources for the Future,1961.

[78]Muth R F. Cities and Housing[M]. Chicago:University of Chicago Press,1969.

[79]董利民. 城市经济学[M]. 北京:清华大学出版社,2011.

[80]Losch A. The Economic of Location[M]. New Haven:Yale University Press,1954.

[81]Herbert J D,Stevens B H. A model for the distribution of residential activity in urban areas[J]. Journal of Regional Science,1960,2:21-36.

[82]Beckmann M. Spatial equilibrium in a dispersed city[M]//Mathematical Land Use Thoery. Y. Y. Papageorgiou,Editor. MA:Lexington Books,1976.

[83]Ogawa H,Fujita M. Equilibrium land use pattern in a non-monocentric city[J]. Journal of Regional Science,1980,20:455-475.

[84]Fujita M,Ogawa H. Multiple equilibria and structural transition of non-monocentric urban configurations[J]. Regional Science and Urban Economics,1982,12:161-196.

[85]Krugman P. Increasing Returns and Economic Geography[J]. Journal of Political Economy,1991,99:483-499.

[86]藤田昌久.城市经济理论:土地利用与城市规模[M].北京:北京大学出版社,2020.

[87]Goldberg M,Chinloy P.城市土地经济学[M].北京:中国人民大学出版社,1990.

[88]张裕凤.土地经济学[M].北京:科学出版社,2019.

[89]威廉·配第.赋税论[M].晏智杰,邱霞,原磊,译.北京:华夏出版社,2017.

[90]Oltmer K,Nijkamp P. The Economics of Agricultural Land Use[M]//Contemporary issues in urban and regional economics,L. Yee,Editor. Nova Science Publishers,Inc,2005.

[91]毕宝德.土地经济学[M].北京:中国人民大学出版社,2020.

[92]刘廷泽,张瑶.标定地价体系建设的思考及应用——以自贡市高新区为例[J].资源与人居环境,2020,7:15-20.

[93]梁彦庆,刘超,蔡兴冉,等.城市地价与土地集约利用协调性分析——以河北省为例[J].地理与地理信息科学,2019,35(3):85-94.

[94]陈立定.公共服务项目用地价格形成与基准地价评估思路探讨[J].农村经济与科技,2020,31(5):29-31.

[95]舒服华,王艳.基于盲数理论的城市土地价格评估方法研究[J].中国资产评估,2017,11:20-24.

[96]李豫梅,林学山.重庆土地价格评估方法研究及应用[J].重庆建筑,2018,6:37-39.

[97]张健.土地价格评估的主要方法探究[J].产业与科技论坛,2016,1:55-56.

[98]Johnston R J,Swallow S K. Economics and contemporary land use policy-development and conservation at the rural-urban fringe[M]. Washington,D. C. ,USA:Resources for the Future,2006.

[99]臧俊梅,王万茂.土地资源配置中规划与市场的经济学分析[J].南京农业大学学报(社会科学版),2005,5(3):35-39.

[100]李博,原玉廷.一种改进的城市土地价格计算方法[J].中国土地科学,2008,22(4):45-48.

[101]Hobbes T. Leviathan[M]. London:Penguin Books,1651.

[102]Locke J. Two Treatises of Government, ed. P. Laslett[M]. Cambridge:Cambridge University Press,1698.

[103]丛颖.我国住房需求弹性的区域差异比较——基于省级面板模型的实证分析[J].价格理论与实践,2014(3):62-64.

[104]李保林.基于消费视角的我国城镇居民住房需求问题研究[J].当代金融研究,2018(6):52-63.

[105]邹至庄,牛霖琳.中国城镇居民住房的需求与供给[J].金融研究,2010(1):1-11.

[106]谢伏瞻,张红樱,张诗雨.国外城市治理变革与经验[M].北京:中国言实出版社,2012:266.

[107]张跃庆,王德起,丁芸.房地产经济学[M].北京:中国建材工业出版社,2009:375.

[108]马光红等.城市住房 制度、政策与比较[M].上海:上海大学出版社,2017:213.

[109]郭斌.住房供应体系及其价格发展趋势研究[M].西安:西安交通大学出版社,2010:155.

[110]刘洪玉,杨帆.中国主要城市住房供给价格弹性估计与比较研究[J].社会科学辑刊,2012(6):112-119.

[111]周雯雯.中国城市住房供给弹性研究[M].武汉:武汉大学出版社,2018:196.

[112]DiPasquale D,Wheaton W C. Urban Economics and Real Estate Markets[M]. NJ: Prentice Hall Englewood Cliffs,1996:23.

[113]丰雷,林增杰,吕萍.房地产经济学[M].北京:中国建筑工业出版社,2008.

[114]刘洪玉.房地产开发经营与管理[M].北京:中国物价出版社,2002:377.

[115]赵自胜.城市商品住宅价格空间分异研究[M].郑州:黄河水利出版社,2011:209.

[116]毛丰付,赵奉军.新型城镇化与住房发展[M].广州:广东经济出版社,2014:264.

[117]唐旭君,姚玲珍.居住用地供给对上海住房市场的影响——基于动态存量—流量模型的实证研究[J].华东经济管理,2014,28(8):8-12.

[118]Lancaster K. Change and innovation in the technology of consumption[J]. The American Economic Review,1966,56(1/2):14-23.

[119]Rosen S. Hedonic prices and implicit markets:product differentiation in pure competition[J]. Journal of Political Economy,1974,82(1):34-55.

[120]温海珍.房地产经济学[M].杭州:浙江大学出版社,2014.

[121]唐钱龙,胡婉萱.基于特征价格模型的轨道交通对沿线住宅价格影响研究——以长沙轨道交通1号线为例[J].铁道科学与工程学报,2022,19(2):570-578.

[122]司继文,韩莹莹.罗希. Hedonic 住宅特征价格模型的 BP 神经网络方法[J].管理学报,2012,9(7):1007-1012.

[123]Lowry I S. Filtering and housing standards:A conceptual analysis[J]. Land Economics,1960,36(4):362-370.

[124]Sweeney J L. Quality,commodity hierarchies,and housing markets[J]. Econometrica:Journal of the Econometric Society,1974:147-167.

[125]Sweeney J L. A commodity hierarchy model of the rental housing market[J]. Journal of Urban Economics,1974,1(3):288-323.

[126]乐仁贵.基于住房过滤理论的住房政策研究[J].中国城市经济,2011(21):50-51.

[127]刁文浩.基于住房过滤模型的城市住房保障政策问题及对策研究[J].生产力研究,2021(5):44-47.

[128]陈灿煌.城市中低收入群体住房保障制度效果分析及建议——基于"三市场住房过滤模型"的研究[J].价格理论与实践,2009(12):50-51.

[129]杨翠迎.社会保障学[M].上海:复旦大学出版社,2015:494.

[130]Reilly W J. The Law of Retail Gravitation[M]. New York:The Knickerbocker Press,1931.

[131]焦玥.商业选址与消费者行为研究[M].上海:复旦大学出版社,2014:158.

[132]曾锵.零售商圈吸引力:基于雷利法则和赫夫模型的实证研究[J].财贸经济,2010(4):107-113.

[133]王倩.数学模型决策理论于门店地址测定及实现优化——基于雷利法则与赫夫模型的解析[J].中国商贸,2013(5):189-191.

[134]Huff D L. A probabilistic analysis of shopping center trade areas[J]. Land Economics,1963,29.

[135]周文. 城市经济学[M]. 北京:中国人民大学出版社,2019.

[136]Small K A,Verhoef E T. The Economics of Urban Transportation[M]. London and New York:Routledge,2007.

[137]McFadden D. Conditional logit analysis of qualitative choice behavior[M]//Frontiers in Econometrics,P. Zarembka,Editor. New York:Academic Press,1974.

[138]Goodwin P B. A review of new demand elasticities with special reference to short and long run effects of price changes[J]. Journal of Transport Economics and Policy,1992,26:155-69.

[139]Pratt R H. Transit pricing and fares[M]//Traveler Response to Transportation System Changes:Interim Handbook. Transportation Research Board,2000.

[140]Chan Y,Ou F L. Tabulating demand elasticities for urban travel forecasting[J]. Transportation Research Record,1978,673:40-46.

[141]Barnes G. The importance of trip destination in determining transit share[J]. Journal of Public Transportation,2005,8:1-15.

[142]Keyes D L. Energy for travel:the influence of urban development patterns[J]. Transportation Research,1982,16A:65-70.

[143]Gordon P,Kumar A,Richardson H W. The influence of metropolitan spatial structure on commuting time[J]. Journal of Urban Economics,1989,26:138-51.

[144]Cervero R,Wu K L. Subcentering and commuting:evidence from the SanFrancisco Bay Area,1980—1990[D]. Department of City and Regional Planning,University of California,Berkeley,CA,1996.

[145]Schwanen T,Dijst M,Dieleman F M. Policies for urban form and their impact on travel:the Netherlands experience[J]. Urban Studies,2004,41:579-603.

[146]石飞,沈青. 中国城市交通拥堵成因与对策——交通工程、城乡规划和经济学视角的分析[J]. 城市交通,2019,17(2):90-95.

[147]张琦,王昊. 城市经济学案例分析[M]. 北京:中国大百科全书出版社,2011.

[148]冯云廷. 城市经济学[M]. 大连:东北财经大学出版社,2018.

[149]Harris J M,Roach B. Environmental and Natural Resource Economics:A Contemporary Approach[M]. New York:Routledge,2018.

[150]Tietenberg T,Lewis L. Environmental and Natural Resource Economics[M]. New York:Routledge,2018,

[151]Castle E N. Land,economic change,and economic doctrine[M]//Economics and contemporary land use policy-development and conservation at the rural-urban fringe,R. J. Johnston and S. K. Swallow,Editors. Washington,D. C. :Resources for the Future,2006.

[152]Field B C. Environmental Economics:An Introduction[M]. New York:McGraw-Hill,2017.

[153]Devlin R A,Grafton R Q. Economic Rights and Environmental Wrongs:Property Rights for the Common Good[M]. Edward Elgar,1998.

[154]Grafton R Q,et al. The economics of the environment and natural resources[M]. Blackwell Publishing Ltd,2004.

[155]Ostrom E,Schlager E. The Formation of Property Rights[M]//Rights to Nature: Ecological,Economic,Cultural,and Political Principles of Institutions for the Environment,S. Hanna,C. Folke,and K. -G. Maler,Editors. Washington,D. C. :Island Press,1996:127-156.

[156]Demsetz H. Toward a Theory of Property Rights[J]. The American Economic Review,1967,57(2):347-359.

[157]Goodstein E S,Polasky S. Economics and the Environment[M]. NJ:Wiley,2020.

[158]Hardin G. The tragedy of the commons:the population problem has no technical solution;it requires a fundamental extension in morality[J]. Science,1968,162 (3859):1243-1248.

[159]Coase R H. The problem of social cost[J]. Journal of Law and Economics,1960, 3(11):1-44.

[160]Pezzey J. Market mechanisms of pollution control:'polluter pays',economic and practical aspects[M]//Sustainable Environmental Management:Principles and Practice,R. K. Turner,Editor. Belhaven Press,Francis Pinter,London and Westview Press:Boulder,Colorado,1988.

[161]Baumol W J,Oates W E. The Use of Standards and Prices for Protection of the Environment[J]. Swedish Journal of Economics,1971,73:42-54.

[162]Dale J H. Pollution,Property,and Prices:An Essay in Policy-making[M]. Toronto:University of Toronto Press,1968.

[163]Grafton Q,Devlin R A. Paying for pollution:permits and charges[J]. The Scandinavian Journal of Economics,1996:275-288.

[164]Plantinga A J. Recent advances in empirical land-use modeling[J]. Annual Review of Resource Economics,2021,13:1-15.

[165]Kroll F,Muüller F,Haase D. Rural-urban gradient analysis of ecosystem services supply and demand dynamics[J]. Land Use Policy,2012,29:521- 535.

[166]Polasky S,Segerson K. Integrating ecology and economics in the study of ecosystem services:some lessons learned[J]. Annual Review of Resource Economics, 2009,1(1):409-434.

[167]Levin S and A Xepapadeas. On the coevolution of economic and ecological systems [J]. Annual Review of Resource Economics,2021,13:355-377.

[168] Krugman P. The self organizing economy[M]. New York:John Wiley & Sons,1996.

[169]Krugman P. Space:the final frontier[J]. Journal of Economic Perspectives,1998, 12(2):161-174.

[170]梁洁,张孝德.生态经济学在西方的兴起及演化发展[J].经济研究参考,2014(42):38-45.

[171]王克强,赵凯,刘红梅.资源与环境经济学[M].上海:复旦大学出版社,2015.

[172]周冯琦,陈宁.生态经济学国际理论前沿[M].上海:上海社会科学院出版社,2017.

[173]赵玲.生态经济学[M].北京:中国经济出版社,2013.

[174]Dzeraviaha I. Mainstream economics toolkit within the ecological economics frame-work[J]. Ecological Economics,2018,148:15-21.

[175]Costanza R,et al. The value of the world's ecosystem services and natural capital [J]. Nature,1997,387(6630):253-260.

[176]Martínez-Alier J,Muradian R. Handbook of Ecological Economics[M]. Cheltenham,UK Northampton,MA,USA:Edward Elgar Publishing Limited,2015.

[177]沈满洪,何灵巧.外部性的分类及外部性理论的演化[J].浙江大学学报(人文社会科学版),2002(1):152-160.

[178]诸大建.生态经济学:可持续发展的经济学和管理学[J].中国科学院院刊,2008(6):520-530.

[179]Pearce D. An intellectual history of environmental economics[J]. Annu. Rev. Energy Environ,2002,27:57-81.

[180]Goodstein E S,Polasky S. Economics and the Environment[M]. Eighth Edition. NJ:Wiley,2017.

[181]Berkes F,Folke C. A systems perspective on the interrelations between natural, human-made and cultural capital[J]. Ecological Economics,1992,5(1):1-8.

[182]Costanza R,Daly H E. Natural capital and sustainable development[J]. Conservation Biology,1992,6(1):37-46.

[183]Ayres R U. On the practical limits to substitution[J]. Ecological Economics,2007, 61(1):115-128.

[184]Häyhä T,Franzese P P. Ecosystem services assessment:A review under an ecological-economic and systems perspective [J]. Ecological Modelling, 2014, 289: 124-132.

[185]Ehrlich P,Ehrlich A. Extinction:the causes and consequences of the disappearance of species[J]. Bioscience,1982,53(4):254-255.

[186]Daily G C. Nature's services:societal dependence on natural ecosystems (1997), inThe Future of Nature[M]. New Haven:Yale University Press,2013:454-464.

[187]Portman M E. Ecosystem services in practice:Challenges to real world implementation of ecosystem services across multiple landscapes-A critical review[J]. Applied Geography,2013,45:185-192.

[188]TEEB. The Economics of Ecosystems and Biodiversity:The Synthesis Report [M]. Malta:Progress Press,2010.

[189]MEA. Millenium Ecosystem Assessment. Ecosystems and Human Well-being:A Framework for Assessment[M]. Washington,D. C. :Island Press,2005.

[190]Díaz S,Pascual U,Stenseke M. Assessing nature's contributions to people:Recognizing culture,and diverse sources of knowledge,can improve assessments[J]. Science,2018,359(6373).

[191]Preston S M,Raudsepp-Hearne C. Completing and Using Ecosystem Service Assessment for Decision-Making:An Interdisciplinary Toolkit for Managers and Analysts[M]. Value of Nature to Canadians Study Taskforce:Federal,Provincial,and Territorial Governments of Canada,2016.

[192]Haase D,et al. A Quantitative Review of Urban Ecosystem Service Assessments: Concepts,Models,and Implementation[J]. AMBIO A Journal of the Human Environment 2014,43(4):413-433.

[193]Boyd J,Banzhaf S. What are ecosystem services? The need for standardized environmental accounting units[J]. Ecological Economics,2007,63(2-3):616-626.

[194]Pascual U,et al. Valuing nature's contributions to people:the IPBES approach[J]. Current Opinion in Environmental Sustainability,2017,26-27:7-16.

[195]Landers D H and A M Nahlik. Final ecosystem goods and services classification system (FEGS-CS). Available from:https://gispub4. epa. gov/fegs/fegs-cs%20final%20v. 2. 8a. pdf,2013.

[196]Fisher B,Turner R K,Morling P. Defining and classifying ecosystem services for decision making[J]. Ecological Economics,2009,68(3):643-653.

[197]Paulin M J,et al. Application of the Natural Capital Model to assess changes in ecosystem services from changes in green infrastructure in Amsterdam[J]. Ecosystem Services,2020,43(101114):1-11.

[198]Costanza R,et al. Twenty years of ecosystem services:How far have we come and how far do we still need to go? [J]. Ecosystem Services,2017,28:1-16.

[199]Haines-Young R,et al. The links between biodiversity,ecosystem services and human well-being[M]//Ecosystem Ecology,D. G. Raffaelli and C. Frid,Editors. New York:Cambridge University Press,2010:110-139.

[200]Swedish Government. Making the value of ecosystem services visible:Proposals to enhance well-being through biodiversity and ecosystem services,2013.

[201]Vihervaara P,et al. Biophysical quantification[M]//Mapping Ecosystem Services. B. Burkhard and J. Maes,Editors. Pensoft Publishers,2017:93-101.

[202]Bagstad K J,et al. A comparative assessment of decision-support tools for ecosystem services quantification and valuation [J]. Ecosystem Services, 2013, 5: E27-E39.

[203]Farley J,Costanza R. Payments for ecosystem services:From local to global[J]. Ecological Economics,2010,69:2060-2068.

[204]Gómez-Baggethun E,Groot R D,Lomas P L. The history of ecosystem services in economic theory and practice:From early notions to markets and payment schemes [J]. Ecological Economics,2010,69:1209-1218.

［205］Farley J. The role of prices in conserving critical natural capital［J］. Conservation Biology,2008,22(6):1399-1408.

［206］Wunder S. Payments for environmental services:Some nuts and bolts［M］// CIFOR Occasional Paper 42. Bogor,Indonesia:Center for International Forestry Research,2005:3-8.

［207］Engel S,Pagiola S,Wunder S. Designing payments for environmental services in theory and practice:An overview of the issues［J］. Ecological Economics,2008,65: 663-674.

［208］Porras I T,Grieg-Gran M,Neves N. All that glitters:A review of payments for watershed services in developing countries［M］. London:IIED,2008.

［209］Lohmann L,et al. Carbon trading:a critical conversation on climate change,privatisation and power［M］. Dag Hammarskjöld Centre Uppsala,2006.

［210］Noordwijk M V,Leimona B,Jindal R. Payment for environmental services. Evolution Toward Efficient and Fair Incentives for Multifunctional Landscapes［J］. Annual Review of Environment and Resources,2012,37:389-420.

［211］Pagiola S,et al. Paying for the environmental services of silvopastoral practices in Nicaragua［J］. Ecological economics,2007,64(2):374-385.

［212］Rojahn A,Engel S. Direct payments for biodiversity conservation,watershed protection and carbon sequestration:contract theory and empirical evidence［M］. Institute for Environmental Decisions,Chair of Environmental Policy and Economics. ETH,Zurich,2005.

［213］Baumol W J,et al. The theory of environmental policy［M］. New York:Cambridge University Press,1988.

［214］Baland J M,Platteau J P. Halting degradation of natural resources:is there a role for rural communities? ［J］. Oup Catalogue,1996,11(3):251-258.

［215］Bulte E,Engel S. Conservation of tropical forests:addressing market failure［J］. Economic Development and Environmental Sustainability:New Policy Options, 2006:412-453.

［216］兰小欢. 置身事内中国政府与经济发展［M］. 上海:上海人民出版社,2021.

［217］杨志勇,张馨. 公共经济学［M］. 北京:清华大学出版社,2018.

［218］Hyman D N. 财政学:理论在政策中的当代应用［M］. 北京:北京大学出版社,2006.

［219］黄恒学. 公共经济学［M］. 北京:北京大学出版社,2021.

［220］谢洪伟等. 城市居住社区体育场地、设施有效供给的经济学分析［J］. 体育科学, 2011,31(11):12-20,26.

［221］Samuelson P A. The pure theory of public expenditure［J］. The Review of Economics and Statistics,1954,36(4):387-389.

［222］樊丽明. 公共财政概论［M］. 北京:高等教育出版社,2019.

［223］Pearce D. Economic Valuation and the Natural World［M］. London and Norwich: Centre for Social and Economic Research on the Global Environment,1992.

[224]刘宇飞.当代西方财政学[M].北京:北京大学出版社,2000.

[225]Rosen H S,Gayer T.财政学[M].北京:中国人民大学出版社,2009.

[226]韩清.西方公共物品理论的演进研究[D].北京:中央财经大学,2020:189.

[227]van den Nouweland A. Lindahl and Equilibrium[M]//Individual and Collective Choice and Social Welfare:Essays in Honor of Nick Baigent. C. Binder,et al. ,Editors. Berlin Heidelberg:Springer,2015:335-362.

[228]汪红驹.公共产品的最优提供[J].财经研究,1996(7):31-36,53.

[229]张晋武.公共物品概念向何处去——基于政府职能依据问题的分析[J].经济学动态,2013(4):112-119.

[230]朱柏铭.公共经济学理论与应用[M].北京:高等教育出版社,2018.

[231]龚强,张一林,雷丽衡.政府与社会资本合作(PPP):不完全合约视角下的公共品负担理论[J].经济研究,2019,54(4):133-148.

[232]吴波.公共物品的私人供给与门禁社区成因[J].宁夏社会科学,2017(6):119-125.

[233]王雍君.公共财政学[M].北京:北京师范大学出版社,2008.

[234]杨舜娥.地方财政理论与实践[M].北京:中国财政经济出版社,2010.

[235]陈昌龙.财政与税收[M].北京:北京大学出版社,2020.

[236]焦瑾璞,孙天琦,刘向耘.货币政策执行效果的地区差别分析[J].金融研究,2006(3):1-15.

[237]项怀诚.中国财政管理[M].北京:中国财政经济出版社,2001.

[238]郭晟豪.中央政府和地方政府的教育事权与支出责任[J].甘肃行政学院学报,2014(3):96-105,128.

[239]李齐云.分级财政体制研究[M].北京:经济科学出版社,2003.

[240]朱柏铭.论财政职能的内涵与概括[J].中央财经大学学报,1997(05):18-21.

[241]Tiebout C M. A Pure Theory of Local Expenditures[J]. Journal of Political Economy,1956,64(5):416-424.

[242]梁若冰,汤韵.地方公共品供给中的 Tiebout 模型:基于中国城市房价的经验研究[J].世界经济,2008(10):71-83.

[243]Hamilton B W. Zoning and Property Taxation in a System of Local Governments[J]. Urban Studies,1975,12(2):205-211.

[244]Bogart W T. 'What Big Teeth You Have!':Identifying the Motivations for Exclusionary Zoning[J]. Urban Studies,1993,30(10):1669-1681.

[245]周隆武.县级政府预算支出分配机制:一个分析框架[J].地方财政研究,2021(4):47-56.

[246]王翔.分权式改革为什么能提高经济效率——对西方分权理论的回顾[J].特区经济,2008(7):126-127.

[247]Wallace E O. Fiscal Federalism Books[M]. New York:Harcourt Brace Jovanovich,1972:256.

[248]张恒龙,陈宪.当代西方财政分权理论述要[J].国外社会科学,2007(3):19-24.

[249]王旭升.我国环境保护税收益权的纵向分配进路[J].税务与经济,2018(1):87-93.

[250]阮明烽.新编财政学教程[M].杭州:浙江大学出版社,2006.

[251]彭健.地方财政学[M].大连:东北财经大学出版社,2019.

[252]张情.城市规划视野下的城市经济学[M].南京:东南大学出版社,2019.

[253]胡思佳,徐翔.招商引资竞争与土地供给行为:基于城市经济发展的视角[J].改革, 2021(7):91-106.

[254]刘志广.我国地方政府财政收入来源及其规模[J].地方财政研究,2010(4):14-19.

[255]中华人民共和国财政部.财政部关于修订 2022 年政府收支分类科目的通知[EB/ OL].(2022-07-29)[2022-09-10]http://www.mof.gov.cn/gkml/caizhengwengao/ wg2022/wg202205/202207/t20220729_3830970.htm? jump=true.

[256]谢炜,蒋云根.中国公共政策执行过程中地方政府间的利益博弈[J].浙江社会科 学,2007(5):52-58,219.

[257]关睿.规范地方政府非税收入管理研究[D].北京:财政部财政科学研究所, 2012:69.

[258]黄芳娜.中国地方政府债务管理研究[D].北京:财政部财政科学研究所,2011:174.

[259]崔运政,孙志霞,国长青.政府会计 理论、实务与案例精析[M].上海:立信会计出版 社,2019.

[260]刘涵,毕美家.制度外收入的理论诠释与测算方法改革[J].现代财经-天津财经大学 学报,2008(9):35-39.

[261]李青.地方财政体制改革问题探讨[D].厦门:厦门大学,2001:41.

[262]席卫群.租、税、费内涵辨析下的资源税扩围改革[J].地方财政研究,2016(10):68- 73,86.

[263]张德勇.资源税改革中的租、税、费关系[J].税务研究,2017(4):58-62.

[264]钱淑萍.税收学教程[M].上海:上海财经大学出版社,2017.

[265]王建聪,伊虹.纳税实务[M].北京:清华大学出版社,2020.

[266]葛立宇,姚凤民,莫龙炯.面向共同富裕的税制改革:挑战与路径[J].地方财政研 究,2022(4):66-73.

[267]马海涛,王斐然.关于"十四五"时期我国税制结构的思考[J].财经问题研究,2021 (11):88-98.

[268]郭健,王静茹.经济高质量发展视角下健全地方税体系研究[J].理论学刊,2021 (5):68-76.

[269]李俊英.补充性原则下地方税的治理逻辑与构建路径[J].税务研究,2021(10): 15-21.

[270]吕冰洋,台航.国家能力与政府间财政关系[J].政治学研究,2019(3):94-107,128.

[271]黄蕾.完善我国地方税体系的研究[D].北京:中国财政科学研究院,2019:67.

[272]国家税务总局政策法规司.中国税收政策前沿问题研究[M].北京:中国税务出版 社,2018.

[273]刘飞扬.浅谈地方税税种结构优化[J].全国流通经济,2019(25):180-182.

[274]唐在富.中国房地产税改革:定位、现状、方向与建议[J].发展研究,2012(1):88-92.

[275]谢文婷,曲卫东.中国房地产税改革路径:演进过程、关键问题与研究困境[J].经济

社会体制比较,2021(4):47-55.

[276]李长生.房地产税功能定位的国际比较研究[J].经济体制改革,2017(6):166-170.

[277]周飞舟.分税制十年:制度及其影响[M].中国社会科学,2006(6):100-115,205.

[278]孙秀林,周飞舟.土地财政与分税制:一个实证解释[J].中国社会科学,2013(4):40-59,205.

[279]陈硕,高琳.央地关系:财政分权度量及作用机制再评估[J].管理世界,2012(6):43-59.

[280]贾康.财政学通论[M].上海:东方出版中心,2019.

[281]贾康.中国财税改革 30 年:简要回顾与评述[J].财政研究,2008(10):2-20.

[282]张军.分权与增长:中国的故事[J].经济学(季刊),2008(1):21-52.

[283]楼继伟.1993 年拉开序幕的税制和分税制改革[J].财政研究,2022(2):3-17.

[284]周飞舟.大兴土木:土地财政与地方政府行为[J].经济社会体制比较,2010(3):77-89.

[285]赵燕菁.土地财政:历史、逻辑与抉择[J].城市发展研究,2014,21(1):1-13.

[286]唐在富.中国土地财政基本理论研究——土地财政的起源、本质、风险与未来[J].经济经纬,2012(2):140-145.

[287]周飞舟.生财有道:土地开发和转让中的政府和农民[J].社会学研究,2007(1):49-82,243-244.

[288]王涵霏,焦长权.中国土地财政 20 年:构成与规模(1998—2017)[J].北京工业大学学报(社会科学版),2021,21(02):26-38.

[289]梁朋.公共财政学[M].北京:首都经济贸易大学出版社,2016.

[290]韩小红,施阳.财政与金融[M].北京:北京理工大学出版社,2019.

[291]殷金朋.旨在提升居民幸福感的财政支出优化研究[M].北京:中国经济出版社,2019.

[292]李建军,余秋莹.日本地方政府支出责任与地方税:经验与启示[J].地方财政研究,2017(1):101-108.

[293]刘祎葹.财政支出结构演变的影响因素分析[D].上海:上海社会科学院,2019:83.

[294]杭州市统计局.杭州统计年鉴 2021[M].北京:中国统计出版社,2021.

[295]周金晶.政策系统对杭州城市总体规划实施的影响研究[D].杭州:浙江大学,2015:221.

[296]平新乔.财政原理与比较财政制度[M].上海:上海人民出版社,2018.

[297]葛乃旭,许洁.公共经济学[M].上海:同济大学出版社,2012.

[298]岳志强.财政学[M].北京:中国财富出版社,2016.

[299]彭清辉.我国基础设施投融资研究[D].长沙:湖南大学,2011.

[300]吴鸣,陈莹莹.城市基础设施项目融资模式的探讨[J].工业技术经济,2010,29(2):48-51.

[301]钟晓敏.地方财政学[M].北京:中国人民大学出版社,2021.

[302]蒋硕亮.公共政策学[M].上海:复旦大学出版社,2018.

[303]丰海英.政府经济行为研究[M].北京:中国经济出版社,2008.